P.R.I.M.E. Response

Die Realität kennt keine Gnade

Werner Horn

Impressum

© 2025 Werner Horn

Verlag: BoD · Books on Demand GmbH, Überseering 33, 22297 Hamburg,

bod@bod.de

Druck: Libri Plureaos GmbH, Friedensallee 273, 22763 Hamburg

ISBN: 978-3-8192-6710-9

Inhalt

WARUM DIESES BUCH?

Wenn Du dieses Buch in den Händen hältst, dann hast Du wahrscheinlich eine Sehnsucht nach Klarheit in Dir. Vielleicht bist Du auf der Suche nach einer Kampfkunst, die mehr ist als Show, nach einem System, das Dich wirklich stärkt – nicht nur körperlich, sondern in Deinem ganzen Wesen. Vielleicht willst Du wissen, wie Du Dich schützen kannst, ohne Dich selbst zu verlieren. Oder Du hast längst erkannt, dass der größte Kampf oft nicht mit Fäusten, sondern mit Gedanken geführt wird. In jedem Fall: Dieses Buch ist für Dich.

Ich habe dieses Buch geschrieben, weil ich überzeugt bin, dass der Begriff Kampfkunst heute oft falsch verstanden – oder romantisiert – wird. In vielen modernen Stilen geht es nicht mehr um reale Konfrontation, sondern um Formen, Gürtel, Punkte oder spektakuläre Bewegungen. Und obwohl das alles seine Berechtigung haben kann, ist für mich etwas Entscheidendes verloren gegangen: die ursprüngliche Idee, sich selbst und andere wirksam schützen zu können – mit Klarheit, Entschlossenheit und ethischem Bewusstsein.

Der Konflikt ist so alt wie der Mensch. Schon lange bevor wir über Regeln, Ethik oder Philosophie nachgedacht haben, stand der nackte Überlebenskampf im Zentrum unseres Daseins. Auseinandersetzungen wurden mit dem geführt, was zur Verfügung stand – mit Steinen, Stöcken, Händen, Stimmen, Körpern. Gewalt war unmittelbar, spontan, oft ziellos. Doch mit der Zeit begannen wir, Muster zu erkennen. Wir lernten aus Erfahrung, entwickelten Strategien, übertrugen Wissen. Aus impulsiven Handlungen wurde strukturierter Kampf. Und irgendwann entstand daraus mehr als nur Verteidigung – es entstand eine Form der bewussten Auseinandersetzung. Heute stehen wir an einem Punkt, an dem wir diese Entwicklung weiterdenken müssen: von der instinktiven Reaktion zur verantwortungsvollen Antwort. Nicht mehr jeder Angriff erfordert einen Gegenangriff. Nicht jeder Schlag ist nötig. Die wahre Kunst besteht darin, die Situation zu erkennen, zu bewerten – und bewusst zu entscheiden. Darin liegt der Kern dessen, was P.R.I.M.E. Response vermitteln will: nicht nur, wie Du kämpfst, sondern wann – und warum überhaupt.

P.R.I.M.E. Response ist meine Antwort darauf. Es ist kein Stil im herkömmlichen Sinn. Es ist auch kein System, das Techniken aneinanderreiht. Es ist ein Weg. Einer, der auf fünf Prinzipien beruht – Prinzipien, die nicht nur im physischen Konflikt bestehen, sondern im Leben insgesamt. Ich habe sie über Jahrzehnte aus der Praxis heraus entwickelt, verdichtet, geschärft. Sie lauten: Prinzipien, Resilienz, Intention, Mindset und Einsatz.

Dieses Buch erzählt, wie diese Prinzipien zusammenwirken. Wie sie Dir helfen können, handlungsfähig zu bleiben, wenn es darauf ankommt – sei es in einer bedrohlichen Situation oder im inneren Konflikt mit Dir selbst. Es zeigt Dir, wie Du klar denken, bewusst entscheiden und effizient handeln kannst. Und es erklärt, warum P.R.I.M.E. Response kein Kampfsport ist, sondern ein System, das Dich als Mensch in Deiner Ganzheit ernst nimmt.

Du wirst in den folgenden Kapiteln erfahren, wie sich Kampfkunst historisch entwickelt hat – und warum sich unser moderner Umgang damit oft so weit vom Ursprung entfernt hat. Du wirst lesen, warum Techniken allein nicht ausreichen, um sich wirksam zu verteidigen. Warum die Haltung, mit der Du Dich bewegst, entscheidender ist als der Winkel Deines Ellenbogens. Und warum es keine Schande ist, sich zurückzuziehen – solange es eine bewusste Entscheidung ist.
Was Dich erwartet, ist kein Rezeptbuch. Es gibt keine Liste von Schlägen, die Du nur auswendig lernen musst. Vielmehr ist dieses Buch eine Einladung: Dich tiefer mit Dir selbst auseinanderzusetzen. Deine Muster zu hinterfragen. Und einen neuen, vielleicht ungewohnten, aber kraftvollen Weg zu beschreiten. Einen Weg, der Dich nicht härter macht – sondern klarer. Nicht aggressiver – sondern wacher. Nicht passiver – sondern fähiger.

Wenn Du bereit bist, Deine Komfortzone zu verlassen, neu zu denken, neu zu handeln und neu zu stehen – dann wird dieses Buch Dein Begleiter. Nicht mit Antworten auf alles, aber mit den richtigen Fragen. Und mit einer Struktur, die Dir hilft, Deine eigene Klarheit zu finden – und sie in jeder Situation zu bewahren.

Denn genau darum geht es: Klarheit. Konsequenz. Wirksamkeit.

DIE TRANSFORMATION DER KRIEGSKÜNSTE – VON REALER KAMPFKUNST ZUR MODERNEN FORM

Es war einmal eine Zeit, in der der Wert einer Kampfkunst sich einzig und allein daran bemessen ließ, ob sie im Ernstfall funktionierte. Ob sie Leben retten konnte. Ob sie auf dem Schlachtfeld, im Duell oder in der unmittelbaren Selbstverteidigung gegen bewaffnete Gegner ihre Wirksamkeit unter Beweis stellte. Diese Zeit war geprägt von Kriegen, Machtkämpfen und dem ständigen Bedürfnis nach körperlichem Überleben. Und es war genau diese Zeit, in der die traditionellen Kriegskünste – ob in China, Japan oder anderswo – ihre Blüte erlebten. Doch mit dem Ende der realen Kampferprobung begann eine tiefgreifende Transformation.

Die Ming-Dynastie gilt rückblickend als eine der prägendsten Epochen für die chinesischen Kampfkünste. Sie war nicht nur eine Hochzeit des kulturellen Ausdrucks, der Kunst und Philosophie, sondern auch die Blütezeit der chinesischen Kriegskünste. Unter der Ägide eines starken Militärs wurden Techniken und Strategien verfeinert, weiterentwickelt und in Systemen wie dem Shaolin-Kung Fu dokumentiert. Die Kampfkunst war zu dieser Zeit ein Werkzeug für Soldaten, Leibwächter und Kämpfer, deren Alltag vom realen Risiko des physischen Konflikts durchzogen war.

Doch mit dem Wegfall der permanenten kriegerischen Auseinandersetzungen, insbesondere gegen Ende der Ming- und in der Qing-Zeit, veränderte sich auch die Funktion der Kampfkunst. Die reale Kampfnotwendigkeit schrumpfte – das natürliche Regulativ, das bislang wie ein Prüfstein die Relevanz jeder Technik bewertete, verschwand. Damit öffnete sich ein Tor für etwas, das zunächst wie eine Verfeinerung oder eine spirituelle Vertiefung erschien, in Wahrheit aber oftmals eine Entkoppelung von Realität bedeutete.

Diese Entkoppelung lässt sich nicht nur in China, sondern auch in Japan beobachten. Ein eindrucksvolles Beispiel ist die Entwicklung des Karate. Das ursprüngliche Okinawa-Te war ein direkter, pragmatischer Selbstschutzansatz. Es war kein Sport, keine Kunst, sondern eine Notwendigkeit – entstanden aus dem Bedürfnis, sich ohne Waffen gegen bewaffnete Angreifer zu verteidigen. Doch schon Anko Itosu nahm systematische Entschärfungen vor. Er wollte Karate massentauglich machen, insbesondere für den Schulsport. Die gefährlichsten Techniken – Hebel, Brüche, tödliche Schläge – wurden entfernt oder kaschiert.

Sein Schüler Gichin Funakoshi ging noch weiter. Mit dem Ziel, Karate in das japanische Universitätssystem zu integrieren, beseitigte er viele kämpferische Aspekte vollends. Die Etikette rückte in den Vordergrund, die Formen wurden ästhetisiert, der Kampf wurde abstrahiert. Das heutige Shotokan-Karate – geprägt von weiten Ständen, linearen Bewegungen und ritualisierter Technik – hat nur noch wenig mit dem ursprünglichen Nahkampfsystem zu tun. Was einst ein Werkzeug zur Lebenserhaltung war, wurde zur akademischen Bewegungskunst. Der Körper wurde geformt – nicht mehr zur Verteidigung, sondern zur Disziplinierung.

In China nahm die Entwicklung ähnliche Züge an. Als die Notwendigkeit des Kämpfens verschwand, gewannen Aspekte wie Gesundheit, Ästhetik und Philosophie zunehmend an Bedeutung. Daraus entwickelten sich durchaus wertvolle Disziplinen wie das Taijiquan – mit großem Nutzen für das körperliche und mentale Wohlbefinden. Doch gleichzeitig mutierten viele ehemals kampferprobte Systeme zu symbolischen Bewegungsformen. Besonders deutlich zeigt sich das im modernen WuShu, das heute als Nationalsport Chinas propagiert wird. Was einst ein Ausdruck überlebensnotwendiger Kampfkraft war, ist heute ein akrobatisches Spektakel – formvollendet, spektakulär, aber inhaltlich entkernt.

WuShu heute ist Show. Es dient der Präsentation, nicht der Selbstverteidigung. Die Bewegungen sind ästhetisch, rhythmisch, tänzerisch. Es gibt Techniken, aber keine Absicht. Es gibt Formen, aber keine Funktion. Das ist nicht per se schlecht – jede Kultur hat das Recht, ihre Ausdrucksformen zu transformieren. Doch der Preis ist klar: Die Verbindung zur Realität des Kampfes ging verloren.

Ein ähnliches Bild zeigt sich im modernen Kendo. Einst ein Mittel, mit dem sich Samurai mit scharfen Klingen auf Leben und Tod duellierten, ist es heute ein ritualisiertes Punktesystem mit Bambusschwertern. Auch Judo, das einst den freien Kampf mit Wurf, Hebel und Festlegung umfasste, wurde durch die sportliche Regelung gezähmt. Griffe, die zu gefährlich erschienen, wurden verboten. Aspekte wie Timing, Taktik und Reaktion blieben – aber der Ernstfall war nicht mehr die Referenz.

Der Grund dafür ist tiefgreifend: Sobald eine Kampfkunst in den sportlichen oder ästhetischen Bereich übergeht, verliert sie ihren Bezug zur Unberechenbarkeit. Denn im Ernstfall gibt es keine Regeln, keine Matten, keine Gewichtsklassen. Die Realität des Kampfes ist roh, chaotisch, gefährlich. Sie lässt keine langen Formen zu, keine abgezählten Punkte, keine Rücksicht auf Stil oder Etikette. Sie fordert Klarheit, Effizienz und mentale Präsenz – Dinge, die in vielen modernen Ausprägungen traditioneller Stile kaum noch gefördert werden.

Diese Entwicklung ist kein Zufall. Sie ist Teil eines zivilisatorischen Prozesses, in dem Gewalt verdrängt, reguliert und delegiert wurde – an Polizei, Justiz, Armee. Die Kampfkunst verlor ihre ursprüngliche Funktion und wurde neu definiert. Als Weg zur Selbstverwirklichung, zur Gesundheit, zur Disziplin. Das ist legitim. Doch es ist nicht mehr Kampf.

P.R.I.M.E. Response geht bewusst den umgekehrten Weg. Es ist keine Kampfkunst im traditionellen Sinne, keine Form der Kulturpflege, keine Suche nach Ästhetik oder Tradition. Es ist ein Rückgriff auf die ursprüngliche Funktion: der Schutz des eigenen Lebens durch angewandtes, erprobtes Handeln. Es erinnert daran, dass jede Technik, jedes Prinzip, jede Bewegung sich einzig und allein daran messen lassen muss, ob sie in der Realität Bestand hat.

Dabei ist P.R.I.M.E. Response nicht rückwärtsgewandt. Es verklärt nicht die „gute alte Zeit", es ignoriert nicht moderne Erkenntnisse. Im Gegenteil: Es verbindet das Wissen über Biomechanik, Neuropsychologie und Coaching mit den effektivsten Prinzipien vergangener Systeme. Doch es stellt eine zentrale Frage an jede Bewegung: Funktioniert sie? Ist sie übertragbar? Ist sie anwendbar, auch unter Stress, Schock, Dunkelheit, Überraschung?

Diese Rückbesinnung auf den Kern der Kampfkunst – nicht als Kunst, sondern als Überlebensstrategie – ist das, was P.R.I.M.E. Response ausmacht. Es ist kein Stil, es ist ein System. Kein Tanz, sondern Taktik. Keine Form, sondern Funktion.

In einer Welt, in der die meisten Menschen niemals in eine echte Gewaltsituation geraten – und das ist gut so –, bietet P.R.I.M.E. Response die Möglichkeit, sich auf genau diesen Fall vorzubereiten. Nicht mit Illusionen, sondern mit Klarheit. Nicht mit gestellten Bewegungen, sondern mit erprobten Prinzipien.

Denn die Geschichte zeigt: Immer wenn die Realität als Maßstab verloren ging, wurde aus Kampfkunst eine leere Hülle. Und immer wenn die Realität zurückkehrte – ob auf der Straße, im Krieg oder in der Krise – wurde klar, wer noch vorbereitet war.
P.R.I.M.E. Response will keine Tradition bewahren. Es will Handlungsfähigkeit erzeugen. Es ehrt die Vergangenheit – nicht durch Nachahmung, sondern durch Anwendung. In einer Zeit, in der viele kämpfen spielen, erinnert P.R.I.M.E. Response daran, was es wirklich bedeutet, bereit zu sein.

Vom Schwert zur Faust – Die vergessene Herkunft der Kampfkünste

Wer sich heute mit Kampfkunst beschäftigt, bewegt sich oft in einem paradoxen Feld: Auf der einen Seite steht die romantische Vorstellung vom ehrenvollen Faustkämpfer, der mit bloßen Händen in einem fairen Duell siegt – auf der anderen Seite die ernüchternde Realität historischer Kriegführung, die geprägt war von Klingen, Speeren, Pfeilen und später Feuerwaffen. Die große Lücke dazwischen ist kein Zufall – sie ist das Ergebnis einer langen kulturellen Transformation.

In dieser Abhandlung soll nicht das Ideal der waffenlosen Kampfkunst herabgewürdigt werden. Vielmehr geht es um eine bewusste Rückführung der Kampfkunst zu ihren Wurzeln – zu den Prinzipien, aus denen sie hervorging, und zu den Intentionen, die ihr ursprüngliches Wesen bestimmten. Denn wer das Wesen der Faust verstehen will, muss das Schwert kennen. Und wer wahrhaftige Selbstschutzsysteme entwickeln will, braucht ein tiefes historisches und philosophisches Fundament.

Das P.R.I.M.E. Response System – mit seinen fünf Säulen Prinzipien, Resilienz, Intention, Mindset und Einsatz – ist kein sportliches Regelwerk, sondern ein existenzielles Handlungskonzept. Es wurzelt in der Realität – nicht in der

Fiktion. Dieser Text verknüpft seine Prinzipien mit der Entwicklung der Kampfkünste und beleuchtet, warum moderne waffenlose Systeme oft nicht das halten, was sie versprechen – und wie durch eine Rückbesinnung auf ihre Herkunft neue Klarheit entstehen kann.

Der Ursprung der Kampfkünste – Krieg, nicht Wettkampf

Wer von „Kampfkunst" spricht, denkt oft an philosophische Tiefe, an Bewegungsästhetik, an Respekt und Disziplin. Doch diese Vorstellung ist eine kulturelle Projektion – entstanden in einer Zeit, als die Künste bereits von der Notwendigkeit zur Verteidigung entkoppelt waren. Die Ursprünge der Kampfkunst liegen nicht in Dojos, Turnhallen oder Klostermauern. Sie liegen auf dem Schlachtfeld.

Die Waffe als natürlicher Begleiter der Gewalt

Vom paläolithischen Faustkeil bis zum mittelalterlichen Schwert war der Mensch in seiner Geschichte immer ein waffenführendes Wesen. Waffen verlängerten nicht nur Reichweite, sie vergrößerten Überlebenschancen. Der unbewaffnete Mensch hatte gegenüber einem bewaffneten Gegner keine Chance – und das wussten auch die Kulturen der Antike. Entsprechend wurde in allen militärischen Ausbildungen die Waffe zur Grundlage des Trainings.

In China zum Beispiel beschreibt der General Qi Jiguang in seinem berühmten militärischen Werk *Ji Xiao Xin Shu* detailliert den Umgang mit Speer, Schwert, Säbel und Formationen – aber kein einziges Kapitel widmet sich dem waffenlosen Kampf. Seine Soldaten waren keine Boxer, sondern Speerträger, Bogenschützen, Lanzenträger.

In Europa zeigen uns die sogenannten Fechtbücher aus dem Mittelalter – etwa von Johannes Liechtenauer oder Fiore dei Liberi – eine klare Priorisierung: Schwertkampf, Harnischkampf, Dolchabwehr, nur ergänzt durch Ringen als Hilfsdisziplin. „Unbewaffnet" bedeutete im Ernstfall: Die Waffe war verloren oder nicht verfügbar – und das Ringen sollte so schnell wie möglich zur Wiedergewinnung der Waffe führen.

Der Irrtum vom „alten Boxkampf"

Auch die gerne zitierten antiken Faustkämpfe – etwa die griechische Pygmachía oder der römische Pugilatus – waren weder militärisch relevant noch auf Überleben ausgelegt. Es handelte sich um ritualisierte Wettkämpfe mit teils brutalen, aber reglementierten Techniken. Sie dienten der Unterhaltung, nicht der Gefahrenabwehr.

Waffenlose Systeme, wie wir sie heute kennen, gab es in ihrer heutigen Form nicht als eigenständige militärische Disziplinen. Sie sind, wie wir sehen werden, das Ergebnis gesellschaftlicher Transformationen, die mit dem Ende großer Kriegskulturen und dem Beginn staatlich kontrollierter Gesellschaften einhergingen.

Der Wegfall der Notwendigkeit – Wie der Frieden die Faust erschuf

Ab dem 17. Jahrhundert veränderte sich die Kriegsführung fundamental. Feuerwaffen verdrängten Nahkampfwaffen, stehende Heere ersetzten Bauernmilizen, und die staatliche Ordnung nahm dem Individuum die Pflicht zur Selbstverteidigung in vielen Lebensbereichen ab. In dieser neuen Ordnung war es nicht mehr notwendig, sich täglich mit Schwert oder Speer zu bewaffnen – weder im Dorf noch auf der Straße.

Doch die Bewegungsformen blieben – zunächst als körperliche Ertüchtigung, dann als sportliche Disziplin oder rituelle Ausdrucksform. In China entstanden so etwa in Klöstern oder Dorfgemeinschaften neue Boxstile, die nicht mehr auf den Kampf, sondern auf Gesundheit, Gemeinschaft oder symbolischen Widerstand ausgerichtet waren. Beispiele wie das Tai Chi Chuan, das Wing Chun oder das Baji Quan sind historisch relativ jung – und stark von sozialen Umbrüchen beeinflusst.

In Japan wurde nach der Edo-Zeit der kriegerische Kontext des Bujutsu (Kriegs-Kunst) in das Budo (Weg der Disziplin) transformiert. Judo, Aikido, modernes Karate – sie alle sind Produkte eines pädagogischen und philosophischen Wandels, nicht Überreste echter Kriegskunst. Die Praxis der waffenlosen Techniken wurde zu einem Bildungsweg, nicht mehr zu einem Überlebenssystem.

Der Aufstieg des Nationalismus und die „Erfindung der Tradition"

Ein weiterer Faktor war die politische Instrumentalisierung von Kampfkunst. In China wurde in der späten Qing-Zeit und besonders während des Boxeraufstands das Boxtraining zur identitätsstiftenden Maßnahme. Auch in Japan wurden Kampfkünste zur moralischen Stärkung der Jugend eingesetzt, ebenso wie in Korea (Taekwondo) oder später in Europa mit der „Turnerbewegung".

Was heute als „traditionelle Kampfkunst" bezeichnet wird, ist oft weniger als 200 Jahre alt – historisch gesehen eine junge Erscheinung. Viele Stile wurden von Meistern systematisiert, kodifiziert und mit Philosophie unterfüttert, um ein neues Narrativ zu schaffen: jenes des edlen Kämpfers ohne Waffe, der allein durch Disziplin, Geist und Technik siegt.

Der moderne Irrweg – Warum die Faust allein nicht genügt

In kaum einem anderen Bereich der körperlichen Schulung zeigt sich ein so eklatanter Widerspruch zwischen Anspruch und Wirklichkeit wie in der Welt der modernen Kampfkunst. Während zahllose Schulen, Systeme und Lehrer ihre waffenlosen Disziplinen als vollwertige Selbstverteidigung vermarkten, bleibt ein entscheidendes Element meist außen vor: die Frage nach der Realität. Was in stilisierten Bewegungen und Ritualen geübt wird, funktioniert nur bedingt – oder gar nicht – unter den Bedingungen echter Gewalt. Und das liegt nicht am Willen der Trainierenden, sondern an der Entkopplung von Ursprung und Anwendung.

Die Sportfalle: Regelwerk statt Realität

Ein großer Teil der heutigen Kampfkünste ist durch den Sport domestiziert worden. Wettkampfsysteme wie Boxen, Kickboxen, Taekwondo oder Jiu-Jitsu haben zweifellos athletischen und technischen Wert – sie lehren Disziplin, Ausdauer, Timing und Präzision. Doch sie folgen klaren Regeln, haben Schiedsrichter, Schutzausrüstung, Kampfrichterpausen und Kategorisierung.

Im Ernstfall – einer Straßenattacke, einem Angriff mit Messer, einer Bedrohung durch mehrere Gegner – versagen diese Systeme in ihrer sportlichen Form, weil sie nicht für Chaos, Asymmetrie oder Eskalation gedacht sind. Der Mensch, der im Ring bestehen kann, ist nicht zwangsläufig derjenige, der auf der Straße überlebt.

Das führt zu einem gefährlichen Irrtum: Viele glauben, sie seien „bereit", weil sie regelmäßig Sparring machen. Doch Sparring ist kein Kampf – es ist kontrollierte Konfrontation im Einverständnis. Die waffenlose Realität ist roh, schmutzig und oft blitzschnell entschieden. Hier gilt kein Regelbuch. Nur Prinzipien.

Der Mythos vom „Können mit der leeren Hand"

Ein weiterer Mythos, genährt durch Filme, Werbung und Heroengeschichten, ist die Vorstellung, dass die Faust als ultimatives Werkzeug genügt. Der ikonische Fauststoß als magischer Moment der Entscheidung, die Figur des Meisters, der dutzende Angreifer mit Leichtigkeit niederschlägt – sie hat ganze Generationen von Kampfkunstbegeisterten inspiriert, aber auch irregeführt.

Die Faust ist nicht die Krone der Kampfkunst. Sie ist das, was übrig bleibt, wenn alles andere verloren ist. Sie ist der letzte Reflex, nicht die erste Wahl. Wer mit bloßen Händen gegen ein Messer, eine Flasche, eine Gruppe oder einen taktisch geschulten Gegner antritt, begibt sich in höchste Gefahr – es sei denn, er verfügt über Prinzipien, die ihn weit über Technik hinausführen: Struktur, Vorbeugung, Timing, psychologische Klarheit, Handlungsethik.

Diese Prinzipien finden sich nicht in Kata, auch nicht im Wettkampf – sondern in einer realitätsnahen Auseinandersetzung mit Gewalt. Genau hier setzt das P.R.I.M.E. Response System an.

Gewalt ist kein Stil – sie ist ein Zustand

Echte Gewalt ist chaotisch. Sie kennt keine Fairness, keine Ankündigung, kein Duell. Sie ist überraschend, irrational, überfordernd. Und sie verändert alles. Die Körperhaltung, die Reaktion, die Wahrnehmung, die Moral.

In der modernen Selbstschutzdidaktik wird dieser Umstand oft unterschätzt. Schüler lernen Hebel, Konter, Kombinationen – doch nur wenige Systeme lehren, wie sich ein Mensch unter Stress, in Angst, unter Adrenalinschock oder im Tunnelblick verhält. Die Fausttechnik bleibt wirkungslos, wenn die psychische Struktur nicht trägt.

Genau hier zeigt sich der Unterschied zwischen klassischem Techniktraining und einem System, das Prinzipienorientierung mit Resilienz- und Mindsettraining kombiniert. Ein Schlag ist schnell gelernt – ein stabiler innerer Zustand nicht.

In einer echten Bedrohungslage braucht es nicht Technik, sondern Klarheit. Nicht Kontrolle, sondern bewussten Einsatz. Nicht Hoffnung auf eine erlernte Kombination, sondern Vertrauen in ein verinnerlichtes Handlungsmuster. Und genau das verlangt mehr als Stil – es verlangt Haltung.

Zwischen Antike und Aufklärung – Der Wandel der Gesellschaft

Im Laufe der Geschichte hat sich nicht nur die Art des Kämpfens verändert, sondern auch der Grund, warum Menschen kämpfen. Während in archaischen und feudalen Kulturen die physische Verteidigung von Familie, Stamm oder Reich zu den Grundaufgaben jedes Mannes gehörte, verschob sich diese Verantwortung mit der Entwicklung organisierter Staaten, Justizsysteme und Rechtsordnungen zunehmend auf professionelle Instanzen: Polizei, Militär, Gerichte.

Diese zivilisatorische Entwicklung war ein gewaltiger Fortschritt. Sie erlaubte es, Konflikte auf juristischem Weg zu lösen, Eigentum und körperliche Unversehrtheit durch Gesetze zu schützen und Gewalt zu delegitimieren. Der zivilisierte Mensch musste nicht mehr kämpfen – er durfte es auch nicht. Das Gewaltmonopol des Staates war ein Meilenstein auf dem Weg zu einer friedlicheren Gesellschaft.

Doch genau in diesem Wandel liegt auch die Schwächung der individuellen Fähigkeit zum Selbstschutz. Wo früher jeder mit dem Schwert umgehen konnte, verliert der moderne Mensch nicht nur seine körperliche Wehrhaftigkeit, sondern auch den inneren Bezug zum existenziellen Prinzip des Kämpfens. Kampf wird zu einem Bildschirmerlebnis, nicht zu einer inneren Haltung.

Die Faust im Zeitalter der Gesetze

Wer heute kämpft, verstößt schnell gegen Gesetze. Selbstverteidigung ist juristisch eng gefasst – das Prinzip der Verhältnismäßigkeit ist dabei ebenso entscheidend wie die Definition der Notwehr. Wer zuschlägt, obwohl er fliehen könnte, wer „überreagiert", wird oft vom Täter zum Angeklagten. In diesem Spannungsfeld zwischen Selbstschutz und Strafbarkeit verlieren viele Menschen den Mut zur Wehrhaftigkeit – oder sie radikalisieren sich in Gegensätze: Entweder völlige Passivität oder Gewaltfantasien.

Das P.R.I.M.E. Response System positioniert sich bewusst zwischen diesen Extremen. Es lehrt nicht Gewalt – sondern bewussten Einsatz. Es will keine Aggressoren hervorbringen, sondern Menschen, die intuitiv, effizient und verantwortungsbewusst handeln können, wenn es sein muss. P.R.I.M.E. ist keine Kampfkunst, sondern eine Klarheitskunst.

Die ethische Krise der Gegenwart

Doch die moderne Welt steht vor einer neuen Herausforderung. Die Errungenschaften unserer zivilisierten Ordnung – Frieden, Rechtssicherheit, Meinungsfreiheit, Gleichberechtigung – sind keine Selbstverständlichkeiten. Sie sind Errungenschaften, die zunehmend unter Druck geraten.

Extremistische Kräfte, gleich ob politisch, religiös oder ideologisch motiviert, attackieren das Fundament des zivilen Miteinanders. Sie predigen Intoleranz, propagieren Gewalt, verachten Rechtsstaatlichkeit und zielen auf die Zersetzung demokratischer Strukturen. Diese Kräfte agieren nicht rational, nicht dialogbereit und nicht im Rahmen des ethisch Akzeptablen. Sie benutzen Freiheit, um Freiheit zu zerstören.

Gleichzeitig erleben wir eine Gesellschaft, die in Teilen verlernt hat, sich mit der Realität von Gewalt auseinanderzusetzen. Viele Menschen delegieren Verantwortung, verdrängen Bedrohungen, klammern sich an illusorische Sicherheit. Das ist gefährlich. Denn wer nicht bereit ist, für das einzustehen, was ihn schützt, wird es verlieren.

Hier beginnt der wahre Sinn des Kämpfens im 21. Jahrhundert: Nicht um zu zerstören, sondern um zu bewahren. Nicht um zu herrschen, sondern um zu schützen.

Die neue Notwendigkeit

Wir leben in einer Zeit, in der sich die Frage nach Wehrhaftigkeit nicht nur auf individueller Ebene stellt, sondern auf gesellschaftlicher. Wer sich nicht verteidigt – körperlich, geistig, kulturell – wird verdrängt von jenen, die bereit sind zu nehmen, was sie wollen.

Deshalb ist es heute wieder nötig, das Kämpfen zu lernen. Nicht als Ausdruck von Macht, sondern als Zeichen innerer Klarheit. Nicht als Flucht in die Gewalt, sondern als bewusste Entscheidung für Schutz und Verantwortung. P.R.I.M.E. steht für genau diesen Weg: Vom Denken zum Handeln. Vom Schwert zur Faust. Von der Idee zur Umsetzung.

Die Rückkehr der Notwendigkeit

Im Lauf dieses Textes ist deutlich geworden: Die Faust als Symbol und Werkzeug der Kampfkünste ist kein ursprünglicher Anfang, sondern ein spätes Produkt des Schwertes. Und doch – oder gerade deshalb – hat sie im modernen Selbstschutz und der Persönlichkeitsentwicklung eine bedeutende Rolle verdient. Die entscheidende Frage ist nicht, ob wir kämpfen – sondern wie wir kämpfen. Und aus welcher Haltung heraus.

Wir stehen heute nicht mehr auf antiken Schlachtfeldern, nicht in mittelalterlichen Gassen, nicht im Schatten feudaler Burgen. Doch wir leben in einer Welt, in der Konflikte erneut schärfer werden, in der der Konsens über Ethik und Wahrheit bröckelt und in der physische wie psychische Angriffe zunehmen. Ob im öffentlichen Raum, am Arbeitsplatz oder in der ideologischen Auseinandersetzung: Das Kämpfen kehrt zurück – nicht als romantische Kunst, sondern als reale Notwendigkeit. Und genau deshalb braucht es Systeme, die diesen Realitäten gewachsen sind.

Die Prinzipien des Kämpfens: Eine Frage der Haltung

In der Philosophie des P.R.I.M.E. Response Systems steht die Faust nicht am Anfang – sondern am Ende einer inneren Kette:

- Das Prinzip: Was ist das Fundament meines Handelns?
- Die Resilienz: Wie stabil bin ich im Sturm?
- Die Intention: Wozu tue ich, was ich tue?
- Das Mindset: Wie verarbeite ich das, was geschieht?
- Der Einsatz: Wie handle ich im entscheidenden Moment?

Die Faust, als Ausdruck des Einsatzes, ist nicht Technik – sie ist Entschlossenheit in Form gegossen. Sie ist das Ergebnis einer inneren Klarheit, die aus Reiz und Reaktion eine bewusste Entscheidung macht. Ihre Kraft liegt nicht in ihrer Härte, sondern in der Stimmigkeit mit dem Ganzen.

Hier unterscheidet sich P.R.I.M.E. radikal von rein körperlich-technischen Systemen. Es geht nicht darum, wie viele Techniken jemand beherrscht, sondern wie bewusst er sie einsetzt – und ob er überhaupt weiß, wofür. Technik ohne Ethik ist Brutalität. Ethik ohne Einsatz ist Passivität. Erst die Integration führt zu Stärke.

Vom Kampfsport zur Kampfhaltung

Viele Menschen trainieren Kampfsport – doch nur wenige entwickeln eine Kampfhaltung. Die Kampfhaltung im Sinne von P.R.I.M.E. ist keine aggressive Grundspannung, keine „Streetfighter"-Attitüde, sondern ein innerer Zustand der Wachheit, Klarheit und Verantwortung. Sie ist unabhängig von Kleidung, Gürtelgraden oder Dojo-Wänden.

Ein Mensch mit Kampfhaltung erkennt Bedrohung, bevor sie sich manifestiert. Er kommuniziert so, dass Eskalation oft unnötig wird. Und wenn sie doch geschieht, ist er bereit – ohne zu zögern, ohne zu überreagieren. Er agiert im Moment, im Bewusstsein seiner Mittel und Grenzen. Das ist wahre Stärke.

Diese Haltung ist erlernbar. Aber sie verlangt mehr als Techniktraining. Sie verlangt Selbstreflexion, mentales Training, Realkonfrontation, Werteklärung.

Und sie verlangt die Erkenntnis, dass es nicht um Sieg geht – sondern um Integrität.

Die Faust als ethischer Ausdruck

Die Faust, wie sie im P.R.I.M.E. Response verstanden wird, ist nicht Symbol der Gewalt – sondern Symbol der Entscheidung. Sie ist weder Mythos noch magische Lösung, sondern ein Werkzeug unter Bedingungen. Ihre Aufgabe ist es nicht zu herrschen, sondern zu schützen – das Leben, die Würde, die Werte.

Diese Sichtweise hebt die Faust aus dem Reich des Körperlichen ins Reich des Spirituellen. Nicht im esoterischen Sinn, sondern im Sinne einer tiefen Verbindung zwischen Denken, Fühlen und Handeln. Der Schlag, der aus Klarheit kommt, ist kein Akt der Aggression, sondern der Wahrheit. Er ist selten nötig – aber wenn er nötig ist, dann ist er unverzichtbar.

Deshalb ist es nicht falsch, Fausttechniken zu trainieren. Es ist nur falsch, sie zu isolieren, sie aus dem Zusammenhang zu reißen, sie zum Selbstzweck zu machen. Technik braucht Kontext. Kontext braucht Prinzip. Und Prinzip braucht Bewusstsein. Nur dann ist Kampfkunst wirklich Kunst – und nicht Simulation.

Der geschlossene Kreis

In der alten Zeit begann der Weg mit dem Schwert. Der Kämpfer lernte, das Äußere zu kontrollieren, um das Innere zu ordnen. Heute ist es umgekehrt: Wir müssen das Innere ordnen, um im Äußeren bestehen zu können. Die Faust ist dabei kein Anachronismus – sie ist der Punkt auf dem i, der Moment der Wahrheit, wenn Worte nicht mehr genügen.

So schließt sich der Kreis. Vom Schwert zur Faust, vom äußeren Werkzeug zum inneren Ausdruck. Vom historischen Ursprung zur modernen Verantwortung. Der Kämpfer von heute braucht nicht nur Technik, sondern Urteilskraft. Nicht nur Training, sondern Entscheidungskraft. Und nicht nur Härte, sondern Haltung.
P.R.I.M.E. Response ist der Weg zurück nach vorn.

Der Mythos des Kriegers – Ein Archetyp des Menschseins

Tief in der menschlichen Psyche lebt ein Archetyp, der älter ist als jede Nation, jede Religion und jede Kultur: der Krieger. Er ist kein Soldat, kein Mörder, kein Gewalttäter – sondern ein Symbol für die Fähigkeit des Menschen, mit Entschlossenheit und Bewusstsein für etwas einzustehen, das größer ist als er selbst. Der Krieger ist der, der nicht flieht, wenn es ernst wird. Der, der Klarheit sucht, wo andere sich im Lärm verlieren. Der, der aufsteht, wenn andere sich ducken.

Dieser Archetyp hat viele Gesichter getragen: Der griechische Hoplit, der Samurai des japanischen Mittelalters, der chinesische Wǔshì, der europäische Ritter, der indianische Scout. Sie alle verkörpern Aspekte eines inneren Prinzips: den bewussten Umgang mit Macht. Denn nichts ist gefährlicher als die Fähigkeit zur Gewalt im Dienst des Guten.

Im modernen Leben wird dieser Archetyp oft verdrängt. Der Krieger passt nicht in eine Welt des Komforts, des Konsums, der Kontrolle. Und doch: Wenn es ernst wird – in der Krise, im Konflikt, in der Not –, wird seine Präsenz spürbar. Dann braucht es den, der nicht nur mit den Fäusten, sondern mit dem Herzen kämpft.

Die Ethik des Kämpfens

Der Krieger in Dir kennt das Paradox: Kämpfen ist falsch – und manchmal das einzig Richtige. Die ethische Frage ist deshalb nicht, *ob* Du kämpfst, sondern *warum*, *wie* und *wogegen*. Gewalt kann zerstören – oder schützen. Sie kann Recht brechen – oder Unrecht begrenzen. Sie ist neutral. Erst die Intention verleiht ihr Bedeutung.

Im P.R.I.M.E. Response System ist Gewalt kein Tabu, aber auch keine Lösung. Sie ist eine Option – unter vielen. Doch wenn sie gewählt wird, dann bewusst, verantwortungsvoll, präzise. Diese Haltung unterscheidet den Krieger vom Gewalttäter, den Beschützer vom Aggressor, den Menschen mit Würde vom Menschen mit bloßer Kraft.

Hier entsteht eine neue Ethik: Nicht Gewaltlosigkeit um jeden Preis, sondern Gewaltbereitschaft aus Gewissen. Nicht Pazifismus im naiven Sinn, sondern Friedensbereitschaft, die im Notfall kämpft. So entsteht eine tiefe moralische Autorität – die desjenigen, der könnte, aber nicht muss; der darf, aber nicht will; und der dann handelt, wenn andere zögern.

Die Rückkehr des Kämpfenden Menschen

Die moderne Gesellschaft hat das Kämpfen verdrängt, weil sie glaubte, es überwunden zu haben. Doch wir sehen heute: Der Mensch bleibt verletzlich. Die Welt bleibt gefährlich. Und die Fähigkeit zur aktiven Selbstbehauptung ist keine Reaktion auf Angst – sondern eine Form von Liebe. Wer kämpft, weil er liebt – das Leben, die Freiheit, die Wahrheit –, handelt aus der tiefsten Quelle menschlicher Integrität.

In diesem Sinn ist der innere Krieger nicht destruktiv, sondern schöpferisch. Er zerstört nur, was zerstören will. Er verteidigt, was das Leben trägt. Und er stellt sich der Dunkelheit nicht aus Hass – sondern aus Licht.

Diese Haltung braucht Übung. Nicht nur körperlich, sondern geistig. Es braucht Reflexion, Training, Auseinandersetzung mit den eigenen Schatten. Es braucht Stille. Und es braucht das Wissen, dass man nicht alles kontrollieren kann – aber alles beeinflussen, was man selbst tut.

P.R.I.M.E. als moderner Weg des inneren Kriegers

Das P.R.I.M.E. Response System ist mehr als Selbstschutz – es ist eine Philosophie der Wachheit. Es ist kein Dogma, sondern ein Kompass. Es fragt nicht nach Technik, sondern nach Reife. Und es bietet einen strukturierten Weg, um den inneren Krieger zu erwecken – nicht als Figur der Gewalt, sondern als Symbol des bewussten Menschen.

Wer nach den Prinzipien lebt, wer seine Resilienz kultiviert, wer aus klarer Intention handelt, wer sein Mindset trainiert und seinen Einsatz bewusst wählt – der ist bereit. Nicht nur für den Kampf – sondern für das Leben. Für Verantwortung, für Führung, für Schutz. Er trägt das Schwert nicht in der Hand, sondern im Herzen.

Abschließende Gedanken – Die Faust als Versprechen

Am Ende steht nicht der Schlag. Am Ende steht der Mensch, der bereit ist, wenn es darauf ankommt – aber nicht ruft, bevor es so weit ist. Die Faust ist kein Symbol der Wut, sondern ein Versprechen: Ich werde nicht der Erste sein, der zuschlägt – aber vielleicht der Letzte, der fällt. Nicht aus Stolz, sondern aus Pflicht.

In einer Welt, die zunehmend aus den Fugen gerät, braucht es Menschen, die stehen bleiben. Menschen mit Rückgrat, Haltung und Herz. Menschen, die wissen, dass Stärke nicht in der Kraft liegt, sondern im Gewissen. Dass Kämpfen kein Akt der Trennung ist – sondern manchmal der höchste Ausdruck der Verbundenheit.
So beginnt der Weg des P.R.I.M.E. Response – nicht mit einem Schritt, sondern mit einer Entscheidung: Ich bin bereit.

Der Weg, der wieder begonnen hat

Dieser Text ist keine historische Analyse im akademischen Sinne, sondern eine Einladung – eine Rückkehr zum Ursprung des Kämpfens und zugleich ein Schritt nach vorn in eine neue Form bewusster Selbstbehauptung. In einer Zeit, in der äußere Sicherheit trügerisch geworden ist und innere Klarheit oft fehlt, braucht es keine weiteren Techniken. Es braucht ein neues Verständnis.

Wir haben gesehen, dass die Faust, so wie wir sie heute trainieren, nicht Ursprung, sondern Echo ist – ein Echo des Schwertes, des Speers, des Messers. Waffen waren die Werkzeuge einer Welt, in der Überleben oft physisch erkämpft werden musste. Die waffenlosen Systeme, wie wir sie heute kennen, sind Kinder einer Zeit des Friedens – doch dieser Frieden ist keine Selbstverständlichkeit. Und wenn wir ihn schützen wollen, müssen wir uns wieder erinnern, woher wir kommen – und was es bedeutet, wehrhaft zu sein.

P.R.I.M.E. Response ist kein nostalgischer Rückgriff auf eine martialische Vergangenheit. Es ist die bewusste Integration von Geschichte, Ethik und Gegenwart – ein System, das Prinzipien höher bewertet als Techniken und Verantwortung über Reaktion stellt. Es fragt nicht, wie man kämpft, sondern wozu. Es interessiert sich nicht für Leistung, sondern für Haltung. Und es bietet eine Landkarte für jene, die sich nicht mit Oberflächen zufriedengeben.

Was wir heute brauchen, ist keine neue Kampfkunst. Wir brauchen einen neuen Umgang mit der alten Kunst des Kämpfens. Einen Umgang, der nicht spaltet, sondern schützt. Der nicht provoziert, sondern vorbereitet. Der nicht das Ego stärkt, sondern das Gewissen. Die Faust in diesem Verständnis ist kein Symbol für Gewalt, sondern für Entscheidungskraft, Klarheit, Mut.

Vielleicht besteht der wahre Wert dieses Textes nicht darin, Antworten zu geben, sondern Fragen zu stellen:
- Bist Du bereit, Verantwortung zu übernehmen?
- Würdest Du stehenbleiben, wenn andere weglaufen?
- Könntest Du handeln, wenn es darauf ankommt – mit offenem Herzen und ruhigem Geist?

Wenn Du diese Fragen nicht abschließend beantworten kannst, dann bist Du auf dem Weg. Und genau darum geht es. Nicht um Perfektion, sondern um Bewusstheit. Nicht um Sieg, sondern um Integrität. Nicht um Angriff – sondern um Schutz.

Der Weg vom Schwert zur Faust ist kein Rückschritt. Er ist eine innere Entwicklung. Und sie beginnt immer wieder neu – mit dem ersten Gedanken, der   sagt:
Ich will nicht kämpfen. Aber ich werde es tun, wenn es nötig ist. Und ich werde es gut tun.

Tradition und Gegenwart im Spiegel der Gewalt – Gesellschaft, Recht und Kultur im Wandel der Kampfkünste

Traditionelle Kampfkünste sind Produkte ihrer Zeit. Sie entstanden in Epochen, in denen das Gewaltmonopol des Staates entweder nicht existierte oder nur schwach ausgeprägt war. In diesen sozialen Kontexten war es für den Einzelnen essenziell, sich selbst, seine Familie und seine Gemeinschaft physisch schützen zu können. Die Entstehung solcher Systeme wie Karate, Jiu Jiutsu oder Kung Fu ist untrennbar verbunden mit konkreten gesellschaftlichen Zuständen – durchlässigen Machtstrukturen, fehlender Rechtssicherheit, instabiler Ordnung.

Vergleicht man diese Ursprünge mit unserer heutigen gesellschaftlichen Situation, insbesondere in Deutschland oder Westeuropa, wird deutlich: Wir leben in einer Zeit, in der Gewalt eigentlich weder notwendig noch legitim sein sollte – und dennoch wieder wächst. Während traditionelle Kampfkünste aus einem Mangel an Recht hervorgingen, findet moderne Selbstverteidigung zunehmend unter dem Druck wachsender Kriminalität und kultureller Spannungsfelder statt. Dieser Text untersucht die Unterschiede zwischen damals und heute, geht auf die heutigen Gefahrenlagen ein und beleuchtet insbesondere die kulturelle Verschiebung, die sich aus dem Aufeinandertreffen unterschiedlicher Wertsysteme ergibt.

Die Zeit der Entstehung – Ehre, Status, Selbstschutz

In den Jahrhunderten zwischen 1300 und 1800 entstanden weltweit jene Systeme, die heute als traditionelle Kampfkünste bekannt sind. Ob im feudalen Japan, im kaiserlichen China, in den Kämpfen römischer Gladiatoren oder im griechischen Pankration: Gewalt war Bestandteil des gesellschaftlichen Alltags – sei es in Form von Duellen, Grenzkonflikten, Räuberbanden oder staatlicher Repression.

Gesellschaftliche Ordnung und Recht

Ein zentrales Merkmal dieser Zeiten war das Fehlen eines funktionierenden, für alle geltenden Rechtssystems. Gerechtigkeit war nicht objektiv, sondern abhängig von Klasse, Kaste oder Clan. Ehre und Vergeltung spielten in vielen Kulturen eine zentrale Rolle. Wer sich nicht wehren konnte, war der Willkür anderer ausgeliefert. Polizei, wie wir sie heute kennen, gab es nicht. Der Schutz der eigenen Person, Familie oder Siedlung lag beim Individuum oder in gemeinschaftlicher Verantwortung.

In Japan etwa war das Tragen von Waffen ein Privileg der Samurai, während Bauern und Händler zur Selbstverteidigung auf improvisierte Mittel oder geheime Techniken zurückgriffen. In China existierten zahlreiche regionale Milizen, die unabhängig vom Staat operierten. Der Staat selbst war oft korrupt oder überfordert. In Europa entstanden Fechtschulen und Bruderschaften, in denen bürgerliche Selbstverteidigung gegen Straßenräuber oder Soldaten auf Durchreise geübt wurde. Das Mittelalter kannte keine stabile Ordnung – und Selbstschutz war Pflicht.

Gewalt als Normalität

In diesen Gesellschaften war Gewalt normalisiert. Sie war Teil des öffentlichen Lebens, des Rechtsvollzugs, der Politik. Körperliche Auseinandersetzungen regelten Besitzstreitigkeiten, Ehrverletzungen oder soziale Konflikte. Die Idee, dass körperliche Integrität ein schützenswertes Gut sei, war nicht allgemeingültig. Die Ausbildung in waffenlosen oder bewaffneten Systemen war dementsprechend nicht Hobby, sondern existenziell.

Das Heute – Rechtsstaat, Sicherheitsversprechen, Realitätsschock

Im Kontrast dazu leben wir heute in einer Gesellschaft, in der das staatliche Gewaltmonopol eine zentrale Rolle spielt. Der moderne Rechtsstaat garantiert rechtliche Gleichheit, Schutz der Grundrechte und ein umfangreiches Polizei- und Justizsystem. In Deutschland etwa hat jeder Mensch ein Grundrecht auf körperliche Unversehrtheit, die Verteidigung ist gesetzlich geregelt, Selbstjustiz verboten. Auf dem Papier leben wir in einer der sichersten Gesellschaften der Welt.

Die juristische Realität

Doch das bedeutet auch: Wer sich körperlich zur Wehr setzt, muss rechtlich Rechenschaft ablegen. Notwehr ist erlaubt – aber nur unter bestimmten Voraussetzungen: Sie muss verhältnismäßig, notwendig und unmittelbar sein. Wer überreagiert, wird schnell selbst zum Täter erklärt. Das führt dazu, dass viele Menschen Verunsicherung im Umgang mit Gewalt empfinden. Sie fühlen sich bedroht, dürfen aber nicht einfach handeln. Dieses Spannungsfeld erzeugt nicht nur Angst, sondern auch Ohnmacht.

Der Bruch in der Realität: steigende Gewaltformen

Hinzu kommt: Das subjektive Sicherheitsempfinden vieler Bürger sinkt – teils zu Recht. Denn während Einbruchskriminalität rückläufig ist, nehmen bestimmte Gewaltformen signifikant zu:

Messerattacken

Die Zahl der Messerangriffe hat sich in Deutschland in den letzten Jahren auffällig erhöht. Laut Kriminalstatistik 2023 (BKA) wurden über 8.000 Fälle erfasst, wobei von einer hohen Dunkelziffer auszugehen ist. Besonders beunruhigend: Viele dieser Angriffe geschehen ohne Vorwarnung, mit massiver Gewaltbereitschaft, teils gegen völlig Unbeteiligte. Die Hemmschwelle sinkt, und der Umgang mit Waffen wird auch unter Jugendlichen normalisiert.

Gruppenvergewaltigungen

Noch alarmierender ist die Zunahme an Gruppenvergewaltigungen, besonders in urbanen Ballungsräumen. Im Jahr 2023 meldete das BKA einen Anstieg um über 30 % im Vergleich zu 2021. In vielen dieser Fälle handelt es sich um Täter mit Migrationshintergrund, insbesondere aus patriarchalisch geprägten Kulturkreisen. Dies ist kein rassistisches Argument, sondern ein statistisch belegbares Phänomen, das differenziert betrachtet werden muss.

Kulturelle Kontraste – Wertsysteme im Konflikt

Ein wesentlicher Faktor in der heutigen Bedrohungslage ist das Aufeinandertreffen kulturell stark unterschiedlicher Sozialisationen – insbesondere zwischen westlichen, liberalen Demokratien wie Deutschland und traditionellen Gesellschaften des arabischen, nordafrikanischen oder zentralasiatischen Raums.

Kollektivismus vs. Individualismus

In vielen arabischen Ländern herrscht ein stark kollektivistisch geprägtes Wertesystem. Familie, Clan, Ehre und Geschlechterrollen haben eine andere

Gewichtung als im Westen. Konflikte werden häufig innerhalb der Gruppe geregelt, die Loyalität zum Kollektiv überragt das Vertrauen in staatliche Institutionen. Der Staat wird oft als Repressionsorgan erlebt, nicht als Schutzmacht.

In Deutschland hingegen basiert das Gesellschaftssystem auf individuellen Rechten, Gewaltenteilung und abstrakter Gerechtigkeit. Der Bürger soll nicht selbst handeln, sondern auf Institutionen vertrauen. Diese Erwartung kollidiert massiv mit Erfahrungen, in denen das Rechtssystem versagt – oder in denen Täter aus anderen Kulturen ganz andere Normen mitbringen.

Ehre, Frauenbild, Gewalt

Ein zentrales Spannungsfeld ist das Thema Ehre. Während im westlichen Kulturkreis Ehre ein historisch zurückgetretener Begriff ist, spielt sie in vielen arabischen Milieus bis heute eine zentrale Rolle – insbesondere in Verbindung mit weiblicher Sexualität und männlicher Dominanz. Frauen gelten dort in Teilen nicht als gleichwertige Subjekte, sondern als Trägerinnen kollektiver Ehre. Wer das missachtet, verletzt das System – und macht sich zur Zielscheibe.

Das erklärt, warum es in bestimmten Gruppen überproportional viele Übergriffe gegen Frauen gibt – sei es durch Belästigung, Nötigung oder Vergewaltigung. Es ist keine kulturelle Determination, wohl aber eine statistische Häufung, die durch Sozialisierung, politische Instabilität und fehlende Integration bedingt ist. Wenn auf westliche Offenheit patriarchale Kontrolle trifft, entstehen Spannungsfelder – und teils auch gefährliche Dynamiken.

Die neue Notwendigkeit – Warum Selbstschutz heute wieder Thema ist

Der große Unterschied zwischen der Zeit der Entstehung traditioneller Kampfkünste und heute besteht darin, dass es heute eigentlich ein System gäbe, das uns schützen könnte. Doch dieses System gerät zunehmend unter Druck – durch Überforderung, kulturelle Differenzen, politische Korrektheit und wachsende Straftaten. Die Folge ist ein neuer Bedarf an Wehrhaftigkeit.

Zwischen Gesetz und Lebensrealität

Wer heute in einer deutschen Großstadt unterwegs ist, spürt eine neue Form von Unsicherheit – oft diffus, manchmal konkret. Menschen berichten von verbaler Aggression, Bedrohungen im Nahverkehr, Raubversuchen, sexuellen Übergriffen. Gleichzeitig ist die Angst groß, sich falsch zu verhalten: rechtlich, gesellschaftlich, moralisch.

Hier setzt moderner Selbstschutz an. Er fragt nicht nach Kampfkunstromantik, sondern nach praktischer Lebensrealität. Er berücksichtigt die rechtlichen Rahmenbedingungen, die kulturellen Spannungsfelder und die psychologische Komplexität realer Konfrontationen. Und er verbindet physische Techniken mit mentaler Klarheit – so wie es einst auch der Ursprung traditioneller Systeme war, nur eben angepasst an die Gegenwart.

Zwischen Tradition und Gegenwart – Ein neues Ethos

Moderne Selbstschutzsysteme wie P.R.I.M.E. Response tragen dieser Entwicklung Rechnung. Sie orientieren sich nicht an Mythen, sondern an Prinzipien. Sie fragen nicht nach Herkunft, sondern nach Haltung. Sie erkennen an, dass Gewalt heute nicht aus dem Gesetz heraus notwendig ist – aber aus der Realität heraus wieder relevant wird.

Was wir neu lernen müssen
- Wir müssen unsere Wehrhaftigkeit neu definieren, nicht als martialische Reaktion, sondern als Teil einer mündigen Selbstbestimmung.
- Wir müssen die Lücke zwischen Recht und Wirklichkeit schließen – nicht durch Selbstjustiz, sondern durch geschulte Klarheit.
- Wir müssen den interkulturellen Dialog offen, aber ehrlich führen – ohne Verallgemeinerung, aber auch ohne Verdrängung.

Was Kampfkünste heute bedeuten

Traditionelle Kampfkünste sind nicht veraltet – sie sind Erinnerungen an Zeiten, in denen Menschen sich selbst schützen mussten. Sie sind Mahnung und Werkzeug zugleich. Ihre Techniken mögen aus anderen Epochen stammen, doch ihre Essenz – Haltung, Fokus, Entschlossenheit – bleibt aktuell. Doch nur, wenn sie angepasst werden. Nicht durch Kommerz, sondern durch Verantwortung.

Selbstschutz als zeitgemäße Verantwortung

Wir stehen heute in einem seltsamen Zwischenraum: Einerseits leben wir im Rechtsstaat – andererseits wachsen Angst, Gewalt und Unsicherheit. Einerseits sind wir geschützt – andererseits zunehmend überfordert. Die Kampfkünste der Vergangenheit waren ein Mittel des Überlebens in chaotischen Zeiten. Heute können sie wieder zu einem Mittel werden – nicht gegen das Gesetz, sondern für die Würde.

Nicht jeder muss kämpfen lernen. Aber jeder sollte bereit sein, klar zu handeln – mit Kopf, Herz und, wenn nötig, mit den Händen. Und genau darin liegt die Brücke zwischen Tradition und Gegenwart.

GEWALT – REALITÄT, URSACHEN UND UMGANG

Gewalt ist ein Begriff, der Emotionen weckt. Er ist belastet mit Bildern von Straßenschlachten, Angriffen, Kriegen und Unterdrückung, aber auch durchzogen von Missverständnissen, Verharmlosungen und kulturellen Verzerrungen. Im System von **P.R.I.M.E. Response** betrachten wir Gewalt nicht als etwas Abstraktes oder Entferntes, sondern als realen, präsenten Teil der menschlichen Erfahrung – mit dem Ziel, ihr mit Klarheit, Bewusstsein und Handlungskompetenz zu begegnen.

Gewalt hat viele Gesichter

Gewalt ist nicht nur, wenn geschlagen wird. Gewalt kann laut sein, brutal und offensichtlich. Aber sie kann auch leise, subtil und psychisch zerstörend wirken. Die Weltgesundheitsorganisation definiert Gewalt als den "absichtlichen Gebrauch von angedrohtem oder tatsächlichem körperlichem Zwang oder physischer Macht gegen die eigene oder eine andere Person, gegen eine Gruppe oder Gemeinschaft, der entweder konkret oder mit hoher

Wahrscheinlichkeit zu Verletzungen, Tod, psychischen Schäden, Fehlentwicklungen oder Deprivation führt."

Diese Definition zeigt: Gewalt ist mehrdimensional. Sie umfasst materielle Gewalt (z. B. Schlagen, Messerangriffe, Misshandlungen), aber auch immaterielle Gewalt (z. B. Demütigungen, Mobbing, Erpressung, psychische Manipulation). Beide Formen sind real, beide hinterlassen Spuren.

In der Welt von P.R.I.M.E. Response nehmen wir diese Unterscheidung ernst. Denn jemand, der psychisch gebrochen wurde, braucht andere Wege zur Stärkung als jemand, der eine rein körperliche Bedrohung erlebt hat. Beides muss trainiert werden: die Reaktion auf das Sichtbare wie auf das Unsichtbare.

Ursachen von Gewalt: Ein komplexes Zusammenspiel

Gewalt entsteht nicht im luftleeren Raum. Sie ist selten Folge eines einzigen Faktors, sondern Ausdruck eines Zusammenwirkens biologischer, psychologischer, sozialer und kultureller Einflüsse. Diese Vielschichtigkeit spiegelt sich in verschiedenen wissenschaftlichen Theorien wider.

Psychologische Erklärungsansätze

Instinkttheorie: Die Idee, dass Gewalt Teil des menschlichen Triebapparats ist, geht auf Sigmund Freud und Konrad Lorenz zurück. Lorenz etwa betrachtete Aggression als evolutionär notwendiges Verhalten, um Ressourcen zu sichern, Territorien zu verteidigen oder soziale Hierarchien zu stabilisieren. Diese Theorie wird heute kritisch gesehen, bleibt aber als Erklärungsmodell relevant, insbesondere bei impulsiven Gewaltakten.

Frustrations-Aggressions-Hypothese: Diese Theorie, begründet von Dollard und Miller (1939), beschreibt Gewalt als Folge von Frustration. Wer in seinen Zielen blockiert wird, erfährt einen inneren Druck, der sich in Aggression entlädt. Später ergänzten Forscher wie Berkowitz dieses Modell um weitere Faktoren wie situative Reize (z. B. Hitze, Alkohol, Provokation), die die Schwelle zur Gewalt senken können.

Soziale Lerntheorie (Albert Bandura): Gewalt ist nicht angeboren, sondern wird erlernt. Menschen beobachten andere (Modelle) und übernehmen deren Verhalten, wenn dieses Verhalten erfolgreich oder sozial akzeptiert erscheint. Banduras berühmtes Bobo-Doll-Experiment zeigte, wie stark Kinder durch das aggressive Verhalten Erwachsener beeinflusst werden. Die Mechanismen sind bis heute aktuell: Medien, Peergroups, Familienmodelle – sie alle prägen unser Bild von Gewalt.

Neurobiologische Erklärungen

Frontalhirn-Hypothese: Das Frontalhirn, insbesondere der präfrontale Cortex, spielt eine Schlüsselrolle bei der Emotions- und Impulskontrolle. Studien des Neuropsychologen Adrian Raine und anderer zeigen: Menschen, die schwere Gewalttaten im Affekt begehen, weisen oft eine verminderte Aktivität in dieser Hirnregion auf. Es geht also weniger um „böse Absicht" als um eine mangelnde Fähigkeit zur Selbstregulation.

Amygdala und limbisches System: Diese Hirnregionen sind zuständig für Angstverarbeitung und schnelle emotionale Reaktionen. Eine überaktive Amygdala kann zu einer gesteigerten Bedrohungswahrnehmung führen – was wiederum die Wahrscheinlichkeit erhöht, auf Reize mit Gewalt zu reagieren. Wer alles als Angriff erlebt, wird sich auch öfter verteidigen wollen.

Genetik: Es gibt Hinweise darauf, dass bestimmte genetische Marker, etwa das sogenannte „Krieger-Gen" (MAOA-L), mit erhöhter Aggressionsbereitschaft korrelieren. Allerdings: Gene sind keine Schicksale. Sie beeinflussen, aber bestimmen nicht. Die Wechselwirkung mit Umweltfaktoren ist entscheidend.

Soziologische und kulturelle Perspektiven

Strukturelle Gewalt (Johan Galtung): Gewalt muss nicht immer direkt ausgeübt werden, um real zu sein. Wenn Menschen aufgrund von Herkunft, Hautfarbe, Geschlecht oder Armut systematisch benachteiligt werden – in Bildung, Gesundheit, Rechtsprechung oder Chancenverteilung – dann ist das strukturelle Gewalt. Sie ist oft unsichtbar, aber wirksam.

Anomie und soziale Desintegration (Émile Durkheim, Robert K. Merton): Wenn gesellschaftliche Normen zerbrechen und Menschen keine Orientierung mehr haben, steigt das Risiko gewalttätigen Verhaltens. Besonders Jugendliche, die in instabilen sozialen Milieus aufwachsen, reagieren häufiger mit Gewalt, wenn sie das Gefühl haben, keine legitimen Wege zum sozialen Aufstieg zu finden.

Subkultur-Theorien: In bestimmten sozialen Gruppen (z. B. Jugendgangs, kriminelle Milieus) gelten andere Regeln als in der Mehrheitsgesellschaft. Gewalt kann dort als Mittel der Anerkennung oder Identitätsbildung dienen. Wer dazugehören will, muss Gewalt ausüben oder zumindest bereit sein, sie anzuwenden.

Feministische Theorie: Gewalt wird auch durch gesellschaftlich verankerte Machtstrukturen und Geschlechterrollen begünstigt. Die Ungleichbehandlung der Geschlechter, der Anspruch auf Kontrolle (z. B. in Partnerschaften) und die Akzeptanz bestimmter männlicher Rollenmuster („echte Männer schlagen zurück") fördern gewaltförmige Dynamiken.

Entwicklung und Kindheitserfahrungen

Bindung und frühe Traumata: Kinder, die Missbrauch, Vernachlässigung oder instabile Beziehungen erleben, haben ein deutlich erhöhtes Risiko, später selbst gewalttätig zu werden. Sie lernen früh, dass Nähe gefährlich ist oder dass nur Stärke schützt. Ohne korrigierende Erfahrungen in Schule oder späteren Beziehungen bleiben diese Muster oft ein Leben lang bestehen.

Erziehungsstile: Autoritäre, gewaltvolle oder vernachlässigende Erziehungsmethoden fördern Aggression. Kinder übernehmen das Verhalten der Eltern – entweder durch direkte Imitation oder durch internalisierte Muster, die später „wie automatisch" aktiviert werden.

Gewalt als kommunikative Handlung

In vielen Fällen ist Gewalt ein Ausdruck von Sprachlosigkeit. Sie tritt auf, wenn Menschen keine Worte (mehr) finden, um Konflikte zu lösen. Gewalt ist dann das letzte Mittel, um sich Gehör zu verschaffen, Kontrolle zurückzugewinnen oder eine Grenze zu ziehen. Gerade Jugendliche greifen zur Gewalt, wenn sie sich nicht verstanden, nicht gesehen oder abgewertet fühlen. Gewalt wird zur Sprache, wo keine Sprache mehr möglich scheint.

Formen von Gewalt im Alltag

Gewalt begegnet uns nicht nur in Extremfällen, sondern ist auch im ganz normalen Alltag präsent – oft getarnt, verharmlost oder sogar gesellschaftlich akzeptiert. Wer genau hinsieht, erkennt: Gewalt ist nicht immer spektakulär, aber sie wirkt – leise, kontinuierlich, oft zerstörerisch.

Körperliche Gewalt: Die offensichtlichste Form

Körperliche Gewalt ist die Form von Gewalt, die am sichtbarsten ist. Ein Schlag ins Gesicht, ein Tritt gegen den Körper, ein Stoß, der jemanden zu Boden bringt – diese Handlungen hinterlassen oft Spuren. Blut, blaue Flecken, gebrochene Knochen. Doch auch wenn die Folgen deutlich sind, bleibt ihre Bedeutung oft unausgesprochen.

Denn körperliche Gewalt ist nicht nur eine Handlung. Sie ist Ausdruck von Macht, Hilflosigkeit, Überforderung oder gezielter Aggression. Sie wirkt auf mehreren Ebenen: physisch, psychisch, sozial. Und sie betrifft Menschen – direkt, indirekt, als Opfer, als Täter, als Beobachtende.

Trotz ihrer Sichtbarkeit ist sie gesellschaftlich nicht immer so klar geächtet, wie es scheint. Während sich Öffentlichkeit und Rechtsprechung einig sind: Schlagen ist verboten – gibt es zahlreiche Grauzonen, Relativierungen und kulturell geprägte Toleranzen. Besonders in Beziehungen, Familien oder Berufen, in denen Nähe, Stress und Machtungleichgewichte aufeinandertreffen, ist körperliche Gewalt oft Teil der Realität. Manchmal offen. Oft versteckt. Selten vollständig aufgearbeitet.

Was ist körperliche Gewalt?

Körperliche Gewalt meint jede Form von Handlung, durch die einer anderen Person physischer Schaden zugefügt oder angedroht wird. Sie reicht von einem Stoß oder Schubsen über Schläge, Tritte, Würgen bis hin zu lebensbedrohlichen Angriffen.

Im strafrechtlichen Sinne sind Formen körperlicher Gewalt z. B.:
- Körperverletzung (§ 223 StGB)
- gefährliche Körperverletzung (§ 224 StGB)
- schwere Körperverletzung (§ 226 StGB)
- Misshandlung von Schutzbefohlenen (§ 225 StGB)
- tätlicher Angriff (§ 114 StGB bei bestimmten Berufsgruppen)

Dabei ist für die rechtliche Bewertung entscheidend, ob die körperliche Integrität verletzt wurde, nicht ob Spuren sichtbar sind. Auch ein Schlag ohne blaue Flecken oder ein gewaltsames Festhalten kann als Körperverletzung gelten.

Die gesellschaftliche Haltung: Ein Tabu – und doch Alltag

Offiziell gilt körperliche Gewalt in unserer Gesellschaft als nicht akzeptabel. Die Ächtung ist in Gesetzen, Leitbildern und öffentlichen Diskursen verankert. Doch die Realität ist vielschichtiger. In vielen Lebensbereichen ist Gewalt nicht nur vorhanden – sie ist strukturell verankert, oft verharmlost oder tabuisiert. Beispiele:
- In Familien wird Gewalt häufig unter dem Begriff „Erziehung" versteckt. Obwohl das Gesetz seit 2000 jedem Kind ein „gewaltfreies Aufwachsen" garantiert (§ 1631 BGB), erleben viele Kinder bis heute Schläge, Stöße oder grobe Übergriffe – oft als Ausdruck von Hilflosigkeit oder tradiertem Rollenverhalten.
- In Partnerschaften bleibt Gewalt häufig im Verborgenen – aus Angst, Scham oder emotionaler Abhängigkeit. Besonders Frauen sind betroffen, doch auch Männer schweigen oft aus Furcht vor Stigmatisierung.
- Im öffentlichen Raum ist Gewalt eine Schattenrealität – besonders in Nachtleben, öffentlichen Verkehrsmitteln oder prekären Wohnverhältnissen. Alkohol, Gruppendynamik und Anonymität senken die Hemmschwelle.
- In bestimmten Berufen gehört Gewalt zum Alltag: Pflegekräfte, Justizvollzugsbeamte, Sicherheitsdienste, Sozialarbeiter – viele erleben

körperliche Übergriffe regelmäßig. Die Bandbreite reicht von aggressivem Anfassen bis hin zu gezielten Angriffen.

Gewalt hat viele Gesichter – auch in „Alltagssituationen"

Ein Schubs in der Bahn, ein „freundlicher Klaps", ein Griff ans Handgelenk, um jemanden zu stoppen – viele Formen körperlicher Gewalt erscheinen trivial. Doch sie sind es nicht. Denn sie alle überschreiten Grenzen. Und sie alle wirken auf das Gegenüber: körperlich, psychisch, biografisch.

Was dabei häufig unterschätzt wird: Der Kontext entscheidet über die Wirkung. Ein leichter Schlag im Spiel kann als Übergriff empfunden werden, wenn er gegen den Willen geschieht. Ein „Festhalten zur Beruhigung" kann sich für die betroffene Person wie Zwang anfühlen. Gewalt beginnt nicht erst mit dem Schlag – sie beginnt mit der Missachtung körperlicher Autonomie.

Die Wirkung: Nicht nur körperlich

Körperliche Gewalt wirkt auf mehreren Ebenen:

Körperlich

Die Spuren reichen von Prellungen bis zu bleibenden Schäden. Doch selbst wenn nichts sichtbar ist, bleibt der Körper betroffen – durch Schmerz, Muskelverspannung, Stresshormone oder Schockzustände.

Psychisch

Körperliche Gewalt löst Angst, Scham, Ohnmacht und Traumata aus. Viele Opfer entwickeln posttraumatische Belastungsstörungen, Vermeidungsverhalten oder ein gestörtes Körperbild. Besonders, wenn die Gewalt durch nahe Bezugspersonen erfolgt, ist der seelische Schaden tief.

Sozial

Gewalt verändert Beziehungen – zu anderen, zu sich selbst, zur Umwelt. Sie untergräbt Vertrauen, erzeugt Scham oder Schuldgefühle. Und sie kann soziale Isolation verstärken – vor allem, wenn das Umfeld schweigt oder relativiert.

Warum wird Gewalt angewendet?

Die Ursachen körperlicher Gewalt sind vielfältig. Meist liegen ihnen komplexe psychosoziale Dynamiken zugrunde:
- **Überforderung und Stress**: In der Familie, im Beruf, in engen Beziehungen
- **Macht und Kontrolle**: Wer dominiert, schlägt eher
- **Erlerntes Verhalten**: Wer selbst Gewalt erlebt hat, gibt sie oft weiter
- **Impulskontrollstörungen**: Fehlende Fähigkeit, Emotionen zu regulieren
- **Gruppenzwang**: Besonders bei Jugendlichen und in Männlichkeitsmilieus
- **Strukturelle Machtverhältnisse**: In Institutionen, Pflege, Gefängnissen

In vielen Fällen ist Gewalt kein bewusster Plan – sondern eine Reaktion auf Kontrollverlust, Angst oder emotionale Hilflosigkeit. Das entschuldigt sie nicht – aber es erklärt, warum reine Strafandrohung oft nicht reicht.

Berufsrisiko Gewalt: Wenn Übergriffe zum Alltag gehören

In bestimmten Berufsfeldern ist das Risiko, körperlich angegriffen zu werden, signifikant erhöht:
- **Pflegekräfte** werden regelmäßig geschlagen, gekratzt, gebissen – oft von dementen oder verwirrten Patienten
- **Sicherheitsdienste** erleben Bedrohungen, Faustschläge, Angriffe mit Gegenständen
- **Justizvollzugsbeamte** sind Teil eines Systems, in dem Gewalt zur Interaktion gehört
- **Lehrkräfte und Sozialpädagogen** werden zunehmend Ziel körperlicher Übergriffe – von Jugendlichen oder aufgebrachten Eltern

Trotz dieser Realität ist Gewalt in vielen dieser Berufe ein Tabuthema. Betroffene fühlen sich alleingelassen, schämen sich oder erleben, dass

Übergriffe als „Teil des Jobs" gelten. Prävention, Schulung und Aufarbeitung fehlen oft – oder werden unzureichend umgesetzt.

Prävention: Was hilft wirklich?

Die Verhinderung körperlicher Gewalt ist kein einfacher Prozess. Sie braucht einen mehrdimensionalen Ansatz:

Früherkennung

Körperliche Gewalt beginnt oft subtil. Wer lernt, erste Warnzeichen (z. B. Kontrolle, Drohgebärden, Grenzüberschreitungen) zu erkennen, kann früher gegensteuern.

Empowerment der Betroffenen

Opfer müssen ernst genommen und gestärkt werden – juristisch, emotional, sozial. Das bedeutet auch: glaubhafte Schutzangebote, einfache Anlaufstellen und gesellschaftliche Entstigmatisierung.

Täterarbeit

Viele Täter sind keine Monster, sondern Menschen mit mangelnder Impulskontrolle, traumatischer Biografie oder fehlender Konfliktkompetenz. Prävention bedeutet auch: Arbeit an Männlichkeitsbildern, Beziehungsmustern und Emotionen.

Berufsspezifisches Deeskalationstraining

Pflegekräfte, Lehrende und andere Berufsgruppen brauchen spezifische Schulungen, um sich selbst zu schützen, ohne zu überreagieren – mit Fokus auf Körpersprache, Abgrenzung und klare Kommunikation.

Hinschauen statt wegsehen

Körperliche Gewalt ist die sichtbarste Form der Gewalt – und dennoch oft die am meisten verdrängte. Weil sie uns betrifft. Weil sie Fragen aufwirft. Weil sie das Bild vom zivilisierten Miteinander stört.

Doch gerade deshalb braucht es einen ehrlichen, differenzierten Umgang damit. Nicht, um Menschen zu stigmatisieren – sondern um Räume zu schaffen, in denen Schutz, Heilung und Entwicklung möglich sind. P.R.I.M.E. Response versteht sich in diesem Kontext nicht nur als physisches Schutzsystem, sondern auch als Beitrag zu einer neuen Gewaltkultur – in der Klarheit, Selbstführung und Ethik im Vordergrund stehen.

Denn Gewalt wird nicht weniger, wenn wir sie verschweigen. Sondern wenn wir lernen, bewusst, entschieden und verantwortungsvoll mit ihr umzugehen.

Psychische Gewalt: Unsichtbar – aber tief wirkend

Psychische Gewalt ist leise. Sie schreit nicht, schlägt nicht und hinterlässt keine sichtbaren Spuren. Doch genau das macht sie so gefährlich. Ihre Wirkung dringt tief unter die Oberfläche – in das Selbstbild, in die innere Stabilität, in das Vertrauen zu anderen und zu sich selbst.

Wer körperliche Gewalt erlebt, hat oft die Möglichkeit, sich auf etwas Offensichtliches zu beziehen: auf die Faust, den Schlag, das Hämatom. Psychische Gewalt hingegen wirkt subtiler – und wird gerade deshalb häufig nicht erkannt, nicht benannt, nicht ernst genommen. Viele Betroffene zweifeln an sich selbst, bagatellisieren das Erlebte oder übernehmen unbewusst die Schuld für das, was ihnen geschieht.

Dabei ist psychische Gewalt keineswegs harmloser. Im Gegenteil: Studien und langjährige psychologische Praxis zeigen, dass psychische Gewalt oft länger nachwirkt als körperliche Übergriffe. Sie zersetzt das Selbstwertgefühl, untergräbt die innere Sicherheit und kann zu schweren seelischen Verletzungen führen – bis hin zu Angststörungen, Depressionen oder posttraumatischen Belastungsreaktionen.

Was ist psychische Gewalt?

Psychische Gewalt umfasst alle Verhaltensweisen, mit denen ein Mensch versucht, einen anderen durch Worte, Gesten, Schweigen oder emotionale Manipulation zu kontrollieren, abzuwerten oder zu destabilisieren. Es geht nicht um einzelne Konflikte oder gelegentliche Meinungsverschiedenheiten, sondern um systematisches, wiederholtes Verhalten mit verletzender oder entwürdigender Wirkung.

Typische Formen psychischer Gewalt sind unter anderem:
- **Erniedrigung und Lächerlichmachen**
  – öffentlich oder im privaten Raum
- **ständige Kritik und Abwertung**
  – unabhängig vom Verhalten des Gegenübers
- **emotionale Erpressung**
  – z. B. „Wenn du mich liebst, dann..."
- **Kontrolle und Überwachung**
  – etwa durch ständige Anrufe, Kontrolle von Nachrichten oder Verbote
- **Drohungen**
  – direkt oder subtil, etwa mit Verlassen, Gewalt oder Bloßstellung
- **Liebesentzug**
  – gezielte Rücknahme von Zuneigung als Druckmittel
- **permanentes Ignorieren**
  – sogenanntes „Silent Treatment", also Bestrafung durch Schweigen oder Kontaktabbruch
- **Gaslighting**
  – das systematische Infragestellen der Wahrnehmung, des Erinnerungsvermögens oder der Realität des Gegenübers

Psychische Gewalt kann in jeder Beziehung auftreten – in Partnerschaften, Familien, am Arbeitsplatz, in pädagogischen oder therapeutischen Kontexten. Sie ist geschlechtsunabhängig und altersübergreifend. Sie trifft Kinder genauso wie Erwachsene, Schüler wie Vorgesetzte, Pflegebedürftige wie pflegende Angehörige.

Die Dynamik: Macht, Ohnmacht und Kontrolle

Psychische Gewalt entsteht fast immer in einem Machtgefälle. Der eine nutzt Mittel, um den anderen kleinzuhalten, zu kontrollieren oder zu verunsichern. Dabei geht es nicht immer um bewusste Bosheit – oft sind es erlernte Verhaltensmuster, unbewältigte eigene Verletzungen oder unreflektierte Vorstellungen von Beziehung und Nähe, die zu destruktivem Verhalten führen.

Doch ungeachtet der Ursachen: Psychische Gewalt ist immer ein Angriff auf die Integrität des Anderen. Sie nimmt dem Betroffenen Raum – emotional, mental, manchmal auch sozial. Je subtiler sie ist, desto schwerer ist sie zu greifen. Und genau das macht sie so wirkmächtig. Denn sie kann dazu führen, dass das Opfer sich selbst in Frage stellt:
„Vielleicht übertreibe ich ja."
„Ich bin zu empfindlich."
„Er oder sie meint es ja nur gut."
„Ich hab es doch auch ein bisschen verdient."

Solche Gedanken zeigen, wie tief psychische Gewalt in das Selbstbild eingreifen kann. Wer dauerhaft herabgesetzt oder kontrolliert wird, beginnt irgendwann, das Bild des Täters zu übernehmen – und sich selbst zu entwerten.

Die Wirkung: Unsichtbare Wunden

Psychische Gewalt hinterlässt keine blauen Flecken – aber sie schlägt in die Psyche. Ihre Folgen sind oft schwer zu erkennen, da sie sich schleichend entwickeln. Doch sie sind real – und häufig tiefgreifend.

Verlust des Selbstwertgefühls

Ständige Kritik, Abwertung oder Missachtung führen dazu, dass der Betroffene an sich selbst zu zweifeln beginnt. Der innere Dialog wird negativ, das Vertrauen in eigene Fähigkeiten schwindet. Das Gefühl, „nicht gut genug" zu sein, wird zur Grundüberzeugung.

Emotionale Instabilität

Wer ständig emotionalem Druck ausgesetzt ist, verliert die Fähigkeit, sich innerlich zu regulieren. Kleine Auslöser können große emotionale Reaktionen hervorrufen – von Verzweiflung über Wut bis hin zu Rückzug und Erstarrung.

Beziehungstrauma

Gerade wenn psychische Gewalt in engen Bindungen vorkommt – etwa in der Familie oder Partnerschaft –, wird das Erleben besonders schmerzhaft. Nähe wird mit Gefahr verknüpft, was spätere Beziehungen belastet.

Isolation

Viele Betroffene ziehen sich zurück, weil sie sich schämen, nicht verstanden fühlen oder das Gefühl haben, übertreiben zu müssen. So entsteht soziale Isolation – und das Gefühl, allein zu sein mit dem Erlebten.

Psychosomatische Symptome

Schlafstörungen, Magenprobleme, Verspannungen, Kopfschmerzen – der Körper reagiert auf seelische Belastung. Wer psychische Gewalt erlebt, spürt sie oft auch körperlich – ohne es direkt zuordnen zu können.

Warum wird psychische Gewalt nicht erkannt?

Ein zentrales Problem psychischer Gewalt ist ihre **Unsichtbarkeit**. Weder Polizei noch Nachbarn bemerken das Schweigen. Kein ärztliches Attest dokumentiert eine Demütigung. Und auch der Betroffene selbst kann oft lange nicht benennen, was genau passiert.

Hinzu kommt: Psychische Gewalt geschieht häufig in engen Beziehungen, die von Abhängigkeit, Scham und Loyalität geprägt sind. Wer sich löst, verliert oft nicht nur einen Täter – sondern auch einen geliebten Menschen, einen Partner, einen Elternteil oder eine Autoritätsperson.

Auch das soziale Umfeld reagiert nicht immer unterstützend. Aussagen wie „Das ist doch nicht so schlimm", „Reiß dich mal zusammen" oder „Du provozierst das doch auch ein bisschen" führen dazu, dass psychische Gewalt verharmlost wird – und die Betroffenen sich noch mehr zurückziehen.

Formen in verschiedenen Lebensbereichen

In Partnerschaften

Psychische Gewalt in Paarbeziehungen ist weit verbreitet – oft in Verbindung mit emotionaler Abhängigkeit oder Angst vor Verlust. Typisch sind Drohungen, Kontrolle, ständige Abwertung oder emotionaler Rückzug als Machtmittel.

In Familien

Eltern können psychische Gewalt durch Herabsetzung, Gleichgültigkeit oder übermäßige Kontrolle ausüben. Aber auch Kinder oder Jugendliche wenden psychische Gewalt gegen Eltern an – z. B. durch emotionale Erpressung oder demonstrativen Rückzug.

Am Arbeitsplatz

Mobbing, Abwertungen durch Vorgesetzte oder subtile Ausgrenzung durch Kolleginnen und Kollegen zählen zu den häufigsten Formen psychischer Gewalt im Berufsleben. Die Folgen sind nicht selten Burn-out, Depressionen oder Arbeitsunfähigkeit.

In pädagogischen oder pflegerischen Kontexten

Auch in Schulen, Heimen oder Pflegeeinrichtungen kann psychische Gewalt auftreten – etwa durch Entmündigung, Ignoranz, Ironie oder emotionalen Machtmissbrauch.

Wege der Befreiung

Psychische Gewalt zu erkennen ist der erste Schritt. Doch oft ist das allein nicht genug. Denn wer betroffen ist, braucht nicht nur Einsicht – sondern auch Unterstützung, Halt und konkrete Strategien.

Benennen

Der erste Schritt ist, das Erlebte als das zu sehen, was es ist: Gewalt. Ohne diese Benennung bleibt der Prozess stecken.

Reflexion

Was genau passiert? Welche Muster wiederholen sich? Wo werden Grenzen überschritten? Durch gezielte Selbstreflexion (z. B. durch Schreiben, Gespräche, Coaching) kann das diffuse Erleben greifbarer werden.

Unterstützung suchen

Ein vertrauensvolles Gespräch mit außenstehenden Personen, professionelle Hilfe oder der Kontakt zu spezialisierten Beratungsstellen kann stabilisieren – und neue Perspektiven eröffnen.

Grenzen setzen

Wer erkennt, dass eine Beziehung schadet, darf sich schützen. Das bedeutet nicht automatisch Kontaktabbruch – aber klare, konsequente Grenzen.

Selbstwert stärken

Der Weg aus psychischer Gewalt führt zurück zum eigenen Selbstbild. Wer sich selbst wieder wertschätzt, kann sich besser abgrenzen und für sich einstehen.

Gewalt braucht keine Faust

Psychische Gewalt ist real – auch wenn sie keine sichtbaren Spuren hinterlässt. Ihre Kraft liegt in der Wiederholung, in der Subtilität, in der Wirkung auf das Selbst. Wer sie unterschätzt, übersieht ein zentrales Gewaltphänomen unserer Zeit.

P.R.I.M.E. Response versteht Gewalt nicht nur als körperliche Bedrohung, sondern als Störung innerer und äußerer Integrität. Psychische Gewalt greift genau dort an – im Selbst, in der Würde, in der inneren Ordnung. Deshalb braucht es Konzepte, die Schutz nicht nur körperlich denken, sondern ganzheitlich: als Schutz der Persönlichkeit, der Seele, der Identität.

Denn nicht jeder Angriff trifft den Körper. Aber jeder Angriff trifft. Und jeder Mensch hat das Recht, sich dagegen zu wehren.

Sexualisierte Gewalt: Wenn Nähe zur Grenzverletzung wird

Sexualisierte Gewalt ist eines der sensibelsten und zugleich belastendsten Themen, wenn es um Gewaltformen geht. Sie betrifft nicht nur den Körper, sondern auch die intimsten Bereiche des Selbst: Würde, Autonomie, Vertrauen. Ihre Wirkung reicht tief – und oft über Jahre oder Jahrzehnte hinaus.

Sexualisierte Gewalt meint jede sexuelle Handlung, die gegen den Willen einer Person erfolgt. Sie beginnt nicht erst bei einer Vergewaltigung, sondern reicht vom verbalen Übergriff bis hin zu systematisch ausgeübtem sexuellen Machtmissbrauch. Die Verletzung geschieht nicht allein durch die Handlung, sondern durch die Missachtung von Grenzen – körperlich, seelisch, emotional.

In einer aufgeklärten Gesellschaft sollte sexualisierte Gewalt klar geächtet, konsequent verfolgt und offen thematisiert sein. Doch die Realität sieht anders aus: Viele Übergriffe werden nicht gemeldet, nicht ernst genommen oder sogar stillschweigend geduldet. Scham, Angst, Verdrängung und Machtasymmetrien verhindern häufig, dass Betroffene sich wehren oder öffentlich machen, was geschehen ist.

Was ist sexualisierte Gewalt?

Sexualisierte Gewalt ist ein Sammelbegriff für alle Formen sexueller Übergriffe, bei denen das Einverständnis fehlt oder durch Druck, Zwang, Macht oder Manipulation untergraben wird. Entscheidend ist nicht, wie schwer die Handlung juristisch wiegt, sondern dass eine Grenze überschritten wurde, die dem anderen zusteht.

Formen sexualisierter Gewalt sind unter anderem:

- **körperliche Übergriffe** wie erzwungene Berührungen, erzwungener Geschlechtsverkehr oder sexuelle Handlungen gegen den Willen
- **sexuelle Belästigung**, etwa durch anzügliche Bemerkungen, unerwünschte Berührungen oder aufdringliches Verhalten
- **übergriffige Sprache**, insbesondere im beruflichen oder schulischen Umfeld
- **Zwang zu Nacktheit oder Exhibitionismus**
- **digitale Übergriffe**, etwa durch das Versenden pornografischer Inhalte oder das ungewollte Teilen intimer Bilder
- **strukturelle Formen**, wie sexualisierte Machtverhältnisse am Arbeitsplatz, in Institutionen oder innerhalb von Abhängigkeitsverhältnissen (z. B. Ausbildung, Therapie)

Dabei ist zu beachten: Die Gewalt liegt nicht im sexuellen Inhalt, sondern im Machtaspekt. Sexualisierte Gewalt ist kein Ausdruck von Lust, sondern von Dominanz, Kontrolle, Erniedrigung oder Grenzverachtung.

Der zentrale Punkt: Einverständnis

Im Zentrum jeder sexualisierten Handlung muss die Frage nach dem Einverständnis stehen. Dieses muss frei, informiert, freiwillig und jederzeit widerrufbar sein. Ein erzwungenes, erschlichenes oder manipuliertes „Ja" ist kein Einverständnis – und Schweigen bedeutet nicht Zustimmung.

Besonders problematisch ist die Situation bei Personen, die sich nicht oder nur eingeschränkt äußern können: etwa Kinder, Menschen mit Beeinträchtigung, abhängige Personen in psychologischen, medizinischen oder beruflichen Kontexten. In diesen Fällen gilt ein besonderes Schutzbedürfnis – auch juristisch.

Die gesellschaftliche Realität: Schweigen, Scham, Macht

Obwohl sexualisierte Gewalt in den meisten westlichen Ländern strafbar ist, bleibt sie in vielen Fällen unsichtbar – oder wird bagatellisiert.

Gründe dafür sind:

- **Scham**: Betroffene fürchten sich vor Stigmatisierung, Schuldumkehr oder dem Verlust sozialer Sicherheit.
- **Abhängigkeit**: In beruflichen oder institutionellen Kontexten besteht oft eine Machtasymmetrie, die Gegenwehr erschwert.
- **Strukturelle Verharmlosung**: Viele Übergriffe werden im Alltag nicht als Gewalt erkannt – etwa im familiären Bereich oder in scheinbar „harmlosen" Situationen.
- **Trauma und Verdrängung**: Die psychischen Folgen sexualisierter Gewalt führen häufig dazu, dass Betroffene nicht unmittelbar über das Erlebte sprechen können oder wollen.

Auch das Umfeld reagiert nicht selten mit Abwehr, Wegsehen oder sogar Schuldzuweisungen. Aussagen wie „Du hättest ja was sagen können", „So schlimm war das doch nicht" oder „Warum hast du dich nicht gewehrt?" zeigen, wie tief gesellschaftliche Bilder von Schuld, Sexualität und Macht verankert sind.

Sexualisierte Gewalt im privaten Raum

Die meisten Übergriffe geschehen nicht im öffentlichen Raum – sondern im privaten Umfeld: in Partnerschaften, Familien, Freundschaften oder im Bekanntenkreis. Hier ist die Hemmschwelle für Täter oft geringer, und die Abhängigkeit der Betroffenen höher.

- In Partnerschaften äußert sich sexualisierte Gewalt z. B. durch erzwungenen Sex, Druck zur Zustimmung, Schuldgefühle bei Ablehnung oder die bewusste Entwertung der Sexualität des Partners.
- In Familien sind insbesondere Kinder und Jugendliche gefährdet – oft durch Väter, Stiefväter, Brüder oder andere enge Bezugspersonen.
- Auch im Freundeskreis oder unter Kollegen können Übergriffe geschehen – meist unter dem Deckmantel von „Spaß", „Nähe" oder „Flirten".

Der private Rahmen macht es besonders schwer, sexualisierte Gewalt zu benennen. Denn die Beziehung selbst wird oft als schützenswert empfunden – oder der Täter als „eigentlich ein guter Mensch".

Sexualisierte Gewalt im beruflichen Kontext

In vielen Arbeitsfeldern bestehen strukturelle Machtverhältnisse, die sexualisierte Gewalt begünstigen: etwa zwischen Vorgesetzten und Mitarbeitenden, Ausbildern und Auszubildenden, Lehrenden und Schülern. Hier ist nicht nur die Tat an sich problematisch, sondern auch das System, das sie ermöglicht – etwa durch fehlende Kontrolle, mangelnde Ansprechbarkeit oder Angst vor beruflichen Nachteilen.

Typische Erscheinungsformen:
- anzügliche Bemerkungen in Teams oder Meetings
- unerwünschte körperliche Nähe
- sexuelle „Witze" mit abwertendem Charakter
- Andeutungen oder Drohungen in Abhängigkeitssituationen
- sexuelle Gefälligkeiten als stillschweigende Erwartung

Viele Betroffene schweigen aus Angst vor Arbeitsplatzverlust, Isolation oder Karrierebruch. Hinzu kommt die Schwierigkeit, Beweise zu erbringen – insbesondere bei subtilen Übergriffen ohne Zeugen.

Die psychische Wirkung: Zerstörung von Vertrauen

Sexualisierte Gewalt trifft den Menschen **in seinem innersten Kern** – in seiner Würde, seinem Körpergefühl, seiner Identität. Die psychischen Folgen sind oft gravierend und langfristig. Sie reichen von Ängsten, Ekel, Scham und Schuld bis hin zu schweren Traumafolgestörungen.

Typische Reaktionen:
- Rückzug und Isolation
- Depressionen und Selbstwertprobleme
- sexuelle Funktionsstörungen oder Ablehnung von Nähe
- Angststörungen und Schlafprobleme
- Wiederholung traumatischer Beziehungsmuster

Besonders belastend ist die innere Zerrissenheit, wenn die Gewalt durch eine eigentlich vertraute Person ausgeübt wurde. Dann ist nicht nur die körperliche

Integrität verletzt – sondern auch das Vertrauen in Beziehungen, Nähe und Verlässlichkeit.

Warum Widerstand oft ausbleibt

Ein weit verbreiteter Mythos ist die Annahme, Betroffene sexualisierter Gewalt müssten sich „nur wehren" – dann würde die Tat nicht passieren. Doch die Realität sieht anders aus.

Viele Menschen erstarren im Moment der Bedrohung. Diese Reaktion – als tonische Immobilität bekannt – ist eine neurobiologische Schutzfunktion bei extremer Bedrohung, nicht Ausdruck von Passivität oder Zustimmung.

Zudem spielt Verwirrung eine große Rolle: Wenn Nähe plötzlich umkippt, wenn Worte zweideutig bleiben oder wenn Schuld umgelenkt wird, sind viele nicht in der Lage, sofort zu handeln. Erst im Nachhinein wird oft klar, was passiert ist – und wie verletzend es war.

Prävention und Schutz

Sexualisierte Gewalt lässt sich nicht vollständig verhindern – aber es ist möglich, Schutzräume zu schaffen und das Bewusstsein für Grenzen zu stärken.
Wichtige Elemente sind:

- **Klarheit über eigene Grenzen**: Nur wer die eigenen körperlichen und emotionalen Grenzen kennt, kann sie auch schützen und benennen.
- **Achtsame Kommunikation**: Sprache, Berührungen und Nähe müssen bewusst gestaltet werden – besonders in Abhängigkeitsverhältnissen.
- **Intervention durch Dritte**: Wer Übergriffe beobachtet, trägt Verantwortung. Deeskalation, klare Rückmeldung oder Unterstützung der betroffenen Person können viel bewirken.
- **Institutioneller Schutz**: Klare Verhaltensregeln, Schulungen und Ansprechpartner im beruflichen oder schulischen Kontext helfen, Strukturen zu verändern.

Gewalt beginnt nicht mit der Tat – sondern mit der Missachtung

Sexualisierte Gewalt ist kein Ausnahmephänomen. Sie ist Teil des Alltags vieler Menschen – oft unsichtbar, oft ungesagt, aber tief wirkend. Ihre Bekämpfung erfordert mehr als Strafverfolgung. Sie erfordert ein Umdenken: in Sprache, in Beziehungen, in Machtstrukturen.

P.R.I.M.E. Response betrachtet auch sexualisierte Gewalt im Kontext von Selbstschutz. Nicht, indem Betroffenen Verantwortung für die Tat aufgebürdet wird – sondern indem Menschen gestärkt werden, ihre Grenzen zu spüren, zu schützen und zu verteidigen. Mit Klarheit. Mit Haltung. Und mit dem Mut, Stille zu brechen.
Denn jedes Schweigen, das aufgebrochen wird, ist ein Schritt in Richtung Heilung.

Strukturelle Gewalt: Die stille Zerstörung

Gewalt muss nicht laut sein. Sie muss nicht schlagen, nicht drohen, nicht schreien. Es gibt eine Form von Gewalt, die weder in der Kriminalstatistik noch in den Abendnachrichten auftaucht – und die doch täglich wirkt: strukturelle Gewalt. Sie ist leise, diffus und scheinbar unsichtbar. Aber ihre Wirkung ist tief und nachhaltig. Sie zerstört nicht durch Tritte, sondern durch Benachteiligung. Nicht durch Wut, sondern durch Gleichgültigkeit.

Strukturelle Gewalt meint jene Formen sozialer Benachteiligung und systemischer Ausgrenzung, die nicht durch einzelne Täter verursacht werden, sondern durch gesellschaftliche Bedingungen. Sie steckt in Gesetzen, Institutionen, ökonomischen Abhängigkeiten, Bildungswegen, Sprachbarrieren und kulturellen Vorannahmen. Sie wirkt durch das, was fehlt: durch fehlende Chancen, fehlende Zugänge, fehlende Unterstützung – und durch das, was dauerhaft verwehrt bleibt: Würde, Teilhabe, Entwicklung.
Was ist strukturelle Gewalt?

Der Begriff wurde unter anderem durch den norwegischen Friedensforscher Johan Galtung geprägt. Er beschreibt damit eine Form der Gewalt, die nicht physisch oder direkt ausgeübt wird, sondern durch gesellschaftliche Strukturen entsteht – etwa, wenn Menschen durch Armut, Diskriminierung oder mangelnde Teilhabe systematisch benachteiligt oder in ihrer Entfaltung eingeschränkt werden.

Im Gegensatz zu personaler Gewalt, bei der ein klarer Täter agiert, ist strukturelle Gewalt systemisch: Sie wirkt über Regeln, Institutionen und gesellschaftliche Rahmenbedingungen. Ihre Ursachen sind häufig historisch gewachsen, ökonomisch verankert und kulturell abgesichert. Und genau deshalb ist sie so schwer zu fassen – und so schwer zu bekämpfen.

Beispiele struktureller Gewalt

Strukturelle Gewalt zeigt sich in vielen gesellschaftlichen Bereichen. Einige zentrale Beispiele sind:

Armut

Wer in Armut lebt, hat weniger Zugang zu Bildung, zu gesunder Ernährung, zu stabilen Wohnverhältnissen und zu medizinischer Versorgung. Armut bedeutet Stress, Unsicherheit und chronische Unterversorgung – besonders für Kinder und ältere Menschen. Es ist kein Zufall, dass arme Menschen statistisch häufiger krank sind, früher sterben und seltener gesellschaftlich aufsteigen.

Rassismus und Diskriminierung

Menschen mit bestimmtem Nachnamen, Hautfarbe, Religion oder Herkunft erfahren oft Nachteile bei der Wohnungssuche, auf dem Arbeitsmarkt oder im Umgang mit Behörden. Diese Form der Gewalt ist nicht immer offen, aber strukturell verankert – etwa durch institutionelle Vorurteile oder ungleiche Chancenverteilung.

Bildungsungleichheit

In vielen Ländern hängt der Bildungserfolg maßgeblich von der sozialen Herkunft ab. Kinder aus bildungsfernen Haushalten haben weniger Zugang zu hochwertiger Schulbildung, Förderung oder akademischen Laufbahnen. Bildung wird damit nicht zur Befähigung, sondern zur Barriere.

Wohnungslosigkeit

Menschen ohne festen Wohnsitz sind nicht nur materiell benachteiligt, sondern auch gesellschaftlich entwertet. Sie haben kaum Zugang zu Gesundheitsversorgung, rechtlicher Unterstützung oder sozialer Anerkennung – und sind häufig Gewalt, Kälte und Isolation ausgesetzt.

Ungleicher Zugang zu Gesundheit

Gesundheit sollte ein Grundrecht sein – doch der Zugang zu medizinischer Versorgung ist stark abhängig von Einkommen, Wohnort und Versicherungsstatus. In ländlichen Regionen fehlt es an Fachärzten, in prekären Lebensverhältnissen an präventiver Versorgung.

Diese Beispiele zeigen: Strukturelle Gewalt ist keine abstrakte Idee. Sie ist konkret – und täglich erfahrbar für Millionen Menschen.

Die Wirkung: Zersetzung von Würde und Teilhabe

Strukturelle Gewalt wirkt nicht durch einen Schlag – sondern durch die ständige Wiederholung von Benachteiligung. Sie frisst nicht das Gesicht, sondern die Perspektive. Sie schafft Lebensrealitäten, in denen Menschen resignieren, sich zurückziehen oder ihre Potenziale nie entfalten können.

Innere Abwertung

Wer dauerhaft erfährt, dass man nicht zählt – etwa durch Behörden, Bildungssysteme oder Arbeitsverhältnisse –, entwickelt häufig ein vermindertes Selbstwertgefühl. Die eigene Position wird als „zweitrangig" empfunden – und irgendwann auch geglaubt.

Ohnmacht und Resignation

Wenn sich trotz Bemühung nichts ändert – weder wirtschaftlich noch sozial – entsteht eine Haltung von Ohnmacht: „Es bringt ja doch nichts." Diese Resignation ist nicht passiv, sondern eine Schutzreaktion auf chronische Demütigung.

Soziale Isolation

Strukturelle Gewalt wirkt oft trennend: zwischen Arm und Reich, Gebildet und Ungebildet, „innen" und „außen". Die Folge ist Entfremdung – von der Gesellschaft, vom Staat, von sich selbst.

Psychosoziale Belastungen

Dauerhafte Ausgrenzung und Unsicherheit führen zu Stress, Angst, Depression oder Aggressionsverhalten. Studien zeigen, dass strukturelle Benachteiligung ein Risikofaktor für psychische Erkrankungen ist.

Unsichtbar und doch allgegenwärtig

Ein zentrales Problem struktureller Gewalt ist ihre Normalität. Viele Strukturen, die Ungleichheit erzeugen, gelten als gegeben – oder werden durch politische Narrative sogar gerechtfertigt („Wer sich anstrengt, kann alles erreichen").

Das macht es so schwer, strukturelle Gewalt zu erkennen. Denn sie geschieht nicht durch Gesetzesbruch, sondern durch gesetzlich erlaubte Zustände: prekäre Arbeitsverhältnisse, fehlende Sozialwohnungen, ungleiche Bildungschancen. Der Alltag ist ihre Bühne. Ihre Wirkung wird häufig nicht als Gewalt erkannt – sondern als persönliches Versagen.

Wer scheitert, bekommt selten zu hören: „Du warst strukturell benachteiligt." Sondern: „Du hast es halt nicht geschafft." Genau das ist das perfide an struktureller Gewalt: Sie individualisiert ein kollektives Problem.

Verantwortung ohne Schuldzuweisung

Strukturelle Gewalt braucht keinen Täter im klassischen Sinne – aber sie braucht Strukturen, die sie zulassen. Verantwortung tragen dabei nicht Einzelpersonen, sondern Institutionen, politische Entscheidungen und kulturelle Narrative. Aber auch jeder Einzelne kann Teil des Problems – oder Teil der Lösung – sein.
Beispiele:
- Ein Lehrer, der ein Kind wegen seiner Herkunft abwertet

- Ein Vermieter, der Bewerber mit ausländischem Namen konsequent ablehnt
- Eine Führungskraft, die Bewerbungen mit Lücken im Lebenslauf sofort aussortiert
- Eine Gesellschaft, die Armut mit persönlichem Versagen gleichsetzt

Diese Beispiele zeigen: Strukturelle Gewalt wird oft nicht durch Absicht verursacht – sondern durch Ignoranz, Bequemlichkeit oder mangelnde Auseinandersetzung.

Was tun? Wege der Veränderung

Strukturelle Gewalt zu überwinden ist kein schneller Prozess – aber er beginnt mit Bewusstsein, Sprache und Handlung.

Benennung

Was nicht benannt wird, kann nicht bearbeitet werden. Es braucht klare Begriffe für das, was geschieht – auch wenn sie unbequem sind.

Bildung und Aufklärung

Ein zentrales Mittel gegen strukturelle Gewalt ist Bildung – nicht nur als Institution, sondern als kultureller Prozess: Lernen, was Gerechtigkeit bedeutet, wie Machtverhältnisse entstehen, was Teilhabe heißt.

Zugang schaffen

Menschen müssen Zugang erhalten – zu Bildung, Gesundheit, Wohnen, Beteiligung. Nicht durch Almosen, sondern durch strukturelle Veränderung: niedrigschwellige Angebote, faire Verfahren, gerechte Ressourcenverteilung.

Eigenverantwortung ermöglichen

Strukturelle Gewalt zu benennen heißt nicht, Verantwortung zu entziehen. Im Gegenteil: Es geht darum, Menschen so zu stärken, dass sie sich selbst führen, schützen und entfalten können – in einem System, das sie nicht behindert, sondern unterstützt.

Der lange Schatten der Systeme

Strukturelle Gewalt ist nicht spektakulär. Sie wird nicht in Echtzeit gefilmt. Sie hat keine Täter mit Waffen. Aber sie wirkt – Tag für Tag. Und sie kostet Würde, Chancen und manchmal auch Leben.

P.R.I.M.E. Response versteht sich nicht nur als System zur Abwehr körperlicher Gewalt, sondern als ganzheitlicher Ansatz zur Stärkung von Menschen. Dazu gehört auch, Strukturen zu erkennen, die Menschen schwächen – und sie durch Klarheit, Bildung und Selbstermächtigung zu überwinden.

Denn wirkliche Sicherheit entsteht nicht durch Kontrolle – sondern durch Gerechtigkeit.

Emotionale Gewalt: Die stille Zerstörung

Emotionale Gewalt ist eine Form der Aggression, die keine äußeren Spuren hinterlässt – keine blauen Flecken, keine gebrochenen Knochen, keine sichtbaren Verletzungen. Und doch kann sie die tiefsten Wunden hinterlassen. Sie wirkt leise, oft unbemerkt, doch mit schleichender, zerstörerischer Kraft. Ihre Waffe ist nicht der Schlag, sondern das Wort. Oder das Schweigen. Die Verachtung im Blick. Die subtile Entwertung im Alltag. Gerade weil emotionale Gewalt so schwer zu greifen ist, wird sie häufig verharmlost, übersehen oder gar als „normaler Teil" von Beziehungen, Erziehung oder Führung angesehen.

Doch wer sie einmal erlebt hat, weiß um ihre zerstörerische Wirkung: Emotionale Gewalt zersetzt das Selbstwertgefühl, untergräbt das Vertrauen in die eigene Wahrnehmung und kann über Jahre das innere Gleichgewicht einer Person erschüttern. Sie zerstört Bindung, Nähe und Sicherheit – und ersetzt sie durch Kontrolle, Angst und Unsicherheit.

Was ist emotionale Gewalt?

Emotionale Gewalt beschreibt ein fortlaufendes oder systematisches Verhalten, das darauf abzielt, eine andere Person psychisch zu verletzen, zu manipulieren, zu kontrollieren oder zu entwerten. Sie ist selten offen oder laut. Im Gegenteil: Sie ist meist subtil, unter der Oberfläche, getarnt als „Sorge", „Kritik" oder „Liebe". Doch ihre Wirkung ist real – und häufig verheerender als jede körperliche Auseinandersetzung.

Typische Erscheinungsformen emotionaler Gewalt sind:
- wiederholte oder systematische Kritik an der Person, nicht am Verhalten
- **Liebesentzug** als Strafe oder Druckmittel
- **Schweigen** als Bestrafung („silent treatment")
- **ironische Abwertung** und Sarkasmus, der stets auf Kosten des anderen geht
- **Gaslighting**: die gezielte Verunsicherung der Wahrnehmung des anderen
- **kontrollierendes Verhalten**, etwa durch Eifersucht oder permanente Erreichbarkeit
- **Verharmlosung von Verletzungen**: „Du übertreibst", „War doch nur Spaß"
- **emotionale Erpressung**: „Wenn du mich wirklich lieben würdest, dann ..."
- **ständiges Infragestellen** der Fähigkeiten, Gefühle oder Meinungen des anderen
- **Herabsetzung vor anderen**, um das Gegenüber klein zu halten

Emotionale Gewalt ist keine einzelne Handlung, sondern ein Muster. Und dieses Muster entfaltet seine Wirkung über Zeit, Wiederholung und das Gefühl, keine Kontrolle über die Situation zu haben.

Warum emotionale Gewalt so schwer zu erkennen ist

Emotionale Gewalt ist unsichtbar. Und das macht sie so gefährlich. Sie passiert oft im Verborgenen, wird rationalisiert oder sogar von den Betroffenen selbst geleugnet. Der Satz „So schlimm ist das doch gar nicht" wird zu einer inneren Erzählung, die über Jahre hinweg verhindert, die Realität klar zu benennen.

Ein Grund dafür liegt in der engen Verflechtung mit Nähe: Emotionale Gewalt geschieht fast immer in Beziehungen – zwischen Partnern, Eltern und Kindern, Freunden oder in Abhängigkeitsverhältnissen. Dort, wo eigentlich Vertrauen und Sicherheit herrschen sollten, wirkt diese Form der Gewalt besonders zerstörerisch.

Hinzu kommt: Viele Täter emotionaler Gewalt sind sich ihrer Handlungen nicht bewusst – oder rechtfertigen sie mit vermeintlicher Fürsorge. Aussagen wie:

- „Ich will doch nur das Beste für dich."
- „Du bist einfach zu empfindlich."
- „Du verstehst das alles falsch."

sind typische Verteidigungsstrategien, die zugleich eine weitere Form der Entwertung darstellen: Die Gefühle des anderen werden nicht nur verletzt, sondern im Anschluss auch noch infrage gestellt.

Die Folgen emotionaler Gewalt

Die Auswirkungen emotionaler Gewalt sind tiefgreifend. Weil sie nicht punktuell, sondern dauerhaft wirkt. Weil sie nicht den Körper, sondern die Identität trifft. Und weil sie häufig nicht als Gewalt erkannt wird, sondern als Normalität.

Verlust des Selbstwertgefühls

Betroffene emotionaler Gewalt erleben oft einen fortschreitenden Abbau des eigenen Selbstwerts. Sie beginnen, an sich zu zweifeln, ihre Meinung zurückzuhalten, Entscheidungen zu hinterfragen – oder sich für alles zu entschuldigen. Die ständige Abwertung führt zu einem Gefühl von Unzulänglichkeit.

Innere Verunsicherung

Durch wiederholte Infragestellung der eigenen Wahrnehmung kann ein Gefühl entstehen, nicht mehr zu wissen, was „wahr" ist. Besonders bei Gaslighting erleben viele Menschen eine Entfremdung von der eigenen Intuition und dem inneren Kompass.

Angst, Schuld und Scham

Emotionale Gewalt erzeugt oft ein Gemisch aus Schuldgefühlen („Ich bin selbst schuld, dass er so ist"), Scham („Ich lasse das mit mir machen") und Angst („Wenn ich etwas sage, wird alles noch schlimmer"). Diese Emotionen wirken lähmend und verstärken die Bindung an den Täter.

Isolation

Viele Betroffene ziehen sich im Verlauf zunehmend zurück. Sie erzählen nichts mehr, vermeiden Kontakte – aus Angst, dass andere etwas merken oder aus der Scham, sich nicht abgrenzen zu können.

Psychosomatische Beschwerden und Langzeitfolgen

Langfristig kann emotionale Gewalt zu Depressionen, Angststörungen, Schlafproblemen, Essstörungen oder psychosomatischen Beschwerden führen. Auch posttraumatische Belastungssymptome sind nicht selten – besonders bei chronischer Exposition.

Emotionale Gewalt im Alltag: Wo sie uns begegnet

Emotionale Gewalt ist kein Randphänomen. Sie begegnet uns überall – oft in abgeschwächter, aber dennoch wirksamer Form. In Familien, Partnerschaften, Schulen, in der Pflege, in Unternehmen oder in sozialen Einrichtungen.

In der Erziehung:

Eltern, die mit ständiger Kritik oder Liebesentzug reagieren, wenn das Kind nicht „funktioniert". Die verletzende Sätze sagen wie:
- „Du bist eine Enttäuschung."
- „Mit dir ist nur Ärger."
- „Wenn du mich wirklich lieb hättest, würdest du ..."

Das Kind lernt: Liebe ist an Bedingungen geknüpft. Und Gefühle sind gefährlich.

In Beziehungen:

Ein Partner kontrolliert das Handy, entscheidet, mit wem der andere Kontakt haben darf, macht sich über Aussehen oder Gedanken lustig. Oder entzieht regelmäßig emotionale Nähe, wenn etwas nicht nach den eigenen Vorstellungen läuft.

In Unternehmen:

Führungskräfte, die Mitarbeitende ignorieren, regelmäßig in der Öffentlichkeit kritisieren, lobende Rückmeldung verweigern oder subtile Einschüchterungstechniken anwenden, üben emotionale Gewalt im Rahmen von „Leadership" aus – oft als Machterhalt oder Kontrolle getarnt.

Warum emotionale Gewalt oft bleibt

Ein zentrales Merkmal emotionaler Gewalt ist die Bindung. Anders als bei körperlicher Gewalt, bei der die Trennung häufig klarer erscheint, halten emotionale Muster viele Betroffene in der Beziehung – sei es aus Abhängigkeit, Hoffnung oder fehlender Klarheit.
Zudem ist emotionale Gewalt oft wechselhaft: Phasen von Abwertung wechseln sich mit Momenten echter Zuwendung ab. Diese Wechselwirkung von Schmerz und Nähe erzeugt eine emotionale Abhängigkeit, die schwer zu durchbrechen ist – ein Mechanismus, der auch in toxischen Beziehungen eine zentrale Rolle spielt.

Hinzu kommt: Wer lange Zeit emotional missachtet wurde, beginnt häufig, sich selbst nicht mehr ernst zu nehmen. Der eigene Schmerz wird relativiert – was die Gewalt weiter zementiert.

Wege der Befreiung und Heilung

Emotionale Gewalt zu erkennen ist der erste Schritt. Denn solange sie nicht als solche benannt wird, bleibt sie wirksam. Wer sie erlebt hat, muss lernen, der eigenen Wahrnehmung wieder zu vertrauen – und sich selbst mit Respekt und Mitgefühl zu begegnen.

Klarheit gewinnen

Ein Tagebuch, Gespräche mit Vertrauenspersonen oder die Auseinandersetzung mit typischen Mustern können helfen, emotionale Gewalt als solche zu erkennen. Klarheit ist die Grundlage jeder Veränderung.

Emotionale Selbstfürsorge

Sich selbst wieder ernst zu nehmen, Bedürfnisse wahrzunehmen und Gefühle zuzulassen, ist ein Akt der inneren Wiederherstellung. Es braucht Raum, Geduld und oft Unterstützung von außen.

Grenzen setzen

Wer emotionale Gewalt erkannt hat, muss lernen, klar zu kommunizieren: „Stopp – so nicht." Das kann in kleinen Schritten beginnen – etwa durch das Verlassen der Situation, durch Rückzug oder das klare Benennen von Grenzverletzungen.

Unterstützung suchen

Emotionale Gewalt kann tiefgreifend wirken – deshalb ist professionelle Unterstützung häufig sinnvoll. Coaching, Therapie oder Selbsthilfegruppen bieten Räume, in denen neue Muster gelernt und alte Wunden geheilt werden können.

Unsichtbar, aber real

Emotionale Gewalt ist leise, subtil – aber sie wirkt mit zerstörerischer Präzision. Sie greift nicht den Körper an, sondern das Selbst. Und gerade weil sie so schwer zu fassen ist, bleibt sie oft lange unentdeckt. Doch jeder Blick, jedes Wort, jede Geste kann verletzen – oder heilen.

P.R.I.M.E. Response versteht Selbstschutz auch als Schutz des inneren Raums. Denn wer gelernt hat, sich selbst emotional ernst zu nehmen, Grenzen zu spüren und Klarheit in Beziehungen zu leben, wird seltener zum Ziel solcher Dynamiken. Stärke beginnt nicht mit körperlicher Abwehr – sondern mit der inneren Entscheidung, den eigenen Wert nicht mehr zur Verhandlung zu stellen.

Emotionale Gewalt endet dort, wo Würde beginnt. Und diese beginnt in Dir.

Digitale Gewalt: Die unsichtbare Bedrohung im Netz

Die Digitalisierung hat unser Leben tiefgreifend verändert – Kommunikation, Beziehungen, Information und Identität sind heute untrennbar mit dem Internet und sozialen Medien verbunden. Doch die neuen Möglichkeiten bringen auch neue Risiken mit sich. Gewalt hat das Digitale längst erobert – und zeigt dort eine besonders perfide, oft anonyme und schwer greifbare Form. Digitale Gewalt ist keine Zukunftsfrage mehr, sondern eine drängende Realität: täglich, überall, für jeden möglich.

Ob durch Beleidigungen, Drohungen, das gezielte Veröffentlichen persönlicher Daten oder die öffentliche Bloßstellung in sozialen Netzwerken – die Verletzungen, die online stattfinden, sind real. Sie treffen Menschen mit voller Wucht, oft unerwartet und scheinbar grundlos. Dabei gibt es keine physischen Angriffe, keine Schreie, keine sichtbaren Spuren. Und genau das macht digitale Gewalt so gefährlich: Sie wirkt im Verborgenen – aber nicht weniger zerstörerisch.

Was ist digitale Gewalt?

Digitale Gewalt bezeichnet Handlungen, die über digitale Medien oder Plattformen ausgeübt werden, mit dem Ziel, eine Person zu verletzen, zu kontrollieren, zu bedrohen, bloßzustellen oder sozial zu isolieren. Die Formen sind vielfältig, reichen von gezielten Einzelaktionen bis hin zu systematischer Hetze oder Gruppenangriffen. Gemeinsam ist ihnen: Sie nutzen die Struktur digitaler Kommunikation, um Menschen psychisch zu schädigen.

Typische Erscheinungsformen digitaler Gewalt sind:

- **Cybermobbing**: systematische Beleidigung, Ausgrenzung, Demütigung über längere Zeit
- **Hasskommentare**: aggressive, oft entmenschlichende Beiträge in sozialen Medien oder Foren
- **Doxxing**: Veröffentlichung privater Informationen wie Adresse, Telefonnummer oder Arbeitgeber mit dem Ziel der Einschüchterung
- **Stalking über soziale Medien**: gezielte, permanente Beobachtung und Kontaktaufnahme ohne Zustimmung
- **Digitale Bloßstellung**: Verbreitung intimer Inhalte, Fotos oder Nachrichten gegen den Willen der betroffenen Person
- **Identitätsdiebstahl**: Erstellung gefälschter Profile oder Verfälschung von Aussagen
- **Cyber-Grooming**: Anbahnung sexueller Kontakte mit Minderjährigen über Chats und soziale Netzwerke

Diese Formen überschreiten Grenzen – emotional, rechtlich, sozial. Und sie machen deutlich: Das Internet ist kein neutraler Ort. Es kann ein Raum der Freiheit und Vernetzung sein – oder ein Tatort.

Warum digitale Gewalt so effektiv ist

Digitale Gewalt entfaltet eine eigene Dynamik. Sie folgt anderen Gesetzen als analoge Gewalt. Das liegt nicht nur an der technischen Infrastruktur, sondern auch an psychologischen, sozialen und kulturellen Faktoren.

Anonymität und Enthemmung

Das Netz bietet Schutz durch Unsichtbarkeit. Viele Täter handeln unter Pseudonymen oder Fake-Profilen. Diese Anonymität senkt die Hemmschwelle erheblich – viele Menschen schreiben Dinge, die sie im direkten Kontakt niemals äußern würden. Dieses Phänomen wird als Online-Disinhibition (Online-Enthemmungseffekt) bezeichnet.

Öffentlichkeit und Reichweite

Ein einziger Post kann tausendfach geteilt, geliked oder kommentiert werden. Wer digital angegriffen wird, erlebt nicht nur den Angriff selbst, sondern auch dessen Eskalation und Verbreitung. Die Scham und Ohnmacht potenzieren sich. Digitale Gewalt findet nicht im stillen Kämmerlein statt – sondern auf offener Bühne.

Unmittelbarkeit und Dauer

Digitale Angriffe geschehen oft plötzlich – ohne Vorwarnung. Und sie verschwinden nicht. Ein einziger Screenshot, ein geleaktes Foto oder ein falsches Zitat kann über Jahre im Netz kursieren, wieder auftauchen und Reaktionen auslösen. Die digitale Gewalt wirkt nach, selbst wenn die Täter längst weitergezogen sind.

Ubiquität – sie ist überall

Durch die ständige Erreichbarkeit über Smartphone oder Computer gibt es kaum Rückzugsorte. Die Gewalt begleitet Betroffene im Alltag, im Bett, im Urlaub. Sie wird zum Teil der eigenen Realität – auch wenn sie im Virtuellen begann.

Wer betroffen ist – und warum es jeden treffen kann

Digitale Gewalt trifft Menschen aus allen gesellschaftlichen Schichten, Altersgruppen und Lebensbereichen. Dennoch zeigen Studien, dass bestimmte Gruppen häufiger betroffen sind – etwa Menschen in der Öffentlichkeit, Personen mit starker Meinung, Jugendliche, queere Personen, politisch engagierte oder öffentlich sichtbare Menschen.

Doch der entscheidende Punkt ist: Jeder kann Opfer digitaler Gewalt werden. Die Schwelle zur Eskalation ist niedrig, die Dynamik unkontrollierbar. Was mit einem „lustigen Kommentar" beginnt, kann zu einem Shitstorm werden. Was als „Kritik" getarnt ist, kann sich schnell in Hass verwandeln.

Und auch Täter sind nicht immer kriminelle Akteure. Viele Menschen beteiligen sich an digitaler Gewalt ohne es zu merken – durch das Weiterleiten von Inhalten, das Kommentieren diffamierender Beiträge oder durch Schweigen, wenn andere verletzt werden.

Die psychologischen Folgen digitaler Gewalt

Die Schäden, die digitale Gewalt verursacht, sind real – auch wenn sie nicht sichtbar sind. Studien zeigen, dass Betroffene ähnliche Symptome entwickeln wie nach anderen Formen von psychischer oder emotionaler Gewalt. Dazu zählen:

- Schlafstörungen, Angstzustände, Konzentrationsprobleme
- Verlust des Selbstwertgefühls
- Rückzug aus sozialen Kontakten
- Depressionen bis hin zu Suizidgedanken
- Chronische Stresssymptome, psychosomatische Beschwerden
- Gefühl von Kontrollverlust und Isolation

Besonders perfide ist, dass digitale Gewalt oft mit Schuldumkehr einhergeht: „Hättest du das nicht gepostet ...", „Du bist doch selbst schuld, wenn du dich so darstellst ..." – solche Aussagen verschärfen das Leid und verstärken die soziale Isolation der Betroffenen.

Rechtlicher Rahmen und gesellschaftliche Reaktion

Rechtlich ist digitale Gewalt in Deutschland inzwischen besser erfasst als noch vor wenigen Jahren. Das Netzwerkdurchsetzungsgesetz (NetzDG) verpflichtet Plattformbetreiber zur Löschung rechtswidriger Inhalte. Straftatbestände wie Beleidigung, üble Nachrede, Bedrohung, Nachstellung oder Verletzung des höchstpersönlichen Lebensbereichs greifen auch online.

Doch die Realität zeigt: Viele Täter bleiben anonym. Die Strafverfolgung ist schwierig. Und viele Betroffene scheuen den Weg zur Polizei – aus Angst, Scham oder weil sie den Eindruck haben, dass ihnen ohnehin nicht geholfen wird.
Gesellschaftlich wächst das Bewusstsein für digitale Gewalt. Kampagnen, Präventionsprogramme und Bildungsangebote nehmen zu. Doch der kulturelle

Wandel steht noch am Anfang. In vielen Bereichen – insbesondere in der Schule, im Elternhaus und im Arbeitskontext – fehlt es an klaren Standards und frühzeitiger Aufklärung.

Schutz und Prävention: Was hilft?
Digitale Gewalt lässt sich nicht vollständig verhindern – aber ihr kann begegnet werden. Der Schutz beginnt mit Wissen, mit klaren Regeln und mit digitaler Resilienz.

Digitale Selbstverteidigung
- **Privatsphäre-Einstellungen nutzen**: Profile schützen, Informationen gezielt freigeben
- **Passwörter sichern** und Zwei-Faktor-Authentifizierung verwenden
- **Screenshots machen** und Beweise sichern
- **Blockieren und Melden**: Digitale Plattformen bieten Tools zur Selbstverteidigung

Rechtzeitig Hilfe holen
- Gespräche mit Vertrauenspersonen
- Kontakt zu Beratungsstellen, Anti-Mobbing-Initiativen, spezialisierten Anwälten
- Anzeigen bei Polizei oder Meldung über Internetwachen

Digitale Zivilcourage

Wer Hass sieht, darf nicht schweigen. Schon ein „Stopp" im Kommentar, ein unterstützender Beitrag oder eine Meldung kann einen Unterschied machen. Digitale Zivilcourage bedeutet, im Netz Haltung zu zeigen – und den öffentlichen Raum mitzugestalten.

Der digitale Raum ist real

Digitale Gewalt ist nicht virtuell – sie ist real. Sie verletzt, erniedrigt, zerstört. Doch sie lässt sich benennen, verstehen und bekämpfen. Es braucht Aufklärung, Mut und Systeme wie P.R.I.M.E. Response, die Selbstschutz als umfassende Kompetenz lehren – nicht nur auf der Straße, sondern auch im Netz.

Die digitale Welt ist ein Spiegel unserer Kultur. Wenn wir sie bewusst gestalten, können wir Räume schaffen, in denen Dialog, Respekt und Menschlichkeit möglich sind. Und wenn nötig: auch dort klare Grenzen setzen, wo Gewalt beginnt.

In P.R.I.M.E. Response sprechen wir bewusst über diese Alltagsformen der Gewalt, weil sie oft als „nicht so schlimm" abgetan werden. Doch gerade sie prägen das Klima, in dem offene Gewalt entstehen kann. Wer die leisen Formen erkennt, kann den lauten besser vorbeugen.

Geschlechtsspezifische Unterschiede und Gewalt im sozialen Nahraum

Gewalt beginnt nicht auf der Straße – sie beginnt oft dort, wo man sich eigentlich sicher fühlen sollte: im sozialen Nahraum. In der Familie, der Partnerschaft, im Freundeskreis, im Verein, im Arbeitsumfeld. Diese Form der Gewalt ist besonders perfide, weil sie sich hinter der Fassade von Vertrautheit und Nähe verbirgt. Und sie zeigt deutliche Unterschiede zwischen den Geschlechtern – in Ausprägung, Ausdruck und Wahrnehmung.

Gewalt im Nahraum – eine stille Epidemie

Statistiken zeigen: Die Mehrheit aller Gewalttaten findet zwischen Menschen statt, die sich kennen. Häusliche Gewalt, Stalking, sexuelle Übergriffe, emotionale Manipulation – all das geschieht nicht durch „den Fremden im Park", sondern im eigenen Zuhause, in Beziehungen, in Familien. Die Opfer bleiben oft unsichtbar, aus Scham, Angst oder Loyalität.

In P.R.I.M.E. Response sprechen wir über diese Form von Gewalt, weil sie tief in die Psyche eingreift – oft tiefer als ein Angriff auf offener Straße. Hier braucht es andere Formen der Klarheit, andere Wege der Selbstbehauptung und andere Trainingsmethoden, um Menschen zu stärken.

Männergewalt – sichtbar und körperlich

Männer neigen häufiger zu direkter, physischer Gewalt. Schlagen, Stoßen, Festhalten, Drohen – das sind Ausdrucksformen, die mit körperlicher Präsenz, Dominanz und Kontrolle verbunden sind. Gesellschaftlich wird Männern nach wie vor vermittelt, dass Stärke über Körperlichkeit definiert wird. Sätze wie „Ein Junge muss sich wehren können" oder „Männer weinen nicht" schaffen ein Klima, in dem Gewalt als legitimes Mittel der Selbstbehauptung gilt.

Aber auch Männer sind Opfer – oft in anderer Weise. Sie erleben emotionale Erpressung, psychischen Druck oder ökonomische Abhängigkeit, ohne dass diese Erfahrungen öffentlich anerkannt werden. Die Scham, als Mann über erlebte Gewalt zu sprechen, ist oft größer als die Gewalt selbst. Auch das adressieren wir in unserem System – durch Sprachräume, Reflexion und das Aufbrechen überkommener Rollenmuster.

Frauengewalt – verdeckt und subtil

Frauen üben seltener physische Gewalt aus – aber sie sind ebenso Teil des Gewaltgeschehens. Studien zeigen, dass Frauen häufiger zu indirekten, verdeckten Formen greifen: gezielte Ausgrenzung, soziale Kontrolle, Manipulation, Intrigen. In der Partnerschaft zeigen sich diese Muster in Form von Schuldzuweisungen, psychischem Druck oder Liebesentzug.

Zugleich sind Frauen deutlich häufiger Opfer körperlicher und sexualisierter Gewalt – besonders im sozialen Nahraum. Gewalt gegen Frauen ist kein individuelles Problem, sondern ein gesellschaftliches. Sie wurzelt tief in patriarchalen Strukturen, die Kontrolle, Besitzdenken und Machtungleichgewicht normalisieren.
In P.R.I.M.E. Response erkennen wir diese Realität an. Wir wollen keine Schuld zuweisen, sondern Klarheit schaffen – über die Muster, Mechanismen und Dynamiken, die in Gewaltbeziehungen wirken. Denn nur wer die Spielregeln erkennt, kann sie durchbrechen.

Gewalt ist keine Einbahnstraße – aber oft ungleich verteilt

Es wäre falsch zu behaupten, dass Männer nur Täter und Frauen nur Opfer sind. Gewalt ist komplexer. Es gibt gewalttätige Frauen, und es gibt Männer, die leiden. Es gibt gegenseitige Gewalt, eskalierende Konfliktdynamiken und systemische Gewaltverhältnisse. Doch die Statistiken zeigen: Die stärkste Form der Gewalt im Nahraum ist und bleibt die gegen Frauen – besonders im Kontext von Partnerschaft, Ehe und Trennung.

Hier braucht es keine Schuldzuweisung, sondern Aufklärung. Und ein klares Trainingsziel: Selbstachtung, Grenzen, Klarheit. In der Sprache von P.R.I.M.E. Response heißt das: Resilienz durch Bewusstsein. Einsatz durch Intention. Wirkung durch Struktur.

Gewalt durchbrechen heißt Muster durchbrechen

Der soziale Nahraum ist auch der Raum, in dem wir Gewaltmuster weitergeben – bewusst oder unbewusst. Kinder, die Gewalt erleben, übernehmen sie oft. Nicht, weil sie „schlecht" sind, sondern weil sie gelernt haben, dass Konflikte mit Macht gelöst werden. Wer früh Gewalt als Kommunikationsform erlebt, übernimmt sie – oder richtet sie gegen sich selbst.

Im P.R.I.M.E. Response Training schaffen wir Räume, in denen diese Muster sichtbar werden dürfen. Wir konfrontieren nicht mit Vorwürfen, sondern mit Möglichkeiten. Wir trainieren Menschen darin, Nein zu sagen. Klar zu kommunizieren. Verantwortung zu übernehmen – für sich selbst und andere. Denn Gewaltprävention beginnt nicht mit der Abwehr eines Schlages, sondern mit der Klarheit, überhaupt nicht mehr in diese Dynamik zu geraten.

Gewalt im sozialen Nahraum – Dynamiken, Strukturen und geschlechtsspezifische Unterschiede

Gewalt beginnt nicht im öffentlichen Raum – sie beginnt zu Hause, in Beziehungen, in Familien. Der soziale Nahraum ist der gefährlichste Ort für viele Opfer von Gewalt. Denn genau dort, wo Vertrauen, Sicherheit und Intimität herrschen sollten, brechen häufig die schlimmsten Formen der

Gewalt auf. Im System von **P.R.I.M.E. Response** sprechen wir nicht nur über den Straßenkampf, sondern auch über den inneren Kampf – und darüber, was geschieht, wenn Nähe zur Bedrohung wird.

Gewalt unter dem Deckmantel der Nähe

In vielen Fällen von Gewalt im sozialen Nahraum stehen sich Täter und Opfer emotional nahe: Partner, Eltern, Kinder, Geschwister, Freunde. Gerade diese Nähe macht es für Betroffene besonders schwer, die Gewalt zu erkennen, zu benennen oder sich aus ihr zu lösen. Scham, Schuldgefühle, Abhängigkeiten und soziale Erwartungen wirken wie Fesseln – oft stärker als jede physische Gewalt.

Statistiken zeigen, dass insbesondere Frauen und Kinder überproportional häufig Opfer von Gewalt in Beziehungen oder Familienstrukturen werden. Doch auch Männer erleben Gewalt, vor allem psychischer Art – allerdings wird diese weniger thematisiert oder gesellschaftlich anerkannt. Im P.R.I.M.E. Response Konzept achten wir bewusst darauf, alle Erscheinungsformen ernst zu nehmen, unabhängig vom Geschlecht.

Täterdynamiken im Nahraum

Wer Gewalt im sozialen Nahraum ausübt, ist nicht immer das „Monster" im klassischen Sinne. Vielmehr sind es häufig Personen, die selbst Verletzungen erlebt haben – emotional, sozial, strukturell. Gewalt ist oft Ausdruck innerer Ohnmacht, Überforderung oder tief verankerter Muster aus der eigenen Biografie. Dennoch ist sie niemals zu rechtfertigen.

Typisch für Gewaltbeziehungen sind zyklische Abläufe: Eskalation – Reue – Versöhnung – erneute Eskalation. In diesen Zyklen verlieren Opfer oft das Gefühl für Normalität und eigene Grenzen. Deshalb ist es in der Arbeit mit Gewaltbetroffenen zentral, Bewusstsein zu schaffen, Strukturen zu erkennen – und einen Ausstieg zu ermöglichen.

Geschlechtsspezifische Dynamiken

Der Diskurs über geschlechtsspezifische Gewalt ist oft polarisiert. Klar ist: Gewalt ist kein Monopol eines Geschlechts. Männer wie Frauen können gewalttätig sein – physisch wie psychisch. Die Unterschiede liegen jedoch häufig in der Ausdrucksform:

- Männer neigen laut Studien stärker zu körperlicher Gewalt, besonders in akuten Konflikten.
- Frauen wenden häufiger psychologische Gewalt an, etwa durch emotionale Manipulation, Kontrolle oder soziale Ausgrenzung.
- In heteronormativen Beziehungskontexten sind es jedoch überwiegend Frauen, die Opfer körperlicher oder sexualisierter Gewalt durch männliche Partner werden.
- Gewalt gegen Männer bleibt ein Tabuthema – vor allem, wenn sie in psychischer Form auftritt.

Diese Unterschiede haben sowohl biologische als auch soziale Ursachen: Erziehung, Rollenzuschreibungen, kulturelle Codes und ungleiche Machtverhältnisse wirken zusammen und prägen das individuelle Gewaltverhalten.

Kinder – stille Opfer

Kinder in gewaltbelasteten Familien sind doppelt betroffen: Sie erleben Gewalt nicht nur direkt (als Opfer), sondern auch indirekt (als Zeugen). Studien zeigen, dass das Miterleben häuslicher Gewalt ähnliche psychische Folgen haben kann wie direkte Gewalt. Diese Kinder entwickeln häufiger Ängste, Depressionen, Schuldgefühle – oder übernehmen später selbst gewalttätige Verhaltensmuster.

Im P.R.I.M.E. Response Ansatz erkennen wir den Wert frühzeitiger Prävention. Kinder brauchen Schutz – aber auch Kompetenz, Selbstwirksamkeit und ein positives Selbstbild. Deshalb gehört auch die pädagogische Aufklärung über Konfliktvermeidung und Selbstbehauptung zu unseren Inhalten.

Was P.R.I.M.E. Response leisten kann

Unser Ansatz bietet nicht nur Techniken zur Selbstverteidigung, sondern auch einen klaren ethischen und pädagogischen Rahmen. Das bedeutet konkret:

- Wir sensibilisieren für die leisen Formen der Gewalt – psychisch, strukturell, emotional.
- Wir trainieren Klarheit, Abgrenzung und das Wiederherstellen persönlicher Grenzen.
- Wir schaffen sichere Räume für Austausch, Reflexion und gezielte Stärkung.
- Wir fördern ein Selbstbild, das nicht auf Stärke durch Dominanz, sondern auf Stärke durch Bewusstsein, Haltung und Handlungskompetenz basiert.

Gewalt im sozialen Nahraum ist eine Realität – aber sie muss kein Schicksal sein. Mit Bewusstheit, Mut und Unterstützung lassen sich Gewaltmuster durchbrechen. Und genau hier setzt P.R.I.M.E. Response an: mit Klarheit, Konsequenz und Wirksamkeit.

Gewaltprävention und Selbstwirksamkeit – Klarheit statt Kontrolle

Im Zentrum des P.R.I.M.E. Response Ansatzes steht nicht der Kampf, sondern die Fähigkeit, ihn zu vermeiden. Prävention ist kein Zeichen von Schwäche, sondern Ausdruck von Klarheit, Weitsicht und innerer Führung. Wer weiß, wozu er fähig ist, muss es nicht ständig beweisen. Gewaltprävention beginnt deshalb nicht mit einer Technik – sie beginnt im Kopf.

Prävention bedeutet Verantwortung

Gewaltprävention bedeutet, Verantwortung für die eigene Präsenz, Kommunikation und Energie zu übernehmen. Es geht nicht darum, ständig auf der Hut zu sein – sondern darum, bewusst durch den Alltag zu gehen. Mimik, Körpersprache, Stimme, Blickkontakt, Haltung: All das sendet Signale. Wer klar auftritt, provoziert seltener unklare Situationen.

Im Training bedeutet das: Wir entwickeln nicht nur Abwehrmechanismen, sondern vorausschauendes Verhalten. In der Sprache von P.R.I.M.E. Response: Wir „attackieren" nicht nur den Angreifer, sondern auch die Bedrohungssituation selbst – bevor sie eskaliert.

Frühwarnsysteme und Deeskalation

In 80 Prozent aller Gewaltkonflikte kündigt sich die Eskalation an – verbal, nonverbal oder durch Verhaltensveränderungen. P.R.I.M.E. Response schult diese Signale systematisch: Stimme, Nähe-Distanz-Verhalten, aggressive Körpersprache, Übersprungshandlungen. Wer sie erkennt, kann handeln, bevor es zur physischen Auseinandersetzung kommt.

Deeskalation bedeutet nicht Unterwerfung. Es bedeutet, die Situation aktiv zu beeinflussen – durch klare Kommunikation, innere Haltung und das Verständnis für menschliche Eskalationsmuster. Das Ziel ist nicht, jeden Konflikt „nett" zu lösen, sondern ihn so zu beeinflussen, dass man ihn nicht austragen muss.

Selbstwirksamkeit als Kernfaktor

Selbstwirksamkeit ist die Überzeugung, Einfluss auf das eigene Leben und die Umgebung nehmen zu können. Wer sich selbst als machtlos erlebt, wird entweder zum Opfer – oder zum Täter. P.R.I.M.E. Response stärkt die Selbstwirksamkeit auf mehreren Ebenen:

- Körperlich – durch das Erleben von Kontrolle über Bewegung, Raum und Kraft
- Mental – durch das Trainieren von Klarheit, Fokus und Entscheidungsfähigkeit
- Emotional – durch den Umgang mit Angst, Wut und Stress in kontrollierter Umgebung

Ein Mensch, der spürt: „Ich kann handeln, ich bin nicht ausgeliefert", wird seltener gewalttätig – und wird seltener Opfer von Gewalt. Genau darin liegt das Herzstück unserer Arbeit.

Kaizen – Der Weg der kontinuierlichen Verbesserung

Im P.R.I.M.E. Response Training nutzen wir das japanische Prinzip Kaizen: kleine, stetige Verbesserungen anstatt radikaler Umbrüche. Kaizen bedeutet: Du musst nicht alles auf einmal ändern. Es reicht, heute ein Prozent besser zu sein als gestern.
Diese Haltung ist nicht nur motivierend, sondern hochwirksam. Wer regelmäßig trainiert – körperlich, geistig, emotional – entwickelt über Zeit eine Resilienz, die nicht durch äußere Umstände erschüttert wird. Kaizen ist der unsichtbare Motor hinter jeder langfristigen Veränderung.

Kaizen im Selbstschutz bedeutet:
- Bewusstsein trainieren – jeden Tag ein wenig mehr
- Präsenz schulen – jeden Tag ein wenig klarer
- Handlungsspielräume erweitern – jeden Tag ein wenig mutiger

So entsteht echte Prävention: nicht durch starre Regeln, sondern durch gelebte Entwicklung.

P.R.I.M.E. Response als Präventionskultur

Das Ziel von P.R.I.M.E. Response ist es nicht, „bessere Kämpfer" zu machen – sondern bewusstere Menschen. Menschen, die in der Lage sind, sich und andere zu schützen. Die Verantwortung übernehmen für ihre Energie, ihre Handlungen und ihre Entscheidungen. Die auf Gewalt vorbereitet sind, aber sie nicht brauchen, um sich stark zu fühlen.

Prävention ist dabei kein Zustand, sondern ein Prozess. Es ist der tägliche Weg von Klarheit, Konsequenz und Wirksamkeit. P.R.I.M.E. Response ist dieser Weg – und er beginnt immer jetzt.

Gewalt und Recht – Selbstschutz im Rahmen des Gesetzes

Gewalt ist nicht nur eine physische oder psychische Realität, sondern auch ein rechtlich hoch sensibles Feld. In P.R.I.M.E. Response betrachten wir Gewalt nie isoliert, sondern immer eingebettet in die gesellschaftlichen, moralischen und juristischen Rahmenbedingungen. Denn wer sich wehrt, muss wissen, wie weit er gehen darf – und wann eine Grenze überschritten wird. Unwissen schützt nicht vor Verantwortung. Klarheit ist auch hier der Schlüssel.

Selbstverteidigung ist ein Grundrecht

Im deutschen Strafrecht ist das Recht auf Selbstverteidigung im § 32 StGB geregelt. Es heißt dort:
„Wer eine Tat begeht, die durch Notwehr geboten ist, handelt nicht rechtswidrig."
Notwehr ist also ein Recht, keine Ausnahme. Doch wie ist Notwehr definiert?

Notwehr ist:
- eine gegenwärtige, rechtswidrige Angriffshandlung
- gegen dich oder eine andere Person
- die mit einem erforderlichen und angemessenen Mittel abgewehrt wird.

Diese Definition enthält zentrale Begriffe, die für das Training und Verhalten in P.R.I.M.E. Response entscheidend sind.

Die drei Säulen der Notwehr

1. **Gegenwärtigkeit:**
   Der Angriff muss unmittelbar bevorstehen, gerade stattfinden oder noch andauern. Wer „nachtritt", handelt nicht mehr in Notwehr, sondern möglicherweise in Rache oder Vergeltung – und riskiert eine Strafverfolgung.
2. **Rechtswidrigkeit:**
   Nicht jeder Angriff ist rechtswidrig. Ein Polizeieinsatz, eine berechtigte Kontrolle oder ein Missverständnis fällt nicht automatisch unter „Angriff". Es gilt also genau hinzuschauen, was wirklich passiert.
3. **Erforderlichkeit:**
   Die Verteidigung muss das mildeste zur Verfügung stehende Mittel sein, das geeignet ist, den Angriff zu beenden. Das bedeutet nicht „sanft", sondern verhältnismäßig: Wer mit einem Messer angegriffen

wird, darf sich deutlich härter wehren als bei einer verbalen Provokation.

Verhältnismäßigkeit und das Problem der Eskalation

Die größte Herausforderung in der Praxis liegt in der Beurteilung der Verhältnismäßigkeit. Wann ist ein Schlag „zu viel"? Wann wird aus Selbstverteidigung Körperverletzung?

Hier ist zu unterscheiden zwischen intuitiver Reaktion und bewusster Überschreitung. In einer realen Stresssituation – hoher Puls, Tunnelblick, Adrenalin – sind differenzierte Reaktionen schwierig. Gerichte berücksichtigen deshalb den psychischen Ausnahmezustand eines Verteidigers. Trotzdem: Wer in der Lage ist, die Kontrolle zu behalten, steht rechtlich auf deutlich sichererem Boden.

P.R.I.M.E. Response legt daher großen Wert auf:
- das Trainieren kontrollierter Reaktionen
- das Bewusstsein für rechtliche Grenzen
- die Fähigkeit zur verbalen Deeskalation – auch nach dem Vorfall

Denn oft entscheidet das Verhalten **nach** dem Kampf über die juristische Einordnung.

Sonderfall: Überschreitung der Notwehr („Notwehrexzess")

Was passiert, wenn jemand „überreagiert"? Der § 33 StGB spricht hier vom Notwehrexzess – einer Überschreitung der notwendigen Verteidigung aus Verwirrung, Furcht oder Schrecken.
„Überschreitet der Täter die Grenzen der Notwehr aus Verwirrung, Furcht oder Schrecken, so ist er nicht strafbar."

Das bedeutet: Wer aus nachvollziehbarer Angst über das Ziel hinausschießt, kann unter Umständen straffrei bleiben – allerdings nur, wenn keine Rache, Brutalität oder Unverhältnismäßigkeit erkennbar ist. Auch hier zeigt sich: Kontrolle schützt.

Rechtliche Grauzonen: Prävention, Waffen, Gruppenkonflikte

Vorbereitete Verteidigung:

Gegenstände wie taktische Kugelschreiber, Kubotan oder selbstgebaute Waffen gelten juristisch oft als „gefährliche Werkzeuge". Das Mitführen kann problematisch sein, insbesondere bei Demonstrationen, öffentlichen Veranstaltungen oder im öffentlichen Nahverkehr.

Training mit Waffen (z. B. Stöcke, Messerattrappen):

Im Training erlaubt – im Alltag bedenklich. Wer mit einem Messer trainiert, sollte sich bewusst sein: Der reale Einsatz kann tödlich enden – und rechtlich massive Konsequenzen nach sich ziehen.

Gruppenkonflikte:

Wer Dritten zu Hilfe kommt, muss aufpassen. Es gilt das Prinzip der „Hilfe ohne Selbstgefährdung". Wer blind eingreift, kann sich strafbar machen – oder sich selbst in Gefahr bringen. In P.R.I.M.E. Response lehren wir daher, Konflikte zu lesen, bevor man handelt.

Gewalt mit Verantwortung

Echte Selbstverteidigung ist nie Angriff – sie ist Schutz. Sie hat nicht das Ziel zu zerstören, sondern zu bewahren: die eigene Unversehrtheit, die Sicherheit anderer, die Würde aller Beteiligten. Gewalt kann – in extremen Situationen – notwendig sein. Doch sie bleibt immer ein letztes Mittel.

P.R.I.M.E. Response trainiert Dich so, dass Du dieses Mittel nur dann einsetzt, wenn es wirklich nötig ist. Und dass Du – wenn es nötig wird – bereit bist, klar, konsequent und wirksam zu handeln.

Gewalt im öffentlichen Raum – Risikoanalyse, Täterverhalten und situatives Handeln

In der Vorstellung vieler Menschen passiert Gewalt „da draußen" – auf dunklen Straßen, in der U-Bahn, auf dem Parkplatz. Der öffentliche Raum wird zum Projektionsort für Angst und Unsicherheit. Und obwohl statistisch gesehen viele Gewalttaten im privaten Umfeld geschehen, bleibt der öffentliche Raum ein relevanter Kontext für Selbstschutz – insbesondere für das Training in P.R.I.M.E. Response.

Hier entscheiden nicht nur Technik oder Muskelkraft, sondern Wahrnehmung, Präsenz, Einschätzung und Handlungskompetenz. Es geht nicht darum, Angst zu haben – sondern vorbereitet zu sein.

Der öffentliche Raum: Bühne für Gewalt und Unsicherheit

Bahnhöfe, Busse, Parks, Fußgängerzonen, Clubs, Großveranstaltungen – diese Orte vereinen viele Faktoren, die Gewalt begünstigen können:
- Anonymität
- Alkohol oder Drogen
- Gruppendynamiken
- Enge Räume
- Emotionale Spannungen
- Soziale oder kulturelle Konflikte

In solchen Umgebungen kann sich Gewalt schnell und scheinbar grundlos entladen. Viele Täter wählen diese Orte bewusst, weil sie sich dort unbeobachtet fühlen – oder weil sie wissen, dass die Opfer überrascht, überfordert oder isoliert sind.

Täterverhalten verstehen: Täter suchen Schwächen

Täter sind selten irrational. Sie beobachten, analysieren und wählen ihre Ziele strategisch. In vielen Fällen suchen sie:
- abgelenkte Personen (z. B. durch Smartphone oder Kopfhörer)
- unsichere Körpersprache

- körperliche Unterlegenheit
- Orientierungslosigkeit oder Überforderung

Der erste Schutz beginnt also **vor** der eigentlichen Bedrohung: durch Präsenz, Körpersprache, Selbstbewusstsein und situative Achtsamkeit. In P.R.I.M.E. Response nennen wir das „Awareness" – die Fähigkeit, das Umfeld zu lesen, Gefahren früh zu erkennen und sich bewusst zu positionieren.

Die zwei Szenarien: Anticipated Threat vs. Sudden Assault

Wie bereits in einem früheren Kapitel erwähnt, unterscheiden wir zwei Grundsituationen:

1. **Anticipated Threat (AT):**

   Du erkennst eine potenzielle Bedrohung im Vorfeld. Du hast **Zeit**, Dich innerlich auszurichten, zu positionieren, Abstand zu schaffen oder gezielt zu handeln. Hier trainieren wir:
   - Präsenz zeigen
   - klare Körpersprache
   - taktisches Positionieren
   - verbale Deeskalation
   - gezielte Interventionsbereitschaft

   Das Motto lautet: **Attack the Attacker**. Wenn sich der Angriff ankündigt, darf (und muss) Deine Reaktion ein kontrollierter Angriff sein – präzise, konsequent, klärend.

2. **Sudden Assault (SA):**

   Du wirst **überraschend** und ohne Vorwarnung angegriffen – körperlich oder verbal. Hier zählt die sofortige Reaktionsfähigkeit.

   Das Prinzip:
   Protect – Push – Fight
   - **Protect:** Sofortiger Selbstschutz (z. B. 3-Point-Cover)

- **Push:** Raumgewinn schaffen – durch gezielte Bewegung, Schieben, Verwirrung
- **Fight:** Mit aller Konsequenz zurückschlagen – ohne Zögern, mit Klarheit und Fokus

Beide Szenarien sind realistisch – und beide erfordern unterschiedliche mentale und körperliche Strategien.

Situatives Handeln – kein Schema, sondern Prinzipien

Ein häufiger Fehler im Selbstschutztraining ist die Überbetonung fester Abläufe. Doch ein echter Konflikt hält sich nicht an Skripte. Deshalb basiert P.R.I.M.E. Response auf Prinzipien statt Techniken:
- Wie stelle ich mich?
- Wie gewinne ich Zeit?
- Wie unterbreche ich Dynamiken?
- Wie bleibe ich handlungsfähig?

Ein Beispiel: Ein aggressiver Mann schreit Dich auf dem Bahnsteig an. Du weißt nicht, ob er angreifen wird. Techniken helfen Dir hier wenig – aber Prinzipien schon:
- Nutze Sprache: „Ich will keinen Ärger – gehen Sie bitte weiter."
- Nutze Raum: Halte Distanz. Nutze Hindernisse. Bleib nicht stehen.
- Nutze Haltung: Aufrecht, offen, geerdet – keine Opferhaltung.
- Nutze Deinen Körper: Vorbereitung auf einen Schutzimpuls (Cover), Push oder Konter

Das Ziel: Handlungsfähigkeit. Nicht Heldentum. Sondern Sicherheit.

Täterverhalten deuten: Die drei Phasen eines Angriffs

Viele Angriffe folgen einem Muster – bewusst oder unbewusst. Wer dieses Muster erkennt, kann rechtzeitig eingreifen. Die drei Phasen:
1. **Auswahlphase:**
   Der Täter scannt seine Umgebung: Wer wirkt abgelenkt, schwach, unsicher?

2. **Annäherung:**
   Er testet mit Blicken, Worten, Nähe. Vielleicht stellt er sich vor Dich, beginnt ein Gespräch, berührt Dich scheinbar beiläufig.
3. **Angriff:**
   Sobald Du die Kontrolle verlierst – sei es durch Schock, Verwirrung oder emotionale Reaktion – schlägt er zu.

P.R.I.M.E. Response trainiert alle drei Phasen. Du lernst zu erkennen, zu unterbrechen – und zu handeln, wenn es sein muss.

Besondere Risikofaktoren

Manche Situationen sind besonders risikobehaftet:
- Nachts allein unterwegs
- Öffentliche Verkehrsmittel mit wenig Besetzung
- Menschenmengen mit erhöhter Emotionalität (Feiern, Demos)
- Enge Räume wie Aufzüge oder Unterführungen
- Situationen mit Alkohol- oder Drogenkonsum (Clubs, Festivals)

Hier gilt: Sei kein Ziel. Sei präsent. Beobachte. Atme. Und – wenn es nötig wird – handle klar. konsequent. wirksam.

Gewalt im öffentlichen Raum ist selten „plötzlich" – sie ist oft vorhersehbar, wenn man weiß, worauf man achten muss. P.R.I.M.E. Response vermittelt Dir genau das: nicht nur Techniken für den Ernstfall, sondern das Wissen, ihn zu vermeiden, ihn zu steuern – und, wenn notwendig, ihn zu überstehen.

Gewaltprävention – Aufklärung, Haltung und Verantwortung

Gewaltprävention beginnt nicht in dem Moment, in dem die erste Faust fliegt. Sie beginnt viel früher – in der Art, wie wir denken, fühlen, kommunizieren und Grenzen setzen. Im P.R.I.M.E. Response System ist Gewaltprävention kein „Zusatz", sondern ein zentrales Fundament. Denn wer sich schützen will, muss zuerst verstehen, was Gewalt überhaupt ist, wie sie entsteht – und wie sie sich vermeiden lässt, ohne Schwäche zu zeigen.

Was bedeutet Gewaltprävention wirklich?

Oft wird Gewaltprävention missverstanden: als reine Technikvermittlung, als Selbstbehauptungskurs oder als „Anti-Mobbing-Seminar". Doch echte Prävention bedeutet mehr als das. Sie ist ein tiefgreifender Prozess der Bewusstseinsbildung, Persönlichkeitsentwicklung und Verantwortungsübernahme.

Prävention bedeutet:
- Gewalt als reales gesellschaftliches und individuelles Thema ernst zu nehmen
- Die Entstehung von Gewalt zu verstehen – biologisch, psychologisch, sozial
- Eigene Grenzen zu kennen – und zu respektieren
- Die Grenzen anderer zu achten
- Deeskalation zu beherrschen, ohne sich selbst zu verlieren
- Im Notfall handlungsfähig zu sein – nicht trotz, sondern wegen innerer Klarheit

Im P.R.I.M.E. Response Kontext sprechen wir daher nicht von „Anti-Gewalt", sondern von proaktiver Haltung.

Drei Ebenen der Gewaltprävention

Prävention wirkt auf verschiedenen Ebenen – und alle drei greifen ineinander.

Kognitiv

Aufklärung, Wissen, Verständnis: Was ist Gewalt? Wie erkenne ich sie? Was löst sie aus? Welche Muster führen zu Eskalation? Diese Fragen bilden die Grundlage jeder Selbstschutzkompetenz.

Emotional

Selbstwert, Empathie, emotionale Intelligenz: Wer sich selbst spürt und wertschätzt, muss keine Macht demonstrieren. Wer sich seiner Angst stellt, wird nicht von ihr gesteuert. Emotionale Gewaltprävention bedeutet: innere Klarheit statt impulsiver Reaktion.

Körperlich

Haltung, Präsenz, Körpersprache: Der Körper spricht, bevor Worte fallen. Wer aufrecht steht, klar schaut und deutlich Grenzen markiert, sendet ein Signal: „Ich bin kein Opfer." Diese körperliche Ebene ist kein Ersatz für innere Stärke – aber ihre sichtbare Entsprechung.

Haltung statt Heldenmut

In Filmen gewinnen die Mutigen – durch Kampf, Dominanz oder unerschütterliche Härte. In der Realität siegen meist jene, die rechtzeitig erkennen, richtig handeln und konsequent Grenzen ziehen, bevor es eskaliert.

P.R.I.M.E. Response vermittelt keine „Heldenrolle". Wir sprechen nicht von Kämpfern, sondern von Menschen mit Haltung – die klar kommunizieren, deeskalieren können, notfalls konsequent handeln und wissen, wann es Zeit ist zu gehen.

Gewaltprävention im P.R.I.M.E. Response Training

In unserem Training arbeiten wir mit gezielten Methoden, die weit über Techniktraining hinausgehen:

- **Szenarioarbeit**: Alltagsnahe Situationen (z. B. U-Bahn, Kneipe, Beziehungsgespräch) werden durchgespielt – inklusive Körpersprache, Sprache, Deeskalation und Handlung.
- **Reflexionsübungen**: Was ist meine Grenze? Was löst Angst in mir aus? Wie reagiere ich auf Bedrohung?
- **Rollentausch**: Täter-Opfer-Zeuge – jede Rolle erleben, um Empathie und Verständnis zu schärfen.
- **Mentale Stärkung**: Atemtechniken, Visualisierung, Selbstgespräche – damit der Körper nicht übernimmt, wenn der Kopf gebraucht wird.

- **Kommunikationstraining**: Klare Sprache, bewusste Tonlage, Setzen von Grenzen mit Worten statt mit Fäusten.

Prävention ist keine Methode – sie ist eine **Haltung**. Und genau diese Haltung trainieren wir – in jeder Übung, in jedem Gespräch, in jedem Gedanken.

Vom Training in den Alltag

Der wahre Wert von Prävention zeigt sich nicht im Training, sondern im Alltag. Dort, wo Du Deine Haltung lebst:
- Wenn Du Grenzen setzt, ohne laut zu werden
- Wenn Du den Raum verlässt, bevor er gefährlich wird
- Wenn Du für andere einstehst, weil Du nicht wegschauen willst
- Wenn Du in Konflikten deeskalierst, weil Du Deine Kräfte kennst
- Wenn Du im Beruf klare Kommunikation pflegst, statt Machtspielchen mitzuspielen

P.R.I.M.E. Response bedeutet: Klar. Konsequent. Wirksam. Auch – und gerade – dann, wenn kein Kampf stattfindet.

Denn echte Gewaltprävention ist gelebte Präsenz.

Täterprofile, Gewaltmuster und Frühwarnzeichen

Nicht jede Gewaltsituation entsteht aus dem Nichts. Oft gibt es Signale, Vorzeichen, sich wiederholende Muster – und manchmal sogar erkennbare Tätertypen. Doch diese lassen sich nicht immer auf den ersten Blick identifizieren. Im Kontext von **P.R.I.M.E. Response** bedeutet Selbstschutz nicht nur körperliche Reaktion, sondern vor allem: *frühes Erkennen, klares Einschätzen und bewusstes Entscheiden*.

Wer sind die Täter?

Es wäre einfach, wenn es „den typischen Gewalttäter" gäbe. Die Realität ist komplexer. Täter sind nicht immer fremde Gestalten im Dunkeln. Sie sind

Nachbarn, Kollegen, Partner – Menschen aus dem Umfeld. Deshalb ist es so wichtig, auf Verhalten zu achten – nicht nur auf Rollenbilder.

Psychologisch lassen sich bestimmte Tätertypen unterscheiden:

Impulsive Täter:

Diese Menschen handeln im Affekt. Oft liegt eine niedrige Frustrationstoleranz oder mangelnde Impulskontrolle vor. In der Beziehung können kleine Konflikte schnell eskalieren – oft „ohne Vorwarnung", aber in Wahrheit mit vielen kleinen Signalen zuvor.

Kontrollierende Täter:

Diese Täter suchen Macht – nicht nur körperlich, sondern emotional, sozial und finanziell. Kontrolle ist ihr Werkzeug, Manipulation ihre Waffe. Gewalt wird hier nicht immer körperlich, sondern häufig subtil ausgeübt: durch Isolation, Abwertung oder Einschüchterung.

Instrumentelle Täter:

Hier steht ein konkretes Ziel im Vordergrund – Geld, Status, Rache. Gewalt wird als Mittel zum Zweck eingesetzt, oft geplant, kühl und strategisch. Diese Täter erscheinen oft äußerlich ruhig, wirken wenig gefährlich – bis sie handeln.

Autotelische Täter:

Sie üben Gewalt um der Gewalt willen. Es geht um Lust, um Machtgefühl, um das Erleben totaler Kontrolle. Diese Täter sind selten, aber besonders gefährlich, weil sie keine Hemmungen und keine Empathie zeigen.

Autotelisch (von griechisch αὐτός "selbst" und τέλος "Ziel") bezeichnet etwas, das seinen Zweck in sich selbst hat, also nicht auf einen äußeren Zweck oder ein Ergebnis ausgerichtet ist, sondern lediglich wegen der Tätigkeit selbst Wert hat.

Diese Typisierung ist keine Schablone – Menschen sind komplex. Aber sie kann helfen, Dynamiken zu erkennen und Handlungsmöglichkeiten zu entwickeln.

Gewaltmuster erkennen

Gewalt folgt oft einem wiederkehrenden Muster. Besonders in Beziehungen oder engen sozialen Gefügen lässt sich ein Eskalationszyklus beobachten, den die Psychologie gut beschreibt:

Phase 1: Spannung

Kleine Bemerkungen, unterschwellige Aggressionen, Stimmungsschwankungen. Opfer spüren die Veränderung, können sie aber schwer benennen. Oft herrscht Unsicherheit oder ein Gefühl der Anspannung.

Phase 2: Eskalation

Ein Vorfall – verbal oder körperlich. Es kommt zur Entladung der aufgestauten Spannung. Häufig überschreiten Täter dabei eine Grenze – sei es in Worten, Handlungen oder durch körperliche Gewalt.

Phase 3: Reue / Entschuldigung

Der Täter zeigt Einsicht, entschuldigt sich, verspricht Besserung. Viele Opfer hoffen in dieser Phase auf Veränderung – die emotionale Bindung verhindert oft eine klare Trennung.

Phase 4: „Honeymoon"

Eine scheinbar friedliche Zeit beginnt. Der Täter ist freundlich, bemüht sich, alles scheint wieder gut. Doch das Muster beginnt von vorn – mit Phase 1. Diese Zyklen können sich über Jahre ziehen. Deshalb ist es so wichtig, sie früh zu erkennen – und nicht mit einzelnen Ausrutschern zu verwechseln.

Frühwarnzeichen im Alltag

Gewalt „kommt nicht plötzlich". Oft gibt es klare Frühzeichen, die ernst genommen werden sollten. Hier einige Indikatoren – insbesondere im sozialen Nahraum:

- Ständige Kontrolle (z. B. über Kleidung, Handy, Kontakte)
- Abwertung, Spott, verletzende Kommentare – auch „als Witz"
- Isolation von Familie und Freunden
- Übermäßige Eifersucht oder Besitzdenken
- Wutausbrüche bei Kleinigkeiten
- Schuldumkehr: „Wegen Dir bin ich so!"
- Einschüchterung durch Gestik, Stimme oder Blick
- „Schleichende" Grenzüberschreitungen – z. B. zu festes Zupacken, absichtliches Bedrängen
- Manipulation durch Schuldgefühle oder Angst
- Verharmlosung von Gewalt: „War doch nicht so schlimm"

Im P.R.I.M.E. Response Training üben wir, diese Signale wahrzunehmen – *nicht erst dann, wenn es zu spät ist*.

Täter und Opfer: keine starren Rollen

Ein kritischer Punkt: In der Gewaltforschung ist klar, dass Menschen nicht immer nur Täter oder nur Opfer sind. Es gibt Situationen, in denen Rollen verschwimmen. Wer einmal Opfer war, kann später Täter werden – und umgekehrt. Die Ursachen dafür liegen oft in der Biografie, in erlernten Mustern oder unreflektierten Verhaltensweisen.

Deshalb ist es wichtig, *Verhalten* zu analysieren, nicht Menschen zu etikettieren. Im P.R.I.M.E. Response Kontext heißt das: Wir schauen hin – aber wir verurteilen nicht vorschnell.

Täterprävention – geht das?

Ja. Täterprävention ist möglich – aber nur, wenn die Bereitschaft zur Reflexion und Veränderung da ist. In sozialen Programmen, Psychotherapie oder spezialisierten Trainings werden Themen wie Empathie, Impulskontrolle, Verantwortung und Kommunikation bearbeitet.

In der P.R.I.M.E. Response Arbeit mit Jugendlichen oder in Gruppen setzen wir bewusst auch an diesem Punkt an. Denn Prävention beginnt dort, wo Menschen lernen, mit ihren Emotionen klarzukommen – *bevor sie zuschlagen*.

Was bedeutet das für Deinen Alltag?

Du musst kein Psychologe sein, um Gewaltmuster zu erkennen. Aber Du darfst lernen, Deiner Intuition zu vertrauen. Wenn sich etwas *nicht gut anfühlt*, wenn jemand ständig Deine Grenzen testet, wenn Du Dich in einer Beziehung kleiner machst, als Du bist – dann ist es Zeit, genauer hinzuschauen.

Im Training fördern wir diesen Blick durch:
- Szenarienarbeit mit subtilen Warnzeichen
- Rollenspiele zu manipulativen Gesprächstechniken
- Reflexion über eigene Beziehungsmuster
- Austausch über Grenzerfahrungen – ohne Tabu

Denn Du darfst Dir vertrauen. Und Du darfst NEIN sagen – zu jeder Zeit, in jeder Situation, ohne Erklärung.

Umgang mit Gewalt – Strategien, Selbstschutz und Bewältigung

Gewalt ist eine Realität. Doch wie wir ihr begegnen, ist unsere Entscheidung. Genau hier liegt die zentrale Idee von **P.R.I.M.E. Response**: *Wir können lernen, uns zu schützen – körperlich, emotional, sozial und mental.* Selbstschutz ist mehr als ein Schlag oder eine Technik. Es ist die Fähigkeit, Verantwortung für sich zu übernehmen – mit Klarheit, Konsequenz und Wirksamkeit.

Selbstschutz beginnt im Kopf

Der erste Schritt im Umgang mit Gewalt ist ein Perspektivwechsel: *Du bist kein Opfer – Du bist Entscheider.* Selbst wenn Du überrascht, überfordert oder verletzt wirst: Deine Handlungsfähigkeit bleibt Deine stärkste Ressource. Genau deshalb beginnt P.R.I.M.E. Response immer mit dem Mindset.

Fragen, die wir trainieren:
- Wie erkenne ich Gefahren, bevor sie eskalieren?
- Welche Signale senden mein Körper, meine Stimme, meine Präsenz?
- Was sind meine roten Linien – und wie ziehe ich sie?
- Wie bleibe ich klar, wenn andere emotional werden?

Diese Fragen sind nicht theoretisch. Sie sind Bestandteil jeder realen Konfrontation – und je besser Du sie für Dich beantworten kannst, desto souveräner wirst Du.

Deeskalation: Die klügste aller Techniken

In vielen Fällen ist die beste Verteidigung ein kluges Wort, ein souveräner Blick, eine klare Körperhaltung. Deeskalation ist keine Schwäche – sie ist höchste Form von Kontrolle.

Deeskalierende Werkzeuge im P.R.I.M.E. Response:
- **Körpersprache:** Offen, präsent, klar in der Ausrichtung
- **Stimme:** Ruhig, bestimmt, nicht unterwürfig
- **Sprache:** Sachlich, lösungsorientiert, ohne Wertung
- **Distanz:** Wahrung der physischen Grenze (z. B. Gesprächsposition 1 – 1,5 m)
- **Framing:** „Ich will, dass wir das ruhig klären." statt „Du tickst wieder aus."

Deeskalation ist ein Trainingsthema – nicht nur für die Straße, sondern für Alltag, Familie, Beruf. Wer Konflikte klug führen kann, muss sie seltener mit dem Körper austragen.

Nach dem Kampf: Bewältigung und Verantwortung

Was passiert, wenn es doch zur körperlichen Auseinandersetzung kam? Selbstschutz endet nicht mit dem letzten Schlag. Es folgen Adrenalin,

Emotionen, oft auch Schuldgefühle oder rechtliche Konsequenzen. Deshalb gehört zur P.R.I.M.E. Response Ausbildung auch immer:

- **Reflexion:** Was ist geschehen? Was war richtig? Was hätte ich anders machen können?
- **Nachsorge:** Gespräch, juristische Beratung, psychologische Begleitung – wenn nötig.
- **Verantwortung:** Auch legitime Gewalt hat Folgen. Wer verteidigt, muss auch Verantwortung für sein Tun übernehmen.

Es geht nicht um Rechtfertigung – sondern um Bewusstheit. *Klar. Konsequent. Wirksam.* Auch in der Nachbearbeitung.

Emotionale Verarbeitung

Selbst wenn Du richtig gehandelt hast, kann ein Gewalterlebnis tief sitzen. Viele Menschen berichten nach einem Vorfall von:

- Schlaflosigkeit
- Grübelattacken („Was wäre wenn …?")
- Wut, Angst, Scham
- Rückzug oder Überkompensation

Im P.R.I.M.E. Response setzen wir hier gezielt auf:

- **Verarbeitung durch Austausch** – Gruppenreflexion, Reden mit Gleichgesinnten
- **Körperarbeit zur Erdung** – Qi Gong, Atmung, meditative Bewegung
- **Ankertechniken** – um wieder ins eigene Zentrum zu kommen
- **Coaching-Elemente** – um aus dem Erlebnis Stärke zu gewinnen

Ein überstandener Konflikt kann zur Ressource werden – aber nur, wenn er richtig eingeordnet und verarbeitet wird.

P.R.I.M.E. Response als Ressource

In der Summe bietet P.R.I.M.E. Response keine Patentlösung – aber einen klaren Rahmen. Es ist:

- ein Handlungskonzept

- ein Reflexionsmodell
- ein körperliches Trainingssystem
- ein Weg zu Selbstvertrauen und Autonomie

Selbstschutz bedeutet: Ich bin bereit – körperlich, geistig, emotional. Ich weiß, was ich kann. Ich weiß, was ich will. Und ich weiß, was ich *nicht* zulassen werde.

Integration & Prävention – Gewalt verstehen, bevor sie entsteht

Gewalt entsteht nicht aus dem Nichts. Sie kündigt sich an – in kleinen Zeichen, in unterschwelligen Spannungen, in unausgesprochenen Konflikten. Wer hinsieht, erkennt sie. Wer sie erkennt, kann handeln. Genau hier setzt das Prinzip der Integration und Prävention im P.R.I.M.E. Response System an. Denn unser Ziel ist nicht, möglichst viele Kämpfe zu bestehen – unser Ziel ist es, möglichst wenige führen zu müssen.

Gewalt beginnt früher, als wir denken

Ein verbaler Angriff, ein starrer Blick, eine zu lange körperliche Nähe – all das sind Vorboten. Und doch werden sie im Alltag oft ignoriert. Aus Höflichkeit. Aus Unsicherheit. Oder weil wir nicht gelernt haben, diese Signale zu deuten.

Im Training mit P.R.I.M.E. Response wird die Sensibilität für genau diese Vorzeichen geschult. Denn wer Gewalt verhindern will, muss sie *lesen* können – in der Körpersprache anderer, in den Spannungsmustern eines Gesprächs, in der eigenen inneren Reaktion.
Du merkst nicht erst, wenn es knallt – Du merkst, wenn es kippt.

Primärprävention: Klarheit statt Naivität

Das bedeutet: Du lernst, Dich so zu verhalten, dass Du keine „leichte Beute" bist – ohne aggressiv, übergriffig oder paranoid zu wirken. Es geht um Haltung, nicht um Härte.

Typische Inhalte der P.R.I.M.E. Präventionstrainings:
- Gefahrenerkennung in Alltagssituationen
- Körpersprache, Stimme, Blickführung als Schutzfaktoren
- Grenzen setzen ohne Eskalation
- Deeskalationsstrategien für typische Szenarien (ÖPNV, Nachtleben, Arbeitsplatz)
- Umgang mit Provokationen, Belästigungen oder Grenzüberschreitungen

Ziel ist nicht, Konfrontationen zu suchen – sondern sie gar nicht erst entstehen zu lassen. Wer souverän und klar auftritt, wird seltener Ziel.

Sekundärprävention: Die Kunst des frühen Eingreifens

Manche Situationen lassen sich nicht vermeiden – aber frühzeitig entschärfen. P.R.I.M.E. Response vermittelt dafür konkrete Werkzeuge:
- **Positionierung im Raum:** Wer steht wo, wer ist zwischen Dir und dem Ausgang, wer steht hinter Dir?
- **Gesprächsführung:** Wie öffne ich ein Gespräch, das kippen könnte – und wann breche ich es besser ab?
- **Situative Achtsamkeit:** Wer zeigt körperliche Spannungen, wer „kippt" emotional, wo verändert sich die Dynamik?

Je früher Du agierst, desto mehr Handlungsspielraum bleibt Dir. Im P.R.I.M.E.-Training lernst Du, *die Sekunden vor dem Sturm* zu erkennen – und zu nutzen.

Tertiärprävention: Nach Gewalt ist vor Veränderung

Wenn es zur Gewalt kam – wie gehst Du weiter? Tertiärprävention bedeutet: Nachbereitung, Integration und Lernen. Auch das ist ein zentraler Teil der P.R.I.M.E. Philosophie. Nicht im Sinne von Schuld oder Analyse, sondern im Sinne von Wachstum:
- Was war mein Anteil – nicht an der Schuld, sondern an der Situation?
- Was habe ich gelernt – über mich, über andere, über Grenzen?
- Was nehme ich mit – an Stärke, an Haltung, an Handlungssicherheit?

Prävention bedeutet auch: *aus Erlebtem Handlungswissen machen* – nicht durch Verdrängung, sondern durch bewusste Integration.

Die Rolle von Klarheit, Konsequenz und Wirksamkeit

Diese drei Leitbegriffe ziehen sich durch das gesamte System von P.R.I.M.E. Response – und sie sind auch das Herzstück jeder Präventionsarbeit.

- **Klarheit** bedeutet: Ich sehe, was ist – und was werden könnte.
- **Konsequenz** bedeutet: Ich handle, wenn es nötig ist – nicht zu spät, nicht zu früh.
- **Wirksamkeit** bedeutet: Ich vertraue auf das, was ich kann – körperlich, geistig, emotional.

Diese Haltung macht den Unterschied. Sie macht Menschen nicht unangreifbar – aber unberechenbar für Angreifer. Und das ist oft der beste Schutz.

WAS IST P.R.I.M.E. RESPONSE?

In einer Welt, in der Unsicherheit, Aggression und Bedrohung alltäglicher geworden sind – sei es in urbanen Räumen, im öffentlichen Nahverkehr oder im beruflichen Kontext –, wird Selbstschutz mehr denn je zu einem Thema existenzieller Relevanz. Doch was bedeutet Selbstschutz im 21. Jahrhundert wirklich?

Viele herkömmliche Systeme setzen dabei auf Techniken, stilisierte Bewegungsabfolgen oder komplexe Verteidigungskonzepte. Doch die Realität körperlicher Gewalt ist nicht strukturiert, nicht planbar, nicht kontrolliert. Sie ist chaotisch, roh, oft unerwartet – und selten sportlich fair. Genau hier setzt **P.R.I.M.E. Response** an.

P.R.I.M.E. Response ist keine Kampfkunst im klassischen Sinne. Es ist ein handlungsorientiertes, ethisch fundiertes Selbstschutz- und Selbstführungsmodell, das auf fünf zentralen Säulen ruht:

- Prinzipien
- Resilienz
- Intention

- Mindset
- Einsatz

Diese fünf Säulen sind nicht nur Namensgeber – sie bilden den methodischen, psychologischen und philosophischen Kern des Systems. Gemeinsam schaffen sie eine Struktur, die Menschen in die Lage versetzt, klare Entscheidungen zu treffen, sich selbst zu schützen und dabei in ihrer Haltung gefestigt zu bleiben.

Ursprung: Warum es P.R.I.M.E. Response braucht

P.R.I.M.E. Response entstand aus jahrzehntelanger Erfahrung in Kampfkunst, Selbstschutz, Coaching und Persönlichkeitsentwicklung. Es ist geprägt durch die Erkenntnis, dass traditionelle Systeme häufig entweder zu technisch, zu sportlich oder zu unreflektiert mit dem Thema Gewalt umgehen. Sie bereiten Menschen nicht ausreichend auf die psychologischen, sozialen und ethischen Dimensionen realer Bedrohungssituationen vor.

Viele Systeme setzen auf konditionierte Abläufe. Doch der Mensch ist kein Automat. In Stresssituationen greifen nicht Technikketten, sondern Reflexe, Entscheidungen und Haltung. Genau hier liegt die Lücke, die P.R.I.M.E. Response schließt – durch ein Training, das auf Klarheit statt Komplexität setzt, auf Prinzipien statt Technikvielfalt, auf Selbstverantwortung statt martialische Härte.

Die Struktur: Was bedeutet P.R.I.M.E.?

Der Name ist Programm. Jedes der fünf Buchstaben steht für eine zentrale Säule des Systems:

P – Prinzipien: Klarheit vor Handlung

P.R.I.M.E. Response basiert auf klaren Handlungsprinzipien, die jeder Technik übergeordnet sind. Dazu gehören etwa:
- **„Attack the Attacker"** – Nicht die Angriffe blockieren, sondern den Angreifer neutralisieren
- **„Keep it simple, stupid"** – Komplexität vermeiden, Einfachheit trainieren

- **„Fliehe wenn du kannst, kämpfe wenn du musst"** – Ethik und Effektivität miteinander verbinden

Diese Prinzipien dienen als innerer Kompass. Sie geben Orientierung im Chaos und helfen, in Sekundenbruchteilen stimmige Entscheidungen zu treffen.

R – Resilienz: Stabilität im Sturm

Resilienz bedeutet in P.R.I.M.E. Response mehr als nur Widerstandskraft. Es geht um die Fähigkeit, in Stresssituationen handlungsfähig zu bleiben – körperlich, mental und emotional.

Dazu gehören:
- Selbstregulation bei Adrenalin und Angst
- Atmung, Körpersprache und Zentrierung
- Umgang mit Unsicherheit, Panik oder Erstarrung

Resilienz ist trainierbar. Und sie ist die Grundlage für jede Form wirksamen Selbstschutzes.

I – Intention: Klare Entscheidung statt Reaktion

Im Mittelpunkt jeder Selbstschutzsituation steht eine Entscheidung: Gehe ich? Bleibe ich? Handle ich? Oder hoffe ich?

P.R.I.M.E. Response lehrt, diese Entscheidung bewusst zu treffen – nicht als Reaktion auf Gewalt, sondern als Ausdruck innerer Klarheit. Das bedeutet auch: den eigenen Schutz als ethische Pflicht zu begreifen. Und zu erkennen, dass Nicht-Handeln manchmal gefährlicher ist als Handeln.

Intention bedeutet: Ich weiß, warum ich tue, was ich tue. Und ich tue es nicht aus Angst, sondern aus Überzeugung.

M – Mindset: Haltung schlägt Härte

Körperliche Stärke hilft – doch ohne ein klares Mindset bleibt sie wirkungslos. P.R.I.M.E. Response fördert eine innere Haltung, die weder Opfer noch Täter ist, sondern bewusste Selbstbehauptung.

Kernelemente des Mindsets sind:
- Wachsamkeit und Präsenz
- Selbstbild und Körpersprache
- Mentale Klarheit in dynamischen Situationen

Statt aggressiver Dominanz geht es um eine innere Entschlossenheit, die spürbar, aber nicht provozierend ist. So entsteht die „Hard Target Attitude" – also die Ausstrahlung, dass man nicht verfügbar ist für Gewalt.

E – Einsatz: Handeln, wenn es sein muss

Einsatz meint die konkrete Anwendung körperlicher Mittel – aber nicht als Reaktion im Sinne von Selbstverteidigung, sondern als konsequente Selbstermächtigung. P.R.I.M.E. Response verwendet eine begrenzte, klar definierte Toolbox an Werkzeugen:
- Palmstrike
- Hammerfist
- Drei Fauststöße je nach Distanz
- Elbow und Knee
- Frontkick und Spatentritt
- Fence
- Three-Point Cover

Diese Werkzeuge sind nicht spektakulär – aber sie sind unter Adrenalin, in Alltagskleidung und auf rutschigem Boden abrufbar. Und genau das macht sie wirksam.

Philosophie: Nicht Gewalt trainieren, sondern Verantwortung

P.R.I.M.E. Response ist kein System, das Gewalt glorifiziert. Im Gegenteil: Es basiert auf einem tiefen ethischen Fundament. Jeder Mensch hat das Recht –

und die Pflicht –, sich selbst zu schützen. Aber dieses Recht endet dort, wo die eigene Handlung zur Eskalation wird.

Deshalb trainieren wir nicht, um zu kämpfen – sondern, um nicht kämpfen zu müssen. Und wenn wir kämpfen müssen, dann mit der Klarheit, dass wir es aus Notwendigkeit tun, nicht aus Wut.

Diese Haltung verändert den Blick auf Selbstschutz. Er wird nicht zur Kampfkunst, sondern zur Form bewusster Selbstführung.

Abgrenzung: Was P.R.I.M.E. Response nicht ist

- **Es ist kein Sport.**
  Es gibt keine Wettkämpfe, keine Regeln, keine Gewinner. Es geht nicht um Punkte, sondern um Schutz.
- **Es ist keine Stilrichtung.**
  P.R.I.M.E. Response ist keine Fusion aus Kampfkünsten. Es ist ein eigenständiges Prinzipienmodell mit pragmatischen Werkzeugen.
- **Es ist kein Männertraining.**
  Das System ist genderneutral, altersunabhängig und funktioniert auch bei körperlicher Unterlegenheit – weil es auf Verhaltenslogik und Überraschungseffekt basiert, nicht auf Kraft.
- **Es ist keine starre Techniklehre.**
  Der Kontext bestimmt die Handlung, nicht das Technikprogramm. Der Fokus liegt auf Bewegungsmustern, Entscheidungslogik und situativer Intelligenz.

Der Mensch im Mittelpunkt

P.R.I.M.E. Response betrachtet Gewalt nicht als rein körperliches Phänomen – sondern als Ausdruck von Macht, Angst, Unsicherheit oder sozialer Dynamik. Deshalb steht im Zentrum des Systems nicht die Technik, sondern der Mensch. Mit all seinen Stärken, Zweifeln, Grenzen und Entwicklungsmöglichkeiten.

Das Training fördert:
- Selbstbewusstsein
- Entscheidungsstärke

- Körperbewusstsein
- innere Klarheit

P.R.I.M.E. Response wirkt deshalb weit über die Selbstschutzsituation hinaus. Es stärkt Menschen in ihrem Alltag, in ihrer Kommunikation, in ihrer Ausstrahlung – und manchmal auch in ihrer Biografie.

Der methodische Aufbau

Das Training in P.R.I.M.E. Response folgt einem klar strukturierten Aufbau. Jede Einheit orientiert sich an einem der fünf Hauptkomponenten (P.R.I.M.E.), kombiniert mit einem oder mehreren körperlichen Tools. Die Verbindung von mentaler Reflexion, körperlicher Übung und situativem Denken steht dabei im Mittelpunkt.
So entsteht ein ganzheitlicher Lernprozess – kognitiv, emotional, körperlich. Und genau das macht das System nachhaltig.

Die Vision: Selbstschutz als Lebenspraxis

P.R.I.M.E. Response ist mehr als ein Trainingssystem. Es ist eine Haltung. Eine Praxis. Eine Einladung, das eigene Leben bewusst zu gestalten – mit Klarheit, mit Verantwortung, mit Stärke.

Wer dieses System trainiert, lernt nicht nur, sich zu wehren. Sondern auch, Position zu beziehen. Grenzen zu setzen. Sich selbst ernst zu nehmen.

In einer Zeit, in der Gewalt oft unvorhersehbar, diffus oder strukturell ist, braucht es keine Superhelden. Es braucht Menschen, die bereit sind, sich selbst zu führen. Genau das ist das Ziel von P.R.I.M.E. Response.

Die Idee hinter P.R.I.M.E. Response

Vielleicht hast Du schon lange trainiert. Vielleicht hast Du gerade erst begonnen, Dich für Kampfkunst zu interessieren. Vielleicht bist Du durch einen Vorfall wachgerüttelt worden – ein Erlebnis, das Dir gezeigt hat, dass es mehr braucht als körperliche Fitness, um sich sicher zu fühlen. Egal, wie Du hierhergekommen bist: Diese Frage stellt sich früher oder später jedem ernsthaft Übenden – bewusst oder unbewusst.

Was ist das hier eigentlich, was ich da trainiere?

Kampfkunst – ein Wort, das Ehrfurcht auslöst, Fantasie weckt und nicht selten auch zu Missverständnissen führt. In vielen Köpfen vermischt sich das Bild eines weisen Meisters mit langen Gewändern, spektakulären Bewegungen, Disziplin, Philosophie – vielleicht auch mit einem Hauch Mystik. Andere denken sofort an Wettkämpfe, Regeln, Medaillen. Und dann gibt es die, für die „Kampfkunst" einfach nur eine coole Art ist, sich zu prügeln – legal, mit Handschuhen.

Doch was ist Kampfkunst wirklich? Was bleibt, wenn man die Shows, die Gürtel, die Rituale, das Ego, die Vereinsstruktur und den sportlichen Vergleich einmal beiseite lässt?

Worum ging es ursprünglich – und worum sollte es heute wieder gehen? In diesem Kapitel wirst Du nicht nur den historischen Bogen nachvollziehen können – von den ersten archaischen Auseinandersetzungen über militärische Ausbildungssysteme bis hin zur Verfeinerung als kulturelle Kunstform. Vielmehr lade ich Dich ein, gemeinsam mit mir einen Blick unter die Oberfläche zu werfen. Denn was wir heute unter Kampfkunst verstehen, ist in vielen Fällen ein Produkt der Moderne – oft geprägt von Anpassung an Sportregeln, an Sehgewohnheiten und an wirtschaftliche Interessen.

Ich halte es für wichtig, diese Entwicklung zu verstehen – nicht, um sie zu verurteilen, sondern um zu erkennen, wo sich die Wege vielleicht zu weit vom Ursprung entfernt haben. Denn sobald der Bezug zur Realität verloren geht, wird Kampfkunst zur Bewegungskunst. Sobald Techniken nur noch dem ästhetischen Eindruck dienen, verlieren sie ihre ursprüngliche Bedeutung. Und sobald Disziplin zum Selbstzweck wird, geht der Bezug zur Freiheit verloren, die echter Selbstschutz eigentlich ermöglichen soll.

P.R.I.M.E. Response basiert nicht auf einer romantisierten Vorstellung von Kampf, sondern auf der nüchternen

Frage:
Was brauchst Du wirklich, um klar, handlungsfähig und sicher zu bleiben –
auch unter Druck?

Die fünf Säulen von P.R.I.M.E. Response

P.R.I.M.E. Response ist mehr als ein Selbstschutzsystem. Es ist ein
Prinzipienmodell, das Klarheit in Situationen bringt, in denen Kontrolle und
Sicherheit zu kippen drohen. Es stellt nicht die Technik in den Mittelpunkt,
sondern den Menschen – mit seiner Haltung, seiner Wahrnehmung, seiner
Fähigkeit, in entscheidenden Momenten bewusst zu handeln.

Die fünf Säulen von P.R.I.M.E. Response – Prinzipien, Resilienz, Intention,
Mindset und Einsatz – bilden das Fundament dieses Systems. Sie sind keine
aufgesetzten Konzepte, sondern gelebte Orientierungspunkte. Jede dieser
Säulen steht für eine essentielle Dimension von Selbstschutz: körperlich,
mental, emotional und sozial.

Wer P.R.I.M.E. Response trainiert, lernt nicht nur, sich zu verteidigen. Er lernt,
in sich selbst sicher zu stehen, Entscheidungen klar zu treffen, Verantwortung
zu übernehmen – und in kritischen Momenten nicht nur zu reagieren, sondern
zu führen. Die fünf Säulen geben diesem Prozess Struktur, Tiefe und Richtung.

Dieses Kapitel beleuchtet jede dieser Säulen im Einzelnen – nicht als Theorie,
sondern als praxisnahe Grundlage für ein Selbstschutzkonzept, das weit über
den physischen Raum hinausgeht. Denn Sicherheit beginnt nicht mit dem
Schlag. Sondern mit innerer Stabilität.

Prinzipien – Handeln mit Struktur

Wer sich verteidigen will, braucht kein Repertoire an hundert Techniken. Was
es braucht, sind klare, verlässliche Prinzipien. Prinzipien strukturieren
Handeln. Sie geben Orientierung im Chaos, reduzieren Komplexität und
schaffen Handlungssicherheit – selbst unter Stress, Adrenalin und
Unsicherheit. In P.R.I.M.E. Response bilden Prinzipien das Fundament. Ohne

sie wäre das System beliebig, reaktiv und anfällig. Mit ihnen wird es präzise, robust und anpassungsfähig.

Prinzipien sind keine Dogmen. Sie sind wie Leitplanken auf einer Straße – sie schränken nicht ein, sondern sorgen dafür, dass man nicht aus der Kurve fliegt. Sie machen aus Bewegung Taktik. Aus Reaktion Entscheidung. Aus Chaos Struktur.

In diesem Kapitel geht es um genau diese Grundlage: Was bedeutet es, nach Prinzipien zu handeln? Welche taktischen und biomechanischen Prinzipien stehen im Zentrum von P.R.I.M.E. Response? Und warum ist ihr Verständnis entscheidender als jede Technik?

Was ist ein Prinzip?

Ein Prinzip ist eine übergeordnete Regel, die unabhängig von Situation oder Technik Gültigkeit besitzt. Es beschreibt das „Wie" und „Warum" hinter dem „Was" – und macht Handlung nachvollziehbar, wiederholbar und übertragbar.

Beispiel:
Eine Technik mag lauten: „Schlag mit dem Handballen."
Ein dahinterliegendes Prinzip lautet: „Verwende grobmotorische Bewegungen mit biomechanischem Vorteil."

Ein weiteres Prinzip: „Arbeite entlang der Linie der geringsten Gegenwehr."
Wer die Technik vergisst, verliert sie.

Wer das Prinzip verstanden hat, kann improvisieren – und bleibt handlungsfähig.

Der Nutzen prinzipienbasierten Handelns
1. **Stressresistenz:** Unter Adrenalin fällt es schwer, an spezifische Techniken zu denken. Prinzipien sind kürzer, klarer, greifbarer.
2. **Anpassungsfähigkeit:** Situationen ändern sich ständig. Wer nur Techniken kennt, scheitert an Abweichungen. Wer Prinzipien versteht, kann variieren und anpassen.

3. **Lernökonomie:** Statt hundert Bewegungen auswendig zu lernen, reichen fünf bis sieben Prinzipien – und ein Körper, der sie verkörpert.
4. **Systematische Entwicklung:** Prinzipien ermöglichen strukturierte Ausbildung und gezielte Reflexion. Sie geben dem System Tiefe und Verlässlichkeit.

Taktische Prinzipien: Denken in Handlung

Taktische Prinzipien strukturieren das Verhalten in der Konfrontation. Sie betreffen Zeit, Raum, Initiative, Zielwahl und Entscheidungslogik.

Attack the Attacker – Don't block – destroy

Im P.R.I.M.E. Response wird keine Zeit mit Armschach vergeudet. Die Aufmerksamkeit gilt dem Angreifer – nicht seinen Gliedmaßen. Ziel ist nicht das Blockieren, sondern das Stoppen der Bedrohung. Die Initiative liegt bei der verteidigenden Person. Verteidigung ist Angriff – entschlossen, direkt, kontrolliert.

Beispiel:

Statt einen Schlag zu blocken und dann zu kontern, wird direkt beim Auftakt des Angriffs in den Raum des Gegners eingedrungen – etwa durch einen Palmstrike gegen Kopf oder Brustbein.

Fight or Flight – Klare Entscheidung

Nicht jede Situation muss körperlich gelöst werden. Taktisches Prinzip heißt auch: Erst entscheiden – dann handeln. Wenn Flucht möglich ist, hat sie Vorrang. Ist Handlung nötig, dann kompromisslos.

Beispiel:

In einer Konfrontation mit einem bewaffneten Täter lautet die Priorität: Distanz schaffen, Deckung suchen, Hilfe rufen – nicht kämpfen.

Beende die Situation – nicht den Gegner

Das Ziel ist nie die Bestrafung des Angreifers, sondern die Beendigung der Bedrohung. Das unterscheidet P.R.I.M.E. Response von vielen Kampfsportarten. Die Frage ist nicht: „Wie kann ich gewinnen?", sondern: „Wie komme ich sicher aus dieser Situation?"

Nutze Überraschung und Entschlossenheit

Initiative, Entschlossenheit und das Prinzip der Überwältigung sind taktisch zentral. Wer schnell, klar und mit Ziel agiert, durchbricht den Angriffsplan des Gegenübers.
Beispiel:

Ein plötzlicher, kompromissloser Frontkick mit verbalem Kommando kann einen Aggressor aus dem Konzept bringen und Raum für Flucht schaffen.

Biomechanische Prinzipien: Körperlogik nutzen

Biomechanische Prinzipien beziehen sich auf die natürlichen Bewegungsmöglichkeiten des Körpers. Sie sorgen dafür, dass Bewegungen stabil, kraftvoll und effizient sind – und auch unter Belastung funktionieren.

Arbeite entlang stabiler Achsen

Bewegungen werden entlang der Körperachsen geführt – mit Struktur, nicht mit Muskelkraft. Der Körper bleibt zentriert, das Gewicht kontrolliert.
Beispiel:

Der Palmstrike folgt einer geraden Linie aus der Körpermitte. Das Standbein bleibt stabil. Der Druck kommt aus der Hüfte, nicht aus dem Arm.

Bewegung kommt aus dem Zentrum

Kraft entsteht nicht aus dem Arm, sondern aus der Rotation und dem Vorwärtsschub der Körpermitte. Die Hüfte ist das Kraftzentrum – der Arm nur Überträger.

Beispiel:

Beim Hammerfist sorgt ein kurzer Hüftimpuls für Dynamik. Die Schulter bleibt tief, der Arm entspannt, die Bewegung grobmotorisch.

Nutze Grobmotorik

Unter Stress versagt Feinmotorik. Deshalb basiert P.R.I.M.E. Response auf großräumigen, klaren Bewegungen – keine Fingergriffe, keine Hebel, keine filigranen Bewegungen.

Beispiel:

Statt eine Handgelenksbefreiung mit komplizierter Technik anzuwenden, wird ein Ellenbogenschlag mit Körperschub ausgeführt – kraftvoll, instinktiv, direkt.

Vermeide Kollision – nutze Umleitung

Wo Spannung auf Spannung trifft, gewinnt meist der Stärkere. Deshalb arbeitet P.R.I.M.E. Response mit Umlenken, Abgleiten, Schieben – statt mit Blockieren.

Beispiel:

Ein Angriffsarm wird nicht gestoppt, sondern mit leichtem Kontakt über die eigene Schulter hinweggeführt – während der Gegenschlag gleichzeitig erfolgt.

Ketten statt Einzelschläge

Bewegungen sind Glieder einer Kette. Jeder Impuls führt zum nächsten. Stoppende Bewegungen sind nur dann sinnvoll, wenn sie entscheidend sind. Ansonsten gilt: Fluss erhalten.

Beispiel:

Ein Palmstrike wird direkt mit einem Knee kombiniert – der Körper bleibt in Bewegung, der Angreifer unter Druck.

Prinzipien sind Haltung in Bewegung

Prinzipien sind mehr als Handlungsregeln. Sie sind Ausdruck von Haltung. Wer mit Struktur handelt, handelt nicht nur effektiver – sondern auch mit Bewusstsein. Es geht nicht um Härte, sondern um Klarheit. Nicht um Dominanz, sondern um Entscheidungsstärke.

P.R.I.M.E. Response lehrt nicht, wie man kämpft. Sondern wie man in kritischen Momenten klar bleibt, sich schützt und konsequent entscheidet. Prinzipien sind der Boden, auf dem diese Fähigkeit wächst.

Resilienz – Widerstand durch Klarheit

In Gefahrensituationen entscheidet nicht die Technik. Nicht die Muskelkraft. Nicht das Wissen. Sondern die Fähigkeit, in der Spannung des Moments handlungsfähig zu bleiben. Diese Fähigkeit heißt Resilienz – die psychophysische Widerstandskraft, in Drucksituationen klar zu bleiben, Entscheidungen zu treffen und sich selbst nicht zu verlieren.

Resilienz ist kein Talent. Sie ist keine Frage von Charakter oder Härte. Sie ist trainierbar. Und sie ist essenziell – nicht nur im Selbstschutz, sondern im Leben. Denn wer nicht mit Angst, Unsicherheit oder Kontrollverlust umgehen kann, ist anfällig – körperlich, emotional, mental.

In P.R.I.M.E. Response ist Resilienz eine der tragenden Säulen. Sie ist das Bindeglied zwischen innerer Klarheit und äußerem Handeln. Zwischen Wahrnehmung und Reaktion. Zwischen Reiz und Antwort. Wer resilient ist, gerät nicht in Panik – sondern bleibt präsent. Wer resilient ist, handelt nicht reflexhaft – sondern bewusst. Resilienz ist Widerstandsfähigkeit durch Selbststeuerung. Und sie beginnt im Nervensystem.

Was ist Resilienz?

Resilienz bezeichnet die Fähigkeit, auf Belastung flexibel und stabil zu reagieren – also trotz Stress, Druck oder Gefahr die eigene Integrität zu wahren. Dabei geht es nicht um Unverletzlichkeit, sondern um die Kompetenz, sich nicht lähmen zu lassen, mit Adrenalin umzugehen und in kritischen Situationen Zugriff auf die eigenen Ressourcen zu behalten.

Resilienz im P.R.I.M.E. Response bedeutet:
- in der Spannung nicht in Erstarrung zu fallen
- bei Druck nicht blind zu explodieren
- bei Unsicherheit nicht zu zerfallen
- sondern die innere Ordnung zu halten – und von dort aus zu handeln

Das autonome Nervensystem: Der Körper als Entscheidungsträger

Im Zentrum jeder Stressreaktion steht das autonome Nervensystem – der Teil des Nervensystems, der unbewusst Körperprozesse steuert: Atmung, Herzfrequenz, Muskeltonus, Verdauung. Besonders relevant sind hier der sympathische und der parasympathische Zweig:
- Der sympathische Nerv aktiviert den Körper: Kampf, Flucht, Alarmbereitschaft
- Der parasympathische Nerv reguliert Ruhe, Regeneration, Verdauung

In Gefahrensituationen wird der Sympathikus aktiviert – der Körper geht in den Modus „Fight, Flight oder Freeze". Herzschlag und Atmung steigen, Muskelspannung erhöht sich, die Blutversorgung wird umverteilt. Der Körper stellt Energie bereit – doch er schränkt auch ein: Feinmotorik, rationales Denken und Impulskontrolle sinken rapide.

Ein Mensch in maximalem Stress verliert nicht nur die Übersicht – sondern oft auch die Kontrolle über Sprache, Haltung und Entscheidungskraft. Resilienz bedeutet daher, die Regulation des Nervensystems zu verstehen und beeinflussen zu können. Wer das Nervensystem steuern kann, kann sich selbst steuern. Und wer sich selbst steuern kann, bleibt handlungsfähig.

Stressverhalten verstehen: Die drei Überlebensstrategien

Der Körper kennt drei Hauptreaktionen auf akute Bedrohung – evolutionär tief verankert:

1. **Flight – Flucht**
   Der Körper versucht, der Gefahr zu entkommen. Herzfrequenz steigt, Beine werden aktiv, Blick sucht Auswege. Flucht ist oft sinnvoll – aber nur, wenn der Ausweg realistisch ist.

2. **Fight – Kampf**
   Wenn Flucht nicht möglich ist, mobilisiert der Körper Energie für den Angriff. Muskelspannung, Aggression, Explosivität steigen. Wer hier nicht reguliert, riskiert unkontrollierbare Gewalt oder Blockade durch Übererregung.

3. **Freeze – Erstarrung**
   Wenn weder Flucht noch Kampf möglich erscheint, fällt der Körper in den Zustand der Immobilität. Herzschlag und Atmung sinken, Muskeln werden starr, Handlung blockiert. Dies ist eine Überlebensstrategie – aber gefährlich im Selbstschutz.

Zentrale Aufgabe im Training:

Diese Zustände frühzeitig erkennen, bewusst durchbrechen und eine regulierte Handlungskompetenz aufbauen.

Die Kraft der Klarheit: Wie Resilienz Handlungsfähigkeit erzeugt

Resilienz ist nicht das Gegenteil von Angst – sondern der bewusste Umgang mit ihr. Angst ist nicht das Problem. Der Kontrollverlust über sich selbst ist es.

Resiliente Menschen...
- nehmen den Stress wahr, ohne davon überflutet zu werden
- spüren den Druck, aber identifizieren sich nicht mit ihm
- erleben Körperreaktionen, behalten aber Zugriff auf Entscheidung und Handlung

Das gelingt durch Selbstwahrnehmung, Atmung, mentale Klarheit – und durch das Vertrauen in die eigene Fähigkeit, auch in Ausnahmesituationen präsent zu bleiben.

P.R.I.M.E. Response trainiert diese Klarheit nicht nebenbei – sie ist integraler Bestandteil jeder Technik, jedes Szenarios, jedes Drills. Denn ohne Klarheit bleibt nur Reaktion. Mit Klarheit entsteht Entscheidung.

Wege zur Resilienz: Was das Training leisten muss

Resilienz ist keine Theorie. Sie entsteht durch Erleben, durch Steuerung, durch Wiederholung. Deshalb integriert P.R.I.M.E. Response konkrete Werkzeuge, um das Nervensystem zu regulieren und die Handlungsfähigkeit unter Stress zu bewahren:

Atmung als Anker

Die Atmung ist der direkteste Zugang zum Nervensystem. Wer in der Spannung bewusst ausatmen kann, unterbricht die Stressspirale. Kurze Atemdrills vor, während und nach der Konfrontation lehren den Körper, nicht zu kollabieren – sondern zentriert zu bleiben.

Beispielübung:

4 Sekunden einatmen – 6 Sekunden ausatmen – 3 Sekunden Pause. 5 Runden. Ergebnis: Senkung der Erregung, Rückkehr zur Steuerbarkeit.

Körperstruktur aufbauen

Ein stabiler Stand, zentrierte Ausrichtung und gespürte Erdung helfen, den Körper trotz Adrenalin in funktionaler Ordnung zu halten. Kein aufrechter Kampf ohne aufrechten Stand.

Beispiel:

Der „Standpunkt" als zentrierte Position, aus der heraus Handlung möglich wird. Resilienz beginnt bei den Füßen – nicht im Kopf.

Achtsamkeitsbasierte Reflexion

Zwischen den Trainingsimpulsen braucht es Raum zur Integration: „Was habe ich gespürt? Wo war ich in mir – wo draußen?" Wer sich selbst wahrnimmt, erkennt frühzeitig Disregulation – und kann gegensteuern.

Stressszenarien mit zunehmender Intensität

Resilienz entsteht im kontrollierten Kontakt mit Spannung. Deshalb werden im P.R.I.M.E. Training Stresssituationen gezielt aufgebaut – aber immer mit Fokus auf Steuerbarkeit. Ziel: Der Körper lernt, dass er unter Druck nicht zerbricht – sondern trägt.

Beispiel:

Konfrontationsdrill mit verbaler Eskalation, Lichtreiz, Entscheidungsdruck – aber mit Nachbesprechung und körperlicher Reorientierung.

Resilienz ist die Brücke zwischen Innen und Außen

Ein Mensch kann äußerlich stark wirken – doch wenn das Nervensystem kollabiert, ist keine Technik mehr abrufbar. Resilienz schafft diese Brücke: zwischen innerer Ordnung und äußerer Durchsetzungskraft. Zwischen psychischer Stabilität und physischer Effizienz.
Sie zeigt sich nicht nur im Konflikt – sondern auch in der Rückkehr daraus. Wer resilient ist, bleibt nicht im Erlebten stecken. Er kann sich neu ausrichten, aus der Erfahrung lernen und wieder aufrichten.

Stabilität ist kein Zufall – sie ist Haltung in Bewegung

Resilienz ist keine starre Mauer. Sie ist ein flexibles, lebendiges System aus Wahrnehmung, Regulation und Handlungsfähigkeit. In P.R.I.M.E. Response ist sie nicht Beiwerk – sondern das unsichtbare Rückgrat des gesamten Konzepts. Ohne Resilienz gibt es keine Kontrolle. Und ohne Kontrolle keine Sicherheit.

Ein Faluststoß kann gelernt werden. Eine Abwehrtechnik kann geübt werden. Aber erst mit Resilienz wird der Körper zum Ort der Handlung – statt zum Ort der Erstarrung. Und genau darin liegt die wahre Stärke: nicht in der Härte – sondern in der Fähigkeit, in der Welle stehen zu bleiben, wenn andere längst untergetaucht sind.

Intention – Der bewusste Entschluss

In der entscheidenden Sekunde zählt nicht, wie viele Techniken jemand kennt. Auch nicht, wie stark oder schnell er ist. Sondern ob er bereit ist. Ob er innerlich Ja sagt. Ob er im Moment der Gefahr nicht zögert, nicht verhandelt, nicht analysiert – sondern handelt. Dieser Unterschied macht den Unterschied. Er heißt: Intention.

Intention ist mehr als Absicht. Sie ist mehr als Hoffnung. Sie ist der bewusste Entschluss, sich selbst zu schützen – konsequent, zielgerichtet, kompromisslos. Sie ist die Brücke zwischen innerer Haltung und äußerer Handlung. Zwischen Wahrnehmung und Wirksamkeit. Intention ist die erste Kraft in der Kette der Selbstbehauptung.

Im P.R.I.M.E. Response System ist sie deshalb eine zentrale Säule. Denn ohne klare Intention bleibt jede Technik leer. Ohne entschlossene Zielgerichtetheit ist jede Bewegung wacklig. Und ohne inneres Ja zur Verteidigung kann aus der besten Vorbereitung ein gefährliches Zögern werden.

Was ist Intention?

Im Wortsinn bedeutet „Intention" das Ausrichten auf ein Ziel, das Hineingehen in eine Richtung. Es ist die bewusste Entscheidung, sich einer Handlung zu verschreiben – mit ganzer Präsenz. In der Selbstschutzpraxis beschreibt Intention die mentale Ausrichtung, mit der ich mich einer Bedrohung stelle. Sie ist das innere Kommando, das den Körper aktiviert, die Technik fokussiert und das Nervensystem bündelt.

Intention ist:
- der Moment, in dem innerlich entschieden ist, was zu tun ist
- die Richtung, in die alle Ressourcen gelenkt werden

- der psychophysische Fokus auf Schutz, Klarheit und Entschlossenheit

Intention ist kein vager Gedanke. Sie ist konkret. Sie ist spürbar. Und sie macht den Unterschied zwischen Aktion und Reaktion – zwischen Präsenz und Ohnmacht.

Die Entscheidung vor der Entscheidung

Wer sich verteidigen will, muss sich **vorher** entscheiden. Nicht erst, wenn die Situation eskaliert. Nicht erst, wenn der Schlag kommt. Sondern weit vorher – innerlich. Denn im Ernstfall ist keine Zeit mehr für Analyse. Keine Zeit für Zweifel. Keine Zeit für „Was, wenn...?".

Das bedeutet konkret:

Bereits vor dem Ernstfall muss ich meine Haltung klären. Bin ich bereit, mich zu verteidigen – und wenn ja: mit welcher Konsequenz? Was bin ich bereit zu tun, um mich oder andere zu schützen? Wo ist meine Grenze? Und wo überschreite ich sie, wenn es nötig ist?

Diese innere Vorentscheidung erzeugt Klarheit. Und diese Klarheit ermöglicht Handlung.

Intention beginnt im Geist – aber zeigt sich im Körper

Ob jemand eine klare Intention hat, erkennt man sofort: an der Haltung, am Blick, am Atem, an der Körperspannung. Der Körper folgt dem Geist. Eine Person mit klarer Intention wirkt nicht aggressiv – aber unmissverständlich. Sie sendet ein deutliches Signal: „Bis hierhin – und keinen Schritt weiter."

In P.R.I.M.E. Response lehren wir nicht nur Bewegungen – sondern das Verkörpern der Intention. Denn nur wenn Körper, Geist und Nervensystem in einer Richtung arbeiten, entsteht die Handlungskraft, die in Bedrohungssituationen zählt.

Typische Merkmale körperlich verkörperter Intention:
- aufrechter, zentrierter Stand

- direkter, wacher Blick
- klare Stimme
- kontrollierter Atem
- ökonomische, präzise Bewegung

Diese Präsenz ist spürbar – für uns selbst und für andere. Sie kann deeskalierend wirken, weil sie Souveränität ausstrahlt. Oder, wenn nötig, eskalierend wirksam werden – weil sie durchsetzungsstark ist.

Zielklarheit: Der Punkt, auf den sich alles richtet

Intention braucht ein Ziel. Kein vages „Ich will hier irgendwie raus" – sondern ein klares „Ich bringe mich in Sicherheit". Im P.R.I.M.E. Kontext bedeutet Zielklarheit:
- Ich weiß, was ich schützen will: mich, meine Familie, meine Freiheit
- Ich weiß, was ich erreichen will: Distanz schaffen, Flucht ermöglichen, Kontrolle zurückgewinnen
- Ich weiß, was ich dafür tun werde: handeln – nicht erstarren

Diese Zielklarheit wird im Training immer wieder betont: durch Szenarien, Entscheidungsmomente, Situationswechsel. Es geht darum, in Bewegung zu denken – also nicht nur Technik, sondern Handlungsketten zu trainieren: von Wahrnehmung → Intention → Entscheidung → Umsetzung → Exit.

Entscheidungskraft: Die Qualität des inneren Ja

Viele Menschen scheitern im Ernstfall nicht an der Technik – sondern am inneren Konflikt: „Darf ich das tun?", „Ist das nicht zu viel?", „Was, wenn ich überreagiere?" Diese Fragen sind verständlich – aber gefährlich. Denn sie lähmen.

Deshalb gehört zur Intention auch die innere Legitimation, sich selbst mit Klarheit zu schützen. Die Entscheidungskraft besteht nicht im Kampf gegen den Angreifer – sondern im Kampf gegen den inneren Zweifel.

P.R.I.M.E. Response arbeitet hier mit inneren Übungen:
- **Werteklärung:** Wofür stehe ich? Was ist mir schützenswert?

- **Grenzarbeit:** Was ist meine rote Linie – körperlich, emotional, moralisch?
- **Erlaubnis:** Darf ich stark sein? Darf ich mich durchsetzen? Darf ich handeln, auch wenn es wehtut?

Wer diese Fragen beantwortet hat, wird im Ernstfall nicht zögern. Denn die Entscheidung ist längst getroffen.

Mentale Ausrichtung: Fokus unter Druck

Die beste Intention nutzt nichts, wenn sie unter Druck zerfällt. Deshalb ist ein zentraler Aspekt der P.R.I.M.E. Arbeit: mentale Ausrichtung unter Stress. Der Geist muss trotz Adrenalin klar bleiben. Die Aufmerksamkeit darf nicht zerstreut werden – sondern muss gebündelt sein auf das, was jetzt zählt.

Dafür nutzen wir folgende Prinzipien:
- **Tunnelblick auflösen:** Durch Bewegung, Atmung, Blickführung
- **Mentale Zielmarken setzen:** „Ich bringe mich hier raus – mit Klarheit und Kontrolle."
- **Selbstgespräche als Fokusanker:** „Jetzt." „Klar bleiben." „Ich schütze mich."

Diese Art des Denkens ist kein Zufall. Sie wird im Training gezielt eingebaut – bis sie automatisiert ist. Denn unter Stress greift der Mensch auf das zurück, was er verinnerlicht hat. Mentale Klarheit ist eine Frage der Vorbereitung.

Vom Entschluss zur Handlung: Die energetische Umsetzung

Wenn Intention klar ist, fließt Energie. Die Bewegung wird zielgerichtet, ökonomisch, kraftvoll. Intention führt den Körper. In der Praxis heißt das:
- Der Schlag wird nicht „versucht", sondern ausgeführt.
- Die Abwehr wird nicht „getestet", sondern gesetzt.
- Die Stimme wird nicht „erhoben", sondern platziert.

Diese energetische Umsetzung von Intention unterscheidet P.R.I.M.E. Response von vielen Systemen: Es geht nicht um Bewegung – sondern um

Entscheidung in Bewegung. Der Körper wird zum Ausdruck des inneren Entschlusses.

Intention ist der Anfang von allem

Im Zentrum jeder Handlung steht eine Entscheidung. Intention ist der Moment, in dem Du zu Dir selbst sagst: Ich werde handeln. Ich werde schützen. Ich werde stehen. Alles Weitere folgt diesem Entschluss. Technik, Haltung, Stimme, Ausstrahlung – sie sind Werkzeuge. Die Intention ist der Zünder.

Ohne Intention wird Selbstschutz zur Technikshow. Mit Intention wird er zur Haltung. Genau das ist das Ziel von P.R.I.M.E. Response: nicht nur zu trainieren, wie man sich bewegt – sondern zu verankern, warum man handelt. Denn wer weiß, warum er steht, fällt nicht – selbst im Sturm.

Mindset – Die Führung durch den Geist

Wenn der Körper in Gefahr gerät, entscheidet der Geist, was geschieht. Nicht die Muskeln. Nicht die Technik. Sondern das innere Bild von sich selbst, von der Situation – und von dem, was jetzt möglich ist. In einer bedrohlichen Lage kommt es darauf an, ob wir uns selbst führen können, bevor wir etwas oder jemand anderen führen. Dieses innere Führen beginnt mit dem Mindset – der Haltung, mit der wir auf die Welt blicken.

Im P.R.I.M.E. Response System ist das Mindset die erste und wichtigste Ressource. Es ist die innere Grundlage, auf der alles aufbaut. Jede Technik, jede Taktik, jede Entscheidung. Denn ohne ein starkes Mindset wird selbst die beste Verteidigung schwach. Und mit einem klaren, gefestigten Geist kann sogar eine einfache Geste Wirkung entfalten. Mindset ist die geistige Führungskraft – in der Gefahr, im Training, im Alltag.

Was ist Mindset?

„Mindset" meint die innere Ausrichtung, mit der wir Denken, Fühlen und Handeln erleben und gestalten. Es ist das mentale Betriebssystem, das im Hintergrund mitläuft – und in Stresssituationen in den Vordergrund tritt. Es entscheidet, ob wir kämpfen oder erstarren, ob wir klar bleiben oder kollabieren, ob wir Opfer oder Akteur sind.

Im Kontext von P.R.I.M.E. Response ist das Mindset kein esoterisches Konstrukt, sondern ein hochpraktisches Werkzeug: Es wird gezielt trainiert, geschult und kultiviert – als Basis für Selbstschutz und Selbstführung. Ziel ist ein mental gefestigter Zustand, der auch unter Druck handlungsfähig bleibt.

Gedankenlenkung: Klar denken, wenn es zählt

In Gefahrensituationen feuert das Gehirn in Höchstgeschwindigkeit. Der präfrontale Cortex – zuständig für rationales Denken – tritt zurück, das limbische System übernimmt: Kampf, Flucht oder Erstarrung. Genau deshalb ist es entscheidend, vorher zu trainieren, wie man unter Stress denken will.

Gedankenlenkung ist kein spontanes Talent. Es ist ein trainierbares Prinzip. Im P.R.I.M.E. Kontext bedeutet Gedankenlenkung:

- Aufmerksamkeit fokussieren – nicht verlieren
- konstruktive Selbstgespräche führen – statt Angstgedanken kreisen zu lassen
- sich auf das richten, was beeinflusst werden kann – nicht auf das, was lähmt

Ein einfacher, aber wirksamer Satz hilft hier:
„Ich bin hier. Ich bin klar. Ich handle."

Solche inneren Formeln schaffen Orientierung in der inneren Aufruhr. Sie binden die Energie an Handlung – nicht an Panik. Im Training wird dieser Fokus gezielt geschult: durch kurze mentale Drills, durch gezielte Unterbrechung von Gedankenmustern, durch bewusste Steuerung der Aufmerksamkeit.

Emotionsarbeit: Fühlen heißt nicht verlieren

In Stresssituationen ist die emotionale Reaktion meist stärker als jede körperliche. Wut, Angst, Scham, Panik – sie sind real. Und sie sind nicht das Problem.

Problematisch wird es erst, wenn wir keine Werkzeuge haben, mit diesen Emotionen umzugehen.

Deshalb ist Emotionsarbeit eine Kernkompetenz im P.R.I.M.E. Mindset: Es geht nicht darum, Emotionen zu unterdrücken – sondern sie anzunehmen, zu regulieren und zu nutzen. Emotionale Klarheit ist der Schlüssel zur mentalen Stärke.

Dazu gehört:
- Emotionen im Körper wahrzunehmen (Wo spüre ich Angst? Wo sitzt die Wut?)
- sie zu benennen („Ich bin gerade angespannt, weil...")
- sie durch Atmung und Bewegung zu regulieren
- ihnen eine Richtung zu geben: Wut als Schutzenergie, Angst als Warnsignal

Ein zentraler Gedanke in der Emotionsarbeit lautet:
„Emotionen sind Informationen – keine Feinde."
Wer das verinnerlicht, verliert nicht die Kontrolle. Sondern gewinnt Klarheit.

Fokustraining: Der Geist als Brennglas

In einer Gewaltsituation entscheidet oft ein einziger Moment über Sieg oder Niederlage, Schutz oder Schaden. Doch nur wer fokussiert ist, erkennt diesen Moment. Fokustraining bedeutet, die Fähigkeit zu stärken, das Wesentliche zu erkennen und aufrechtzuerhalten – auch wenn das Umfeld chaotisch, laut oder bedrohlich ist.

Im Training nutzen wir dazu gezielte Methoden:
- **Blickführung:** Der Blick als Werkzeug zur Raumkontrolle und als Ausdruck der inneren Klarheit
- **Atemarbeit:** Der Atem als Anker für Präsenz und gegen Stressreaktion
- **Auditives Filtern:** Lernen, Geräusche zu priorisieren (Schritte, Stimmen, Bewegungen)
- **Mentales Screening:** Was passiert in meinem Umfeld – und was ist jetzt entscheidend?

Fokus ist wie ein Muskel. Wird er nicht trainiert, wird er schwach. Wird er gezielt gestärkt, wird er zur Superkraft.

Das P.R.I.M.E. Mindset: Hard Target statt Opferrolle

Ein zentrales Prinzip im P.R.I.M.E. Response ist die innere Haltung eines „Hard Targets" – also eines klaren, entschlossenen und schwer zu manipulierenden Menschen. Dies steht im Kontrast zur Opferrolle, die durch Unsicherheit, Passivität und Unklarheit geprägt ist.

Das Hard Target Mindset zeigt sich durch:
- Körperspannung und Präsenz
- klare Grenzen – auch nonverbal
- aktive Entscheidung statt passive Reaktion
- Selbstachtung – unabhängig vom Verhalten anderer

Diese Haltung wird nicht über Nacht entwickelt. Sie wird durch Training, Reflexion und Konfrontation mit den eigenen Mustern geformt. Im Zentrum steht die Frage:
„Wie möchte ich in kritischen Momenten sein?"

Wer das beantworten kann, formt sich selbst – von innen nach außen.

Mentale Routinen: Das tägliche Training des Geistes

Ein starkes Mindset ist kein Ausnahmezustand – sondern eine gelebte Praxis. Im P.R.I.M.E. System empfehlen wir, mentale Routinen in den Alltag zu integrieren, um die geistige Führungskraft zu stabilisieren. Dazu gehören:
- **Morgenfokus:** 2 Minuten Atemfokus + innere Ausrichtung („Wofür stehe ich heute?")
- **Mentale Wiederholung:** Kurze Visualisierungen von Handlungssicherheit in Stressmomenten
- **Selbstcoaching-Fragen:** „Was brauche ich gerade, um klar zu sein?"
- **Gedankenstop-Technik:** Bei destruktivem Denken bewusst „Stopp" sagen + positiven Satz setzen

Diese kleinen Tools wirken nicht spektakulär. Aber sie wirken dauerhaft. Und sie machen in kritischen Momenten den Unterschied.

Der Geist führt den Körper – immer

In der Kampfkunst heißt es: „Der Geist führt die Technik." Im Selbstschutz gilt das doppelt. Denn wer im Kopf fällt, fällt überall. Wer jedoch im Geist steht, kann auch mit schlichten Mitteln Wirkung entfalten.

Das P.R.I.M.E. Mindset zielt auf genau diesen Zustand: innere Ruhe bei äußerem Sturm – und Handlungsfähigkeit bei innerem Alarm.

Es ist der Weg vom Reagieren zum Agieren. Vom Opfer zum Akteur. Vom Chaos zur Klarheit. Und es beginnt mit einem einzigen Gedanken: „Ich entscheide, wie ich sein will."

Einsatz – Vom Wissen zum Tun

Die beste Technik, das klarste Mindset, die tiefste Erkenntnis – sie nützen nichts, wenn sie nicht umgesetzt werden. In der letzten Säule von P.R.I.M.E. Response geht es um das, worauf alles hinausläuft: Einsatz. Der Moment, in dem aus Wissen Handlung wird. In dem aus innerer Haltung äußere Wirkung entsteht. Und in dem sich zeigt, ob wir bereit sind, für das einzustehen, was uns wichtig ist.

Einsatz bedeutet nicht nur, sich körperlich zur Wehr zu setzen. Es bedeutet vor allem, Verantwortung zu übernehmen für das eigene Handeln – in Konflikten, in Beziehungen, in der eigenen Lebensführung. Der Transfer aus dem Kopf in den Körper, vom Prinzip zur Praxis, ist der entscheidende Schritt. Erst mit ihm wird Selbstschutz zu gelebter Realität.

Warum Wissen nicht reicht

Viele Menschen wissen, was zu tun wäre – aber sie tun es nicht. Sie wissen, dass sie sich klarer abgrenzen müssten. Dass sie aus gefährlichen Situationen früher aussteigen sollten. Dass sie Nein sagen dürften. Doch da ist eine Lücke.

Zwischen Einsicht und Handlung. Zwischen dem, was man sagt – und dem, was man tut.

Diese Lücke ist kein persönliches Versagen, sondern ein strukturelles Phänomen. Sie entsteht, weil der Körper nicht gelernt hat, das zu tun, was der Verstand längst verstanden hat. Und weil Erfahrungen fehlen, die dem System signalisieren: „Du darfst handeln. Du darfst Dich schützen. Du darfst Kraft einsetzen."

Im P.R.I.M.E. Response ist deshalb der Einsatz nicht nur das Ergebnis – er ist ein eigener Trainingsbereich. Er umfasst:
- den körperlichen Transfer (Wie wird aus einem Prinzip eine Bewegung?)
- den mentalen Transfer (Wie wird aus Klarheit Handlungskraft?)
- den emotionalen Transfer (Wie gehe ich mit innerem Widerstand gegen Handeln um?)
- den sozialen Transfer (Wie bringe ich Selbstschutz in den Alltag?)

Der körperliche Transfer: Prinzipien in Bewegung bringen

Techniken sind nur dann wirksam, wenn sie durch den Körper laufen. Das bedeutet: Sie müssen verkörpert werden – nicht nur verstanden. In Gefahrensituationen bleibt keine Zeit zum Nachdenken. Der Körper muss wissen, was zu tun ist. Und zwar sofort, ohne Zweifel, ohne Umwege.

Deshalb trainieren wir im P.R.I.M.E. Response keine choreographierten Bewegungsabfolgen, sondern Prinzipien, die sich in unterschiedlichen Kontexten anwenden lassen. Zum Beispiel:
- **Vektorprinzip**: Jede Bewegung folgt einer klaren Linie – zum Beispiel nach vorne, ins Ziel. Keine Spiralen, keine Umwege.
- **Zielorientierung**: Wir treffen nicht den Arm, sondern das System – den Gegner.
- **Biomechanische Effizienz**: Bewegungen nutzen Hebel, Körperachsen und Kettenreaktionen – nicht Kraft gegen Kraft.

Ein Palmstrike, ein Ellbogenschlag oder ein Frontkick sind nicht nur Techniken, sondern Ausdrucksformen von Prinzipien, die durch Training im Körper verankert werden. Wer die Prinzipien verinnerlicht, kann spontan, flexibel und effizient handeln – weil der Körper mitdenkt.

Der mentale Transfer: Die Entscheidung zu handeln

Selbst wenn der Körper vorbereitet ist, braucht es noch einen weiteren Schritt: die mentale Entscheidung, tatsächlich zu handeln. Hier hakt es bei vielen Menschen. Weil sie Angst haben, etwas falsch zu machen. Weil sie zögern, ob Gewalt erlaubt ist. Weil sie innerlich noch diskutieren, während die Situation längst eskaliert.

Deshalb gehört zum Einsatz auch die mentale Schulung:
- Die Entscheidung zu treffen, nicht auf Hilfe zu warten.
- Den eigenen Handlungsspielraum zu akzeptieren – und ihn zu nutzen.
- Die eigenen Grenzen ernst zu nehmen – und zu verteidigen.

Im Training bedeutet das: Szenarien, in denen Entscheidungen getroffen werden müssen. Reflexion, warum manche Entscheidungen schwerfallen. Und Mentales Rehearsal, also das bewusste Durchspielen kritischer Momente – damit der Geist nicht überrascht wird, wenn es ernst wird.

Ein typischer Satz aus dem P.R.I.M.E.-Training lautet:
„Entscheidung schlägt Technik."

Denn wer zögert, verliert Zeit. Und Zeit ist in Gefahrensituationen der entscheidende Faktor.

Der emotionale Transfer: Inneren Widerstand überwinden

Oft ist nicht das äußere Hindernis das Problem – sondern der innere Widerstand. Viele Menschen haben gelernt, sich kleinzumachen. Nett zu sein. Nicht aufzufallen. Bloß keine Wellen zu schlagen. Und genau diese Prägungen tauchen in Gefahrensituationen wieder auf: Man entschuldigt sich, wo man sich schützen sollte. Man lächelt, wo man Stopp sagen müsste.

Der emotionale Transfer besteht darin, diesen Mustern bewusst zu begegnen. Sie zu erkennen – und sie zu verändern. Dafür braucht es:

- Räume, in denen aggressive Energie gefahrlos zugelassen werden darf
- Reflexion darüber, woher der innere Widerstand kommt
- neue Erfahrungen, die das Nervensystem davon überzeugen: „Ich darf handeln."

Ein zentrales Prinzip dabei ist:
„Wut ist nicht das Problem – sondern ihre Unterdrückung."

Denn Wut kann eine Kraftquelle sein. Ein Schutzimpuls. Eine Grenzsetzung. Wenn wir lernen, mit ihr bewusst umzugehen, wird sie zum Verbündeten.

Der soziale Transfer: Vom Training in den Alltag

Die größte Herausforderung liegt oft im Alltag. Denn da gibt es keine klaren Gegner, keine Schlagpolster, keine Kampfansage. Da gibt es subtile Grenzüberschreitungen, verbale Angriffe, manipulative Gespräche. Und genau hier braucht es den Einsatz der Prinzipien – angepasst, dosiert, aber klar.

Das bedeutet zum Beispiel:
- den Fence nicht nur körperlich zu üben, sondern auch verbal („Stopp!")
- das Prinzip „Attack the Attacker" als Gesprächsführung zu verstehen – nicht zu rechtfertigen, sondern zu spiegeln
- das Mindset eines „Hard Target" auch im Beruf zu leben – mit Haltung, Klarheit und Grenzen

P.R.I.M.E. Response ist kein Selbstverteidigungskurs. Es ist eine Haltung, die in jedem Bereich wirkt: im Beruf, in Beziehungen, im öffentlichen Raum. Der Einsatz ist überall möglich – und notwendig.

Einsatz in der Krise: Wenn alles zählt

Krisen sind die Feuerprobe. Situationen, in denen es keine perfekte Lösung gibt. In denen es nur eine Frage gibt: Bin ich bereit, zu handeln – auch wenn ich Angst habe?

In der Krise zeigt sich, ob die Prinzipien verinnerlicht wurden. Ob das Mindset trägt. Ob die Entscheidung gefallen ist. Und ob der Körper bereit ist, dem Geist zu folgen.

Der Einsatz in der Krise bedeutet:

- bei Bedrohung die Verantwortung zu übernehmen – nicht die Schuld zu suchen
- klar zu bleiben, auch wenn das Herz rast
- für andere da zu sein – aber sich selbst nicht zu verlieren

Hier wird P.R.I.M.E. Response zur Lebensschule. Weil es lehrt, dass Einsatz nicht bedeutet, perfekt zu sein. Sondern anwesend, wach, handlungsfähig. In diesem Moment. Jetzt.

Vom Wissen zum Tun – jeden Tag ein bisschen mehr

Der Einsatz ist nicht nur ein Ziel. Er ist ein Weg. Ein Prozess. Eine tägliche Entscheidung. Für Klarheit. Für Haltung. Für Handlungsfähigkeit. Er beginnt nicht mit der Eskalation – sondern im Alltag. Beim klaren Nein. Beim geraden Gang. Beim Blick, der sagt: Ich sehe dich. Aber ich sehe auch mich.

P.R.I.M.E. Response lebt vom Einsatz. Und Einsatz bedeutet:
Ich übernehme Verantwortung für mein Handeln.

Nicht später. Nicht perfekt. Sondern jetzt.

Realität statt Romantik

Ein Kampf – und damit meinen wir im P.R.I.M.E. Response eine reale Selbstschutzsituation – ist weder romantisch noch heldenhaft. Das, was uns Filme, Social Media oder YouTube oft suggerieren, ist eine Illusion. Die Realität ist anders: Ein Kampf ist chaotisch, brutal und unvorhersehbar. Wer einmal echte Gewalt erlebt hat, weiß: Es gibt darin keine Heldenpose. Nur Überforderung – oder Handlung.

Der einzige Weg durch dieses Chaos ist Struktur. In unserem System geben die Prinzipien den Rahmen, um im Unklaren klar zu handeln. Sie helfen Dir,

Druck aufzubauen, Räume zu schaffen und Wirkung zu erzielen – auch wenn alles in Dir schreit, stehenzubleiben oder wegzulaufen.
Und ja: Diese Struktur braucht im Ernstfall auch rücksichtslose Klarheit in der Anwendung von Gewalt. Denn wer nur zögert, wird überrollt.

Doch genau hier beginnt die wahre Herausforderung: Gewalt nicht nur ausüben können, sondern sie auch zu beherrschen. Zu wissen, wann sie notwendig ist, wie viel davon gebraucht wird – und vor allem, wann sie beendet werden muss.

Viele Menschen wachsen behütet auf, ohne je mit echter Gewalt konfrontiert zu sein – was ein großes Glück ist. Doch genau das führt auch dazu, dass viele sich nicht einmal vorstellen können, was Gewalt bedeutet – und im Ernstfall völlig überfordert sind.

Deshalb führen wir im P.R.I.M.E. Response unsere Teilnehmenden behutsam und kontrolliert an dieses Thema heran – sowohl in der Theorie als auch in der Praxis. Wir arbeiten mit klar strukturierten Partnerübungen, mit gezielten Stressdrills – und für Fortgeschrittene auch mit Sparring. Nicht, um zu traumatisieren. Sondern um vorzubereiten.

Ein zentrales Element dabei ist die Auseinandersetzung mit der eigenen Angst. Wer seine Angst kennt, kann sie führen. Wer ihr ausweicht, bleibt ihr unterlegen.
Und genau hier entsteht der eigentliche Wert unseres Trainings: Nicht nur die Fähigkeit, sich im Ernstfall zu verteidigen. Sondern auch die Kraft, im Alltag klarer für sich einzustehen.

P.R.I.M.E. Response formt keine Kämpfer – sondern aufrechte, präsente   Menschen.

Menschen, die durch ihre Ausstrahlung deeskalieren können. Und die, wenn Deeskalation nicht möglich ist, bereit sind, sich klar zu behaupten – körperlich wie geistig.

Das ist der Grund, warum P.R.I.M.E. Response mehr ist als ein effektives Selbstschutzsystem:

Es ist eine Lebensschule. Für Klarheit. Für Präsenz. Für Verantwortung.
Neuro-Linguistisches Programmieren als Schlüssel zur inneren Stärke und wirksamen Vermittlung

P.R.I.M.E. Response ist mehr als ein Selbstschutzsystem. Es ist ein Weg der bewussten Selbstbehauptung – getragen von innerer Klarheit, ethischer Entschlossenheit und körperlicher Wirksamkeit. Um diesen Weg für Lernende nachvollziehbar und tief verankerbar zu machen, braucht es mehr als Techniktraining. Es braucht Zugang zu den psychologischen Prozessen, die in Bedrohungssituationen aktiv sind – und zu den Ressourcen, die Menschen in ihre Kraft bringen. Hier bietet das Neuro-Linguistische Programmieren (NLP) einen kraftvollen Werkzeugkoffer.

NLP ist keine Theorie über Sprache oder Verhalten – sondern eine Methode zur Veränderung innerer Zustände, zur gezielten Einflussnahme auf Denkprozesse und zur bewussten Gestaltung von Wahrnehmung. Es erlaubt, Schutzverhalten nicht nur zu üben, sondern auch mental zu begreifen, emotional zu durchdringen und im Körper zu verankern.

Die Integration von NLP in P.R.I.M.E. Response öffnet eine neue Dimension: aus einem System der Reaktion wird ein Prozess der bewussten Selbstführung. Dieses Kapitel zeigt, wie NLP in jeder der fünf Säulen wirksam integriert werden kann.

NLP und PRINZIPIEN – Was trägt mich?

Die erste Säule von P.R.I.M.E. ist Klarheit über die Prinzipien, die mich leiten. Im Ernstfall treffe ich keine rationalen Entscheidungen mehr – sondern handle nach verinnerlichten Werten und Mustern. NLP hilft, diese Prinzipien auf tiefen Ebenen zu verankern.

Durch das Modell der logischen Ebenen (nach Robert Dilts) lassen sich Prinzipien in Beziehung setzen zu:
- Verhalten („Was tue ich?")
- Fähigkeiten („Wie tue ich es?")

- Werten („Warum tue ich es?")
- Identität („Wer bin ich, wenn ich das tue?")

Ein Prinzip wie „Initiative übernehmen" wird dadurch mehr als eine Taktik. Es wird Teil der eigenen Identität: *„Ich bin jemand, der in Gefahr Klarheit zeigt."*

NLP-Übung im Training:

Teilnehmer benennen ein zentrales Prinzip (z. B. Schutz, Klarheit, Verantwortung) und verorten es auf den logischen Ebenen. Der Trainer führt dann eine kurze Visualisierungsreise durch, bei der das Prinzip symbolisch in das eigene Selbstbild integriert wird – als Farbe, Bild oder Körpergefühl.

So werden Prinzipien zu inneren Orientierungspunkten – abrufbar, auch wenn der Verstand aussetzt.

NLP und RESILIENZ – Was stabilisiert mich?

Resilienz ist die Fähigkeit, unter Druck handlungsfähig zu bleiben. NLP bietet zahlreiche Werkzeuge zur Regulierung von Angst, zur Aktivierung von Ressourcen und zum bewussten Umgang mit inneren Zuständen.

Einer der kraftvollsten Zugänge ist die Arbeit mit Ankern – also die Verknüpfung eines gewünschten inneren Zustands (z. B. Mut, Ruhe, Klarheit) mit einem körperlichen Reiz (Berührung, Bewegung, Geste).

NLP-Übung im Training:

Teilnehmer erinnern sich an eine Situation, in der sie mutig oder entschlossen waren. Während sie in dieses Gefühl eintauchen, wird ein sensorischer Reiz gesetzt (z. B. Faust auf Brustbein, Fingerschnipsen, bewusster Atemzug). Dieser Reiz kann später im Ernstfall genutzt werden, um den Zustand schnell wieder zu aktivieren.

Auch Swish-Techniken oder Future Pacing helfen, die Stressreaktion umzuprogrammieren: Angstbilder werden durch zielgerichtete Handlungsbilder ersetzt. So entsteht ein neues inneres Drehbuch.

Resilienz wird nicht durch Erklären aufgebaut – sondern durch emotionale Erfahrung. NLP liefert dafür den Zugang.

NLP und INTENTION – Was bewegt mich wirklich?

Die Frage der Intention ist zentral: Warum handle ich? Was genau möchte ich schützen? Und wie verbinde ich Frieden mit Entschlossenheit?
In Bedrohungssituationen treten oft innere Konflikte zutage – etwa zwischen dem Wunsch, niemandem zu schaden, und dem Impuls, sich durchzusetzen. NLP bietet hier mit der Teilearbeit ein kraftvolles Werkzeug zur Integration widersprüchlicher innerer Anteile.

NLP-Übung im Training:

Zwei Bodenanker repräsentieren zwei innere Haltungen (z. B. „Ich will niemanden verletzen" vs. „Ich will mich schützen"). Die Teilnehmer treten auf beide Positionen, erleben die jeweilige Perspektive und formulieren einen Integrationssatz wie: *„Ich bin friedlich – und bereit, mich zu verteidigen."*

Die Entscheidung zur Handlung wird so nicht aus einem Impuls geboren, sondern aus innerer Stimmigkeit.

NLP und MINDSET – Wer bin ich in der Gefahr?

Das Mindset entscheidet, ob jemand als Ziel erscheint – oder als Gegenüber, das nicht angreifbar wirkt. NLP erlaubt die Arbeit am Selbstbild, an Glaubenssätzen und an der inneren Haltung – nicht als bloße Affirmation, sondern als tiefgreifende Neuorganisation innerer Strukturen.

Glaubenssätze wie „Ich bin nicht stark genug" oder „Ich werde im Ernstfall versagen" können durch Reimprinting oder Sleight of Mouth gezielt verändert werden.

Beispiel:

Ein Teilnehmer äußert: „Ich bin zu weich für so etwas."
Der Trainer antwortet: „Was wäre, wenn deine Weichheit deine größte Stärke

ist – weil du dadurch genau weißt, wann es ernst wird?"

So wird der limitierende Satz transformiert, ohne ihn anzugreifen.
Auch die Arbeit mit inneren Mentoren ist kraftvoll: Teilnehmer entwickeln ein mentales Bild einer starken Figur (z. B. Krieger, früheres Ich, Symbolfigur) und holen diese in schwierigen Situationen innerlich an ihre Seite.

Das Mindset wird nicht antrainiert – es wird entdeckt.

NLP und EINSATZ – Wie handle ich wirksam?

Die letzte Säule von P.R.I.M.E. ist der konkrete Einsatz: körperlich, verbal, taktisch. NLP hilft hier, Handlungskompetenz nicht nur motorisch, sondern auch emotional und kognitiv abzusichern.

Mit Future Pacing lässt sich eine realistische Situation imaginieren – z. B. ein verbaler Angriff in der Bahn – und der Handlungsablauf mental durchgehen. Durch Wiederholung entsteht Sicherheit. Der Körper kennt den Ablauf bereits, bevor er real wird.

NLP-Übung im Training:

Teilnehmer stellen sich eine Bedrohungssituation vor, gehen innerlich die einzelnen Handlungsschritte durch (Fence – klares Signal – Ausstieg). Danach wird die Sequenz physisch geübt. Durch diese Verbindung von Vorstellung und Bewegung entsteht eine starke Verankerung.

Auch Strategiemodellierung ist hilfreich: Gute Kämpfer oder Selbstschützer werden analysiert – was genau tun sie zuerst, innerlich und äußerlich? Diese „inneren Algorithmen" lassen sich dann bewusst übernehmen.
So wird Einsatzfähigkeit zur natürlichen Folge innerer Klarheit.

NLP ist kein Add-on – es ist der innere Motor

Die Kombination von P.R.I.M.E. Response mit NLP bedeutet nicht, dem System psychologische Zusatzinhalte hinzuzufügen. Es bedeutet, den inneren Motor der Handlungskompetenz freizulegen. NLP macht sichtbar, was in uns wirkt – und formt daraus bewusstes Verhalten. Es verbindet Denken, Fühlen, Handeln und Reflektieren zu einem Ganzen.

Wer Menschen mit P.R.I.M.E. Response ausbildet, tut mehr, als Techniken zu lehren. Er oder sie begleitet einen Prozess der Selbstermächtigung. NLP liefert dafür präzise, erprobte und tiefgreifende Werkzeuge.

Am Ende geht es um mehr als Verteidigung. Es geht um die Rückeroberung des eigenen Raumes. Und genau das ist die innere Essenz beider Systeme: P.R.I.M.E. Response und NLP.

Bedrohung erkennen – Realität verstehen: Die zwei Szenarien im P.R.I.M.E. Response

In einer realen Konfrontation sind Theorie und Technik allein keine Garantie für Erfolg.

Was in der Trainingshalle noch kontrollierbar wirkt, verändert sich fundamental, wenn Emotionen, Stress, Überraschung und reale Bedrohung ins Spiel kommen.
Deshalb unterscheidet P.R.I.M.E. Response zwei zentrale Grundsituationen, die jeder, der sich realistisch vorbereiten möchte, klar verstehen muss:
Anticipated Threat und **Sudden Assault**.

1. Anticipated Threat – Wenn sich Gefahr ankündigt

Manchmal kündigt sich eine Gefahr an.
Der Blick des anderen verändert sich.
Die Körpersprache wird angespannt.
Bedrohliche Worte fallen.
Du spürst intuitiv: Etwas baut sich auf.

Hier hast Du – vielleicht nur Sekunden – einen entscheidenden Vorteil: Bewusstsein.

In dieser Situation geht es darum, die aufkommende Bedrohung klar wahrzunehmen und aktiv in die Situation einzugreifen – bevor der eigentliche

Angriff erfolgt oder bevor Du in eine noch größere Gefahr gerätst. Dein Mindset, Deine Fähigkeit zur Präsenz und Deine Handlungsfähigkeit entscheiden in diesem Moment über alles.

P.R.I.M.E. Response schult genau diese Fähigkeiten:
- Gefahren erkennen, bevor sie eskalieren.
- Entscheidungen treffen, bevor der Gegner handelt.
- Initiative ergreifen, bevor Du in die Defensive gedrängt wirst.

Realitätscheck:

Viele Konflikte im Alltag oder in klassischen Selbstverteidigungsszenarien beginnen nicht plötzlich. Sie eskalieren sichtbar. Wer früh sieht, hat eine echte Chance, klüger, schneller und effektiver zu handeln.

2. Sudden Assault – Wenn die Gefahr aus dem Nichts kommt

Aber nicht jede Bedrohung kündigt sich höflich an.
Manchmal schlägt das Leben ohne Warnung zu.
Ein plötzlicher Schlag.
Ein Griff aus dem toten Winkel.
Ein Angriff in einer Sekunde, in der Du nicht voll präsent bist.

Hier bleibt keine Zeit zum Überlegen. Keine Zeit zum Planen. Keine Zeit für perfekte Technik.

Hier zählt nur eins: Deine Fähigkeit, in einem Moment des Schocks handlungsfähig zu bleiben.

Dein Training muss darauf ausgerichtet sein, dass Du unter maximalem Stress nicht blockierst, sondern Deine Prinzipien automatisch abrufst: Schutz, Kontrolle, Raumgewinn, Gegenhandeln.

P.R.I.M.E. Response trainiert genau diese Robustheit:
- Reaktion aus innerer Klarheit statt reiner Panik.
- Schutz und Gegenbewegung aus Prinzipien, nicht aus eingeübten Abläufen.

- Bewusstes Handeln auch dann, wenn der Körper im Überlebensmodus ist.

Realitätscheck:

Die meisten Straßenangriffe, Überfälle und Gewaltausbrüche sind Sudden Assaults.
Du wirst nicht „vorgewarnt". Du wirst getestet auf Deine Fähigkeit, unter Stress sofort klar und entschlossen zu reagieren.

Warum diese Unterscheidung entscheidend ist

Viele Selbstverteidigungssysteme behandeln alle Szenarien gleich.

Das ist gefährlich.
- Wer nur auf den klaren Angriff vorbereitet ist, versagt beim Überraschungsangriff.
- Wer nur auf plötzliche Angriffe trainiert, wird Chancen zur Deeskalation oder Flucht bei einer erkennbaren Bedrohung verpassen.

P.R.I.M.E. Response lehrt Dich beides:
- Klarheit und Handlungsfähigkeit im Vorfeld.
- Klarheit und Handlungsfähigkeit unter maximalem Stress.

Nur wenn Du beide Szenarien kennst, verstehst und trainierst, bist Du wirklich vorbereitet.
Nicht auf den „perfekten Kampf" – sondern auf die Unberechenbarkeit des Lebens.

Zusammenfassung:

Szenario	Was passiert?	Worum geht es?	Dein Ziel
Anticipated Threat	Bedrohung ist erkennbar	Wahrnehmung, Deeskalation, Initiative	Früher erkennen, klüger handeln
Sudden Assault	Angriff kommt überraschend	Sofortige Schutzreaktion, Überleben, Kontrolle zurückgewinnen	Trotz Schock handlungsfähig bleiben

	Szenario	Bezeichnung	Kürzel
1	Bedrohung erkennbar, Angriff kündigt sich an	**Anticipated Threat** (Erwartete Bedrohung)	AT
2	Überfallartiger Angriff ohne Vorwarnung	**Sudden Assault** (Plötzlicher Angriff)	SA

Anticipated Threat:
Die Bedrohung ist klar, Du hast eine gewisse Vorbereitungszeit. Es geht um Präsenz, Einschätzung, präventives Handeln und taktische Positionierung.

Sudden Assault:
Du wirst ohne Vorwarnung angegriffen. Hier zählt die sofortige Reaktionsfähigkeit, das intuitive Abrufen der Prinzipien und das Umgehen mit Schockmomenten.

1. Anticipated Threat – Erwartete Bedrohung

Eine Anticipated Threat liegt vor, wenn eine Bedrohungslage klar erkannt wird, bevor der eigentliche Angriff erfolgt. Das bedeutet: Der Angreifer zeigt erkennbare Anzeichen – aggressive Körpersprache, Drohgebärden, eine auffällige Veränderung in Verhalten oder Positionierung.

Der Verteidiger hat – wenn auch oft nur Sekunden – die Chance, die Situation bewusst wahrzunehmen und sich taktisch auf eine mögliche Konfrontation einzustellen.

In dieser Phase geht es nicht um blindes Reagieren, sondern um vorausschauendes Agieren: Klarheit schaffen, Positionen nutzen, deeskalieren, Fluchtmöglichkeiten erkennen oder gezielt in eine offensive Verteidigung übergehen.

Trainingsziel:
- Gefahren frühzeitig erkennen und bewerten (Situationale Wahrnehmung)
- Ruhige, klare Entscheidungsfindung unter emotionalem Druck
- Einsatz der Prinzipien von Intention, Mindset und Einsatz in der Vorbereitung
- Aktives Handeln vor, während oder direkt zu Beginn des Angriffs
- Offensive Verteidigung und/oder kontrollierte Deeskalation einsetzen

Kernkompetenz:
Erkenne früh – entscheide klar – handle konsequent.

2. Sudden Assault – Plötzlicher Angriff

Ein Sudden Assault beschreibt eine Angriffssituation, bei der keine erkennbare Bedrohung im Vorfeld wahrgenommen wurde.
Der Verteidiger wird "Off-Guard" getroffen: körperlich, mental oder emotional.
Das kann durch einen plötzlichen Schlag, Griff, Tritt oder andere aggressive Handlung geschehen – oft im direkten Nahbereich.
Hier bleibt keine Zeit für Vorbereitung oder taktische Planung.

Entscheidend ist die unmittelbare körperliche und geistige Reaktion auf den Angriff: Schutz, Positionsveränderung, sofortiges Aktivieren der Prinzipien – ohne Zögern, ohne komplexe Technikanalyse.

Trainingsziel:
- Sofortige Aktivierung von Schutz- und Handlungsmechanismen (Startle-Flinch-Training)

- Blitzschnelles Zurückgewinnen der Kontrolle über Körper, Raum und Geist
- Nutzung einfacher, klarer Prinzipien statt komplizierter Techniken
- Umgang mit Schock, Überraschung und Adrenalin im Ernstfall
- Entwicklung robuster, intuitiver Reflexe auf Basis von P.R.I.M.E.-Prinzipien

Kernkompetenz:
Reagiere nicht impulsiv – antworte aus innerer Klarheit.

Zusammengefasst

Szenario	Definition	Trainingsziel	Kernkompetenz
Anticipated Threat	Erkennbare Bedrohung vor dem Angriff	Wahrnehmen Entscheiden Handeln	– Früh erkennen – klar – entscheiden – konsequent handeln
Sudden Assault	Überraschungsangriff ohne Vorwarnung	Schutz Kontrolle unmittelbare Antwort	– Kontrolle bewahren – Prinzipien intuitiv umsetzen

Die Prinzipien des P.R.I.M.E. Response

P.R.I.M.E. Response ist kein System im klassischen Sinne. Es ist eine Methode, die sich konsequent an Prinzipien orientiert – nicht an Techniken. In der realen Selbstschutzsituation zählt nicht, wie viele Techniken Du beherrschst. Es zählt, ob Du die Situation schnell erfasst, mental präsent bist, klar agierst und mit minimalem Aufwand maximale Wirkung erzielst. Genau hier liegt die Kraft der Prinzipien.

Techniken sind wichtig. Aber sie bleiben zweitrangig. Denn im Ernstfall bleibt keine Zeit für Techniktraining auf Abruf. Die menschliche Reaktion unter Adrenalinstress folgt Automatismen, nicht Feinform. Deshalb zielt P.R.I.M.E. Response darauf ab, Bewegungen zu reduzieren, die Entscheidungswege zu verkürzen – und klare Handlungsmuster zu etablieren, die selbst unter Druck abrufbar bleiben.

Im Mittelpunkt stehen dabei sieben Grundprinzipien, die wie ein innerer Kompass durch den Sturm einer realen Gewaltkonfrontation führen. Diese Prinzipien sind keine taktischen Tipps – sie sind Ausdruck einer Haltung. Wer sie verinnerlicht, wird nicht kämpfen müssen, um stark zu sein. Er ist es bereits.

Attack the Attacker – Don't block – destroy.

Dies ist eines der zentralen Prinzipien im P.R.I.M.E. Response – und zugleich die radikalste Abkehr von traditionellen Kampfkunstmustern. Viele Systeme trainieren defensive Muster, das Abwehren von Schlägen, das Blocken von Angriffen oder das kontrollierte Führen von Gliedmaßen. Diese Herangehensweise mag auf der Matte oder im sportlichen Kontext funktionieren – in einer unkontrollierten, chaotischen Angriffssituation jedoch führt sie zum Verlust der Initiative.

Im P.R.I.M.E. Response gilt deshalb: Wir jagen nicht die Arme. Wir fokussieren den Angreifer selbst.

Nach dem ersten Kontakt – ob dieser durch ein Fence, eine Pre-Emption oder eine Reaktion entsteht – liegt der Fokus sofort auf dem Zentrum der Bedrohung. Nicht auf dem, was sie tut (also z. B. der schlagenden Hand), sondern darauf, wer sie ist und wo sie angreifbar ist.

Der Moment, in dem Du beginnst, Arme zu blocken oder Dich auf das Spiel von Aktion und Reaktion einzulassen, ist der Moment, in dem Du die Kontrolle abgibst. Stattdessen fordern wir im P.R.I.M.E. Response ein proaktives, entschlossenes Vorgehen: den Gegner destabilisieren, unterbrechen, verletzen, stören – und damit den Angriff beenden, bevor er beginnt.

Das ist kein Ausdruck von Aggression. Es ist die einzig realistische Art, mit Gewalt umzugehen.

Expect no help

Dieses Prinzip ist unbequem – und doch notwendig. Es widerspricht unserem tiefen Wunsch nach Solidarität, nach einer Gesellschaft, in der wir füreinander einstehen. Und rechtlich betrachtet stimmt es auch nicht ganz: § 323c StGB verpflichtet zur Hilfeleistung bei Unglücksfällen, soweit es dem Helfenden zumutbar ist. Doch die Realität sieht anders aus.

Studien zur Zivilcourage, insbesondere das sogenannte Bystander-Verhalten, zeigen: In Gruppen nimmt die Wahrscheinlichkeit ab, dass jemand eingreift. Je mehr Menschen anwesend sind, desto mehr fühlt sich der Einzelne entlastet. Viele hoffen, ein anderer werde eingreifen. Manche schauen weg. Manche filmen. Nur wenige handeln.

P.R.I.M.E. Response geht deshalb von einem realistischen Menschenbild aus. Wir hoffen nicht auf Hilfe. Wir trainieren, uns selbst helfen zu können. Und wir lehren, wie man gezielt Signale setzt, um die Chance auf Hilfe zu erhöhen – z. B. durch direkte Ansprache („Sie mit der roten Jacke – rufen Sie die Polizei!") oder durch gezielte Positionswahl im öffentlichen Raum.

Aber der Grundsatz bleibt: Verlasse Dich nicht auf andere. Verlasse Dich auf Dich.

Fight or Flight – Fliehe, wenn du kannst, kämpfe, wenn du musst

Kein Prinzip ist im P.R.I.M.E. Response so grundlegend wie dieses. Es mag martialisch klingen, doch in seinem Kern ist es zutiefst ethisch: Wir suchen nicht den Kampf. Aber wir akzeptieren ihn, wenn keine andere Option bleibt.

Flucht ist keine Schwäche. Sie ist der Königsweg des Selbstschutzes. Wer rechtzeitig geht, vermeidet Schaden – bei sich selbst wie beim Gegenüber. Doch es gibt Situationen, in denen Flucht nicht möglich ist: weil man sich in einer Sackgasse befindet, weil man seine Familie schützen muss, oder weil der Angreifer bereits zu nahe ist.
Dann gilt: Wenn du kämpfen musst, kämpfe mit Konsequenz.

Halbherzigkeit ist gefährlich. Sie führt zu Zögern, zum Verharren in der Grauzone zwischen Angriff und Verteidigung – und genau dort entstehen Verletzungen. P.R.I.M.E. Response lehrt deshalb, jede Handlung klar zu treffen: entweder den Rückzug oder die Verteidigung.

Kämpfen soll nicht leichtfertig geschehen. Aber wenn es sein muss, dann mit Entschlossenheit. Ohne Kompromiss. Ohne Illusion. Ohne Reue.

K.I.S.S. – Keep it simple, stupid

Unter Stress versagt Komplexität. Das ist eine neurobiologische Wahrheit. Wenn das limbische System übernimmt, wenn Adrenalin durch den Körper schießt und die Feinmotorik nachlässt, bleibt keine Zeit für elegante Kombinationen oder stilvolle Verteidigungsformen. Was bleibt, sind Automatismen.

Deshalb basiert P.R.I.M.E. Response auf einfachen, natürlichen Bewegungen. Diese sind schnell zu erlernen, intuitiv abrufbar und effizient. Statt Dutzende Techniken für jede denkbare Situation zu trainieren, konzentrieren wir uns auf wenige Werkzeuge mit hoher Variabilität.

Palmstrikes, Hammerfist, die drei P.R.I.M.E. Fauststöße, Elbow, Knee, Frontkick, Spatentritt, Fence, 3-Point-Cover, Entry – sie bilden die Toolbox. Alles Weitere ist Prinzip und Haltung.

Das K.I.S.S.-Prinzip bedeutet aber auch, dass wir nicht auf Stil oder Ästhetik trainieren, sondern auf Wirkung. Die Frage lautet nicht: „Wie sieht das aus?" Sondern: „Wirkt es unter Druck?"

Einfache Lösungen sind nicht primitiv. Sie sind präzise. Und sie sind der einzige Weg zur Handlungssicherheit unter realen Bedingungen.

Hit first, hit hard

Dieses Prinzip bedeutet: Wer zuerst handelt, setzt die Bedingungen. Wer wartet, verliert Zeit – und oft die Kontrolle.

Im P.R.I.M.E. Response formulieren wir dieses Prinzip auch als: „Initiative entscheidet." Das bedeutet nicht, dass man bei jedem Konflikt zuerst zuschlagen sollte. Aber es heißt, dass wir erkennen müssen, wann es zu spät ist zu reden – und zu früh, um geschlagen zu werden.

Ein gut platzierter Erstschlag, verbunden mit Vorwärtsbewegung, Klarheit und Konsequenz, kann eine Bedrohung sofort beenden. Dabei geht es nicht um Gewaltbereitschaft, sondern um Handlungskompetenz. Wir bereiten unsere Teilnehmer darauf vor, zu erkennen, wann der Moment der Handlung gekommen ist – und dann sofort zu agieren.

Nicht als Reaktion, sondern als bewusste Entscheidung zur Selbstsicherheit.

The Fence – der Schutz durch Präsenz

„The Fence" ist mehr als eine Technik. Es ist ein Kommunikationsmittel, ein Frühwarnsystem und ein taktisches Werkzeug zugleich. Die offene, leicht erhobene Handhaltung mit leicht abgewinkelten Armen signalisiert Deeskalation, ermöglicht Reaktionsfähigkeit – und schafft eine Brücke zwischen Sprache und Handlung.

Im P.R.I.M.E. Response trainieren wir das Fence als Standardposition in unklaren Situationen: in engen Gängen, bei aufdringlichem Verhalten, bei Bedrohung durch Nähe. Die Hände bleiben sichtbar, die Körpersprache bleibt klar – doch jederzeit bereit für eine Reaktion.

Der Fence ist die Kombination aus Kommunikation, Kontrolle und Schutz. Es erlaubt uns, Zeit zu gewinnen – und, wenn nötig, den nächsten Schritt ohne Zeitverlust zu machen.
Wer Fence trainiert, trainiert keine Technik – sondern bewusste Präsenz in Gefahr.

Mindset – „Hard Target statt Opferrolle"

Am Ende entscheidet nicht Technik, nicht Training, nicht Kraft – sondern Haltung. Wer in sich klar ist, sendet klare Signale. Wer bereit ist, sich zu schützen, strahlt das aus. Wer in die Opferrolle fällt, wirkt verletzbar – und wird oft genau deshalb angegriffen.

Das „Hard Target Mindset" bedeutet nicht, aggressiv aufzutreten. Es bedeutet, nicht verfügbar zu sein für Übergriffe. Es bedeutet, in sich gefestigt, wachsam, bewusst und entscheidungsfähig zu sein. In der Körpersprache. In der Stimme. Im Blick.

Im P.R.I.M.E. Response arbeiten wir intensiv mit mentalen Strategien:
- Visualisierungen zur Aktivierung innerer Stärke
- Körperhaltungen, die das Selbstbild stärken
- Ankertechniken zur schnellen Selbstregulation
- Reframing, um Angst als Energiequelle zu nutzen

Mindset ist kein Zusatz. Es ist die Grundlage. Und deshalb ist P.R.I.M.E. Response immer auch Persönlichkeitsarbeit. Wer hier lernt, wie er in der Gefahr steht, lernt auch, wie er im Leben steht.

Prinzipien als Weg – nicht als Regel

Die Prinzipien des P.R.I.M.E. Response sind keine Vorschriften. Sie sind Orientierungspunkte. Sie geben Halt, wo Chaos herrscht. Sie bringen Klarheit, wo Panik droht. Und sie ermöglichen Handlung, wo andere in Starre verfallen. Wer sie verinnerlicht, braucht keine Techniklisten. Er braucht nur sich selbst – wach, bewusst, entschlossen. Genau das ist die Essenz von P.R.I.M.E. Response:
Nicht mehr – aber alles, was zählt.

Warum Prinzipien stärker sind als Techniken

Techniken faszinieren. Sie sind sichtbar, greifbar, demonstrierbar. Sie vermitteln Sicherheit – auf den ersten Blick. Wer eine Technik beherrscht, fühlt sich vorbereitet. Doch diese Sicherheit ist trügerisch, wenn sie nicht auf etwas Tieferem ruht. Denn Techniken sind wie Werkzeuge ohne Hand: Sie bleiben leblos, wenn der Kontext sich ändert oder wenn innere Klarheit fehlt. Genau hier setzen Prinzipien an.

Prinzipien sind das Rückgrat jeder ernstzunehmenden Kampfkunst, jeder Strategie, jeder Handlung unter Druck. Sie wirken unsichtbar, aber unaufhaltsam – wie die Strömung unter der Wasseroberfläche. Während Techniken an Formen gebunden sind, sind Prinzipien formlos und deshalb anpassungsfähig. Sie machen aus einem Kämpfer einen Gestalter, aus einem Reagierenden einen Handelnden, aus einem Techniker einen Menschen mit Haltung.

In diesem Kapitel geht es um die Kraft dieser Prinzipien. Warum sie Techniken überdauern. Warum sie das Fundament für Einsatzfähigkeit, Resilienz und mentale Souveränität bilden. Und warum im P.R.I.M.E. Response nicht Techniken im Mittelpunkt stehen – sondern das, was sie trägt.

Techniken: Die Illusion der Kontrolle

Techniken sind attraktiv. Man kann sie erlernen, üben, verbessern. Sie bieten Struktur und erzeugen das Gefühl: „Ich bin vorbereitet." Doch dieses Gefühl hält nur, solange der Kontext stabil bleibt. Die Techniken, die in der Halle funktionieren, lösen sich oft in Luft auf, wenn die Realität unberechenbar wird: schlechte Sicht, Stress, Enge, Überraschung, Zeitdruck.

Techniken sind nämlich situationsgebunden. Sie brauchen eine definierte Abfolge, klare Bedingungen und möglichst wenig Störung. Doch genau das ist in Selbstschutz- oder Krisensituationen nicht gegeben. Dort regiert das Chaos. Und im Chaos versagen Techniken oft – nicht, weil sie schlecht sind, sondern weil sie nicht das Zentrum der Handlung sind.

Ein   Beispiel:
Ein Uppercut ist eine kraftvolle Technik. In einem Sparring unter kontrollierten Bedingungen kann er effektiv eingesetzt werden. Doch unter Adrenalin, auf nassem Untergrund, bei schlechter Sicht und gegen einen Gegner, der nicht „mitspielt", wird der Uppercut zur riskanten Bewegung – es sei denn, er folgt einem Prinzip.

Techniken sind wie Buchstaben – ohne Grammatik, ohne Sinn. Prinzipien sind die Grammatik: Sie strukturieren die Sprache der Bewegung.

Prinzipien: Der Kompass im Unvorhersehbaren

Prinzipien wirken wie ein innerer Kompass. Sie geben Orientierung, wenn alles instabil wird. Statt einzelne Bewegungen auswendig zu lernen, verankert der Mensch sich in Prinzipien, die unabhängig von Technik und Kontext funktionieren. Zum
Beispiel:

- **Vorwärtsdruck:** Nicht zurückweichen, sondern Präsenz zeigen – egal, ob mit Schlag, Stimme oder Blick.
- **Zentrumsführung:** Nicht peripher handeln, sondern aus der Körpermitte agieren – für Stabilität und Durchschlagskraft.
- **Ökonomie:** Keine überflüssige Bewegung – nur das, was wirkt.
- **Intention über Perfektion:** Der Wille zur Handlung ist wichtiger als deren technische Makellosigkeit.

Diese Prinzipien lassen sich auf unterschiedlichste Techniken anwenden – und sogar auf non-physische Kontexte übertragen: verbale Auseinandersetzungen, psychologische Manipulation, Führungssituationen, Alltagskonflikte.

Der Schlüssel liegt darin, dass Prinzipien inhaltlich und nicht formal wirken. Sie fragen nicht: „Welche Technik passt hier?" – sondern: **„Was ist jetzt notwendig?"**

Und diese Frage kann nur beantwortet werden, wenn ein Prinzip im Inneren verankert ist.

Prinzipien schaffen Handlungsfähigkeit – auch unter Druck

Einer der zentralen Unterschiede zwischen Technik- und Prinzipienorientierung zeigt sich in Stresssituationen. Der Körper unter Adrenalin vergisst Details. Feinmotorik wird abgeschaltet. Denken verlangsamt sich oder schaltet ganz ab. In dieser physiologischen Realität versagen feingliedrige Techniken – während Prinzipien durchdringen.

Ein gutes Prinzip ist robust. Es bleibt abrufbar, auch wenn die Umstände widrig sind. Es lebt nicht in der Erinnerung, sondern im Körpergedächtnis, im intuitiven Handlungsraum. Deshalb sind Prinzipien auch **trainierbar** auf eine ganz andere Weise als Techniken.

Im Training von P.R.I.M.E. Response geht es nicht darum, Bewegungen zu perfektionieren. Es geht darum, Prinzipien zu **verinnerlichen**:
- durch reduzierte Szenarien
- durch gezielte Überforderung
- durch Variation
- durch emotionale Beteiligung

So wird das Prinzip nicht zur Technik – sondern zur inneren Struktur. Und das ist der wahre Transfer: nicht vom Kopf in die Bewegung, sondern vom Prinzip in die Haltung.

Prinzipien sind adaptiv – Techniken sind statisch

Ein weiterer entscheidender Vorteil: Prinzipien sind wandlungsfähig. Sie passen sich der Lage an. Der gleiche Grundsatz – etwa „Schütze Deine Mitte" – kann in verschiedenen Kontexten verschieden aussehen:
- Als körperliche Deckung: Hände am Kopf, Three-Point-Cover.
- Als verbale Selbstbehauptung: „Ich möchte, dass Sie Abstand halten."
- Als mentale Strategie: Fokussierung auf das Wesentliche, keine Ablenkung.

Ein Prinzip ist also universell einsetzbar, weil es nicht an eine Form gebunden ist – sondern an eine Funktion. Und das macht es zur stärkeren Ressource. Techniken hingegen sind reaktiv. Sie antworten auf etwas, was schon passiert ist. Prinzipien sind proaktiv – sie setzen Impulse. Und damit verschieben sie das Kräfteverhältnis: Wer im Prinzip handelt, führt. Wer in der Technik gefangen ist, folgt.

Prinzipien sind lernbar – auch für Menschen ohne Vorerfahrung

Ein häufiges Missverständnis: Prinzipien seien etwas für Fortgeschrittene, Techniken für Anfänger. Das Gegenteil ist richtig. Menschen ohne Vorerfahrung lernen schneller, wenn sie ein klares Prinzip vermittelt bekommen – statt eine komplizierte Technik.

Beispiel:
Statt zu erklären, wie genau ein Ellbogenschlag funktioniert, vermittelt das Training das Prinzip „Körpermitte – kurzer Weg – Zielkontakt". Der Schlag ergibt sich daraus. Und wenn der Arm nicht benutzt werden kann, findet der Körper eine andere Lösung – aber das Prinzip bleibt gleich.

Dieses Prinzipienlernen stärkt das Vertrauen in die eigene Intuition. Denn es sagt: Du brauchst nicht viele Techniken – Du brauchst Klarheit im Prinzip. Und genau das erzeugt Selbstwirksamkeit.

Ein weiterer Vorteil: Prinzipien sind sprachlich vermittelbar. Sie lassen sich auch unterrichten, wenn keine perfekte Demonstration möglich ist – etwa in schwierigen Trainingskontexten, bei körperlichen Einschränkungen oder zur reinen Theorievermittlung.

Prinzipien erzeugen Haltung – Techniken erzeugen Repertoire

Ein Mensch, der viele Techniken kennt, hat ein großes Repertoire. Doch das ist nicht automatisch gleichbedeutend mit innerer Stärke. Es ist möglich, 50 Techniken zu beherrschen – und dennoch zu zögern, wenn es darauf ankommt. Warum? Weil Techniken nicht automatisch Haltung erzeugen.

Prinzipien hingegen formen Charakter. Sie sind nicht nur Werkzeuge, sondern Werte. Wer sich dem Prinzip „Erkenne Gefahr früh und handle entschieden" verpflichtet, verändert sein Verhalten – nicht nur im Kampf, sondern auch im Leben.
Prinzipien sind also nicht nur technisch, sondern ethisch. Sie geben Orientierung: Was ist mir wichtig? Wo liegt meine Grenze? Was bin ich bereit zu tun – und was nicht?

Im P.R.I.M.E. Response ist jedes Prinzip auch ein Stück gelebter Ethik:
- „Attack the Attacker" ist kein Gewaltaufruf, sondern eine Einladung zur Selbstverantwortung.
- „The Fence" ist keine Haltung der Angst, sondern des Respekts für die eigene Integrität.
- „Hard Target" bedeutet nicht Härte gegen andere – sondern Klarheit über sich selbst.

Techniken wirken von außen – Prinzipien wirken von innen.

Prinzipien sind die Brücke zwischen körperlichem Handeln und innerer Entwicklung

Vielleicht der wichtigste Aspekt zum Schluss: Prinzipien verbinden Welten. Sie ermöglichen es, dass körperliches Training nicht nur zur Fitness, sondern zur Selbstentwicklung wird. Wer mit Prinzipien arbeitet, entwickelt automatisch:
- mehr Körperbewusstsein
- mehr emotionale Klarheit
- mehr mentale Ausrichtung
- mehr Verantwortung für das eigene Handeln

Denn ein Prinzip fragt immer: Was stimmt für mich? Was trägt mich? Was wirkt – unabhängig von der Technik?

In dieser Tiefe wird P.R.I.M.E. Response zu mehr als einem Selbstschutzsystem. Es wird zu einem Weg bewusster Selbstführung. Der Körper wird nicht mehr trainiert, um zu kämpfen – sondern um integriert zu handeln: klar, entschlossen, verantwortungsvoll.

Technik vergeht, Prinzip bleibt

In der Konfrontation zählt nicht, wie viele Techniken jemand kennt. Sondern, ob er handeln kann – im Moment, unter Druck, im Chaos. Techniken helfen – aber nur, wenn sie von Prinzipien getragen sind.

Deshalb lautet das Credo im P.R.I.M.E. Response:
„Verlasse Dich nicht auf Technik. Vertraue auf Prinzip.“

Denn Prinzipien überdauern. Sie wachsen mit. Sie wirken überall – ob in der Halle, auf der Straße oder im Alltag. Sie sind universell, wandelbar, tiefgründig. Und genau deshalb sind sie stärker.

Wer Prinzipien lebt, ist nicht nur vorbereitet – er ist präsent. Nicht nur sicher – sondern klar. Und genau darin liegt die wahre Stärke.

Die P.R.I.M.E. Toolbox

Wenn die Prinzipien das Herzstück des P.R.I.M.E. Response sind, dann sind die Werkzeuge seine Arme und Beine. Sie sind das, womit wir in der realen Selbstschutzsituation handeln – körperlich, direkt, präzise. Und doch sind sie weit mehr als reine Techniken. Jedes Tool steht für eine Strategie, ein Verständnis von Nähe, von Risiko, von Durchsetzung und Schutz.

P.R.I.M.E. Response verzichtet bewusst auf ein umfangreiches Technikrepertoire. Die Werkzeuge sind überschaubar, intuitiv, logisch aufgebaut – und vor allem: sie sind unter Stress abrufbar. Das Ziel ist nicht Vielfalt, sondern Verlässlichkeit. Jedes Tool muss im Ernstfall funktionieren, ohne dass darüber nachgedacht werden muss. Das ist die Essenz realistischer Selbstschutzkonzepte.

In diesem Kapitel stellen wir die zentralen Werkzeuge des P.R.I.M.E. Response vor – nicht als starre Techniken, sondern als flexible Handlungsinstrumente. Ihre Wirksamkeit liegt nicht in der Perfektion der Ausführung, sondern in ihrer Klarheit, ihrer Robustheit und ihrer Passung zur jeweiligen Distanz, Dynamik und Bedrohung.

Der Ausgangspunkt: Kontakt, Reaktion, Entscheidung

Bevor ein Werkzeug eingesetzt werden kann, braucht es eine Entscheidung: Wird gehandelt – oder nicht? Und wenn ja, wie? Diese Entscheidung ergibt sich nicht aus der Technik, sondern aus der Lage. Deshalb beginnt jedes sinnvolle Selbstschutzkonzept nicht bei der Bewegung, sondern bei der Wahrnehmung – und der Fähigkeit, Situationen rasch zu erfassen.

Ist diese Schwelle überschritten, braucht es einfache, wirksame Mittel, um sich zu schützen, den Angreifer zu unterbrechen, zu destabilisieren, Flucht zu ermöglichen oder weitere Angriffe unmöglich zu machen. Die folgenden Werkzeuge bilden die Basis dafür.

Spear Hand – Präzision und Reaktion in einer Bewegung

Die Spear Hand ist eine hybride Technik, die zugleich Abwehr und Angriff vereint. Sie folgt einer geradlinigen Bewegung nach vorne, vergleichbar mit einem gezielten Vorstoß. Trifft sie auf einen echten Angriff, leitet sie diesen mit einer leichten seitlichen Abweichung ab – ohne Zeitverlust, ohne Richtungswechsel.
Findet der Angriff jedoch nicht statt oder ist er zu schwach, setzt die Spear Hand unmittelbar offensiv ein: Die Handkante trifft präzise das Ziel.

Sie ist damit ein Paradebeispiel für ökonomisches Handeln im P.R.I.M.E. Response: Keine Umwege, keine komplexen Abläufe – nur Klarheit im Moment, verbunden mit biomechanischer Effizienz.

Vorteile:
- Ermöglicht eine schnelle Entscheidung im Moment: blockieren oder treffen
- Spart Bewegungen und erhöht dadurch Reaktionsgeschwindigkeit
- Ist auch unter Stress leicht abrufbar, da sie auf natürlichen Bewegungsmustern basiert

Einsatz im System:

Im P.R.I.M.E. Response steht die Spear Hand für das Prinzip des *„K.I.S.S. – Keep it simple, stupid"*. Sie eignet sich besonders in der Phase der Erstreaktion – z. B. als Entry oder als sofortiger Konter bei einem fehlgeschlagenen Angriff des Gegners.

Auch in pre-emptiven Kontexten kann sie als körperliches Statement genutzt werden: etwa in Verbindung mit dem Fence, wenn aus der scheinbaren Abwehrhaltung plötzlich Druck aufgebaut wird.
Sie ist kein „Schlag" im klassischen Sinne, sondern ein gezielter Impuls – vergleichbar mit einem Keil, der Momentum erzeugt.

Palmstrike – die offene Hand

Der Palmstrike ist eines der zentralen Werkzeuge im P.R.I.M.E. Response. Er kombiniert hohe Schlagkraft mit einem vergleichsweise geringen Verletzungsrisiko für den Anwender – und ist damit ideal geeignet für den Erstkontakt, insbesondere bei Pre-Emption.

Der Handballen trifft dabei mit aufgestellter Handfläche auf das Ziel – in der Regel das Gesicht. Durch die Fläche des Aufpralls entsteht ein intensiver Impuls, der sowohl das Schmerzempfinden als auch die visuelle Orientierung stört. Zielzonen sind Nase, Kiefer, Stirn oder auch Brustbein.

Vorteile:
- stabil bei Stress und Adrenalin
- schützt die Fingerknöchel
- wirkt auch bei ungenauer Trefffläche

Anwendung im System:

Der Palmstrike ist oft das erste Werkzeug nach einem Fence – als entschlossene Unterbrechung der Bedrohung. Er lässt sich mit Schritt- oder Drehbewegung verstärken und in Kombination mit Elbow oder Knee einsetzen.

Hammerfist – Schlag mit dem inneren Faustansatz

Der Hammerfist-Schlag nutzt die Unterseite der Faust – dort, wo die Handkante in die Handfläche übergeht. Er wird meist in einer horizontalen oder diagonalen Bewegung geschlagen und eignet sich hervorragend für seitliche oder abwärtsgerichtete Ziele wie den Kiefer, das Schlüsselbein oder den Nacken.
Besonders unter Stressbedingungen ist der Hammerfist wertvoll, da er eine grobmotorische, sehr robuste Bewegung erlaubt.

Vorteile:
- extrem stabil
- gut kombinierbar mit Drehmoment

- auch bei kurzer Distanz einsetzbar

Anwendung im System:

Der Hammerfist kann direkt aus einem Cover heraus geschlagen werden –
etwa in einer „Presslufthammer"-Bewegung mit aufeinanderfolgenden,
rhythmischen Schlägen. Er eignet sich hervorragend zur Überwältigung bei
engem Körperkontakt.

Die drei P.R.I.M.E. Fauststöße

Im P.R.I.M.E. Response unterscheiden wir drei unterschiedliche Fauststöße,
abhängig von der Distanz und dem biomechanischen Zusammenhang:

Schneidender Fauststoß (horizontale Faust)

Einsatz bei ca. Armlänge Distanz. Die Faust liegt horizontal, die Schlagbahn
ist leicht rund und diagonal – vergleichbar mit einem Cross aus dem Boxen,
jedoch ohne sportliche Finesse.

Ziel: Stirn, Kiefer, Schläfe.

Gestoßener Fauststoß (vertikale Faust)

Kommt in der Nahdistanz zum Einsatz – etwa ab Ellbogenlänge. Die Faust
bleibt senkrecht, der Ellenbogen zeigt nach unten. Die Schlagbewegung ist
linear, vergleichbar mit einem Jab oder Wing-Chun-Stoß, jedoch mit mehr
Gewicht.

Ziel: Kinn, Nase, Solarplexus.

Haken

Einsatz bei direkter Nähe, oft aus dem Clinch oder beim Entry. Die
Schlagbewegung ist kurz, halbkreisförmig und nutzt das Körpergewicht als
Hebel.

Ziel: seitlicher Kiefer, Ohr, Nackenansatz.

Gemeinsame Grundlage:

Alle Fauststöße folgen dem K.I.S.S.-Prinzip. Sie sind keine sportlich ausdifferenzierten Boxtechniken, sondern pragmatische Werkzeuge zur Durchsetzung in chaotischer Bewegung. Die Unterscheidung nach Distanzen erhöht die Klarheit im Ernstfall und reduziert Fehlverhalten.

Elbow – der Nahkampfschlüssel

Der Ellenbogen ist eines der stärksten natürlichen Werkzeuge des Körpers – kompakt, stabil, durchschlagskräftig. Im P.R.I.M.E. Response wird er dort eingesetzt, wo die Distanz keine Faustschläge mehr erlaubt.

Typische Anwendungsszenarien:
- aus dem Entry heraus
- im Clinch
- nach einem Fence mit Verkürzung der Distanz

Bewegungsformen:
- horizontal zur Schläfe
- diagonal über das Schlüsselbein
- vertikal auf Kopf oder Schulter

Vorteile:
- funktioniert auch ohne große Ausholbewegung
- wirkt massiv bei kurzer Distanz
- schwer zu blockieren

Kombinationen:

Der Elbow wird häufig als Folgeschlag nach einem Palmstrike oder Knee genutzt – oder als Störer bei Umklammerungen.

Knee – das Bein gegen die Mitte

Das Knie ist im urbanen Nahkampf ein unterschätztes, aber enorm wirksames Werkzeug. Es trifft mit maximalem Körpergewicht, lässt sich aus der Vorwärtsbewegung einsetzen und zielt auf empfindliche Zonen wie Unterleib, Oberschenkel, Becken oder Rippen.

Anwendungsszenarien:
- in der Vorwärtsbewegung nach einem Entry
- aus dem Clinch zur Destabilisierung
- gegen Angreifer, die sich an Kleidung oder Körper festhalten

Vorteile:
- schwer zu blocken
- hohe Schockwirkung
- gute Verknüpfung mit Ellenbogen und Palmstrike

Frontkick – der Distanzöffner

Der Frontkick ist kein sportlicher Tritt, sondern ein Werkzeug zur Distanzvergrößerung. Er trifft mit dem Fußballen oder der Fußsohle – meist gegen den Unterleib, das Knie oder die Hüfte des Angreifers.

Ziel: Raum schaffen. Abstand gewinnen. Gegner zurückstoßen.

Wichtig:
Der Frontkick im P.R.I.M.E. Response ist flach, schnell und mit minimaler Ausholbewegung. Er soll nicht dominieren, sondern unterbrechen und Raum erzeugen.

Spatentritt – das Bein als Keil

Der Spatentritt ist ein seitlicher Tritt mit der Außenseite des Fußes oder der Ferse – ideal für Angriffe gegen das Knie, das Schienbein oder das Schambein.

Anwendung:
- gegen Aggressoren in Bewegung

- als Stopper gegen Vorwärtsdrang
- bei massiver körperlicher Überlegenheit des Angreifers

Vorteile:
- niedrige Angriffslinie
- geringes Risiko für Ausrutschen
- funktioniert auch bei Tragen von Alltagsschuhen

The Fence – die Brücke zur Handlung

Der Fence ist kein Schlag – aber es ist eines der wichtigsten Werkzeuge. Es ist die körpergewordene Entscheidung: „Ich bin aufmerksam. Ich bin bereit. Ich will keine Gewalt – aber ich kann handeln."

Elemente:
- offene Hände in Brusthöhe
- leicht gebeugte Ellbogen
- stabile Standposition
- klare Stimme

Der Fence erlaubt es, den Übergang zur Handlung fließend zu gestalten – verbal, körperlich, psychologisch.

Three-Point Cover – der Schutzreflex

Das Three-Point Cover ist der biomechanische Selbstschutz im Moment des Überraschungsangriffs oder des drohenden Impacts.

Positionierung:
- eine Hand deckt den Hinterkopf (seitlich eng am Kopf anliegend)
- die andere Hand deckt die Vorderseite (z. B. Stirn, Wange, Hals)
- das Kinn ist zur Brust gezogen, Blick bleibt vorn

Ziel: Schutz des Gehirns, der Sinnesorgane und der Wirbelsäule
Das Cover ist kein statischer Block – sondern ein **Reflexanker**, der den Körper schützt und zugleich die Grundlage für den nächsten Move bildet (z. B. Elbow, Entry).

Klarheit durch Reduktion – Handlung durch Einfachheit

Die Tools des P.R.I.M.E. Response sind nicht deshalb wirkungsvoll, weil sie besonders spektakulär sind – sondern weil sie unter Stress funktionieren. Jedes einzelne dieser Werkzeuge wurde ausgewählt, weil es grobmotorisch, intuitiv und universell einsetzbar ist. Es geht nicht um Kampfkunst. Es geht um Selbstschutz in seiner essenziellen Form.

Durch klare Prinzipien und eine schlanke Toolbox entsteht ein System, das auf das Wesentliche reduziert ist – und gerade dadurch seine volle Kraft entfaltet. Denn wer im Chaos handeln will, braucht keine Vielfalt. Er braucht Verlässlichkeit. Klarheit. Und Bereitschaft.
Genau dafür stehen diese Werkzeuge.

Die drei Wirkfelder des P.R.I.M.E. Response

Die Effizienz des P.R.I.M.E. Response entfaltet sich in drei ineinandergreifenden Wirkfeldern. Sie bilden die operative Grundlage des Systems und verbinden die inneren Prinzipien mit konkretem Handeln. Während die fünf Prinzipien von P.R.I.M.E. das Fundament darstellen, machen diese drei Wirkfelder das System im Alltag erfahrbar – in Gedanken, Verhalten und körperlicher Umsetzung.

1. Wirkfeld – Die selbstbewusste innere Haltung

Der erste Schritt zu wirksamem Selbstschutz beginnt nicht mit einem Schlag, sondern mit einer Entscheidung: *Ich bin nicht hilflos. Ich darf mich wehren. Ich bin es wert, geschützt zu werden.*

In P.R.I.M.E. Response steht diese Haltung am Anfang jeder Verteidigungsfähigkeit. Viele Menschen tragen tief verankerte Glaubenssätze in sich, die sie in der Opferrolle halten. Vor allem nach Erfahrungen von Gewalt, aber auch durch gesellschaftliche Prägung („Nicht auffallen", „Lass es gut sein") entsteht oft ein innerer Stillstand. Diese blockierende Denkstruktur zu erkennen und aufzulösen ist ein zentrales Ziel des Trainings.

Teilnehmende entwickeln in diesem Wirkfeld neue, stärkende Überzeugungen: „Ich darf Grenzen setzen." – „Ich kann handeln." – „Ich bin kein Opfer." Diese Haltungsveränderung wirkt tiefgreifend. Sie beeinflusst Körpersprache, Entscheidungsverhalten und nicht zuletzt die Fähigkeit, in kritischen Momenten klar zu bleiben.

Die innere Haltung ist keine Theorie. Sie zeigt sich in der Körperspannung, in der Stimme, im Blickkontakt. Und sie ist trainierbar – durch gezielte mentale Impulse, durch Rollenspiele, durch Reframing und durch die Erfahrung: *Ich kann bestehen.*

2. Wirkfeld – Das selbstsichere Auftreten

Aus der inneren Haltung entsteht Präsenz. Ein sicheres Auftreten ist oft der entscheidende Faktor, ob ein Angreifer überhaupt zuschlägt – oder sich ein anderes Ziel sucht. Täter suchen Schwäche, nicht Stärke. Wer klar steht, ruhig bleibt, aber entschlossen wirkt, kann bereits durch seine Ausstrahlung deeskalierend oder abschreckend wirken.

Im zweiten Wirkfeld des P.R.I.M.E. Response lernen Teilnehmende, diese Präsenz gezielt zu entwickeln: durch Körperhaltung, durch Stimmtraining, durch Blickführung und bewusst gesetzte nonverbale Signale. Hier geht es nicht um Schauspiel, sondern um Authentizität: Wer innerlich klar ist, kann sich auch äußerlich klar zeigen.
Ein besonderer Fokus liegt auf der Einschätzung von Situationen: *Ist es ein Missverständnis oder eine Gefahr? Kann ich durch Worte klären oder muss ich durch Haltung Grenzen setzen? Wie kann ich mit minimaler Provokation maximal klare Signale senden?*

In realitätsnahen Szenarientrainings üben Teilnehmende, solche Momente zu erkennen und wirksam zu nutzen – durch klare Worte, durch Körpersprache, durch den sogenannten „Fence" (die schützende Position mit erhobenen Händen). Ziel ist nicht die Eskalation, sondern die Klarheit: *Ich bin bereit – aber ich wünsche mir keine Gewalt.*

Dieses Wirkfeld verbindet Selbstwirksamkeit mit sozialer Intelligenz: Es stärkt die Fähigkeit, in schwierigen Momenten handlungsfähig zu bleiben, ohne selbst zur Bedrohung zu werden. Wer souverän auftritt, braucht oft nicht mehr zu kämpfen.

3. Wirkfeld – Die effektive körperliche Verteidigung

Trotz aller Deeskalation, Präsenz und Haltung – es gibt Situationen, in denen Worte nicht mehr reichen. In denen Flucht nicht möglich ist. In denen ein Angriff unmittelbar bevorsteht oder bereits geschieht. In diesen Momenten muss der Körper wissen, was zu tun ist.

P.R.I.M.E. Response verfolgt in diesem dritten Wirkfeld einen klaren Grundsatz:
Wenige Techniken. Klare Prinzipien. Natürliche Bewegungen. Maximale Wirkung.

Die körperliche Selbstverteidigung basiert auf einer kleinen Auswahl wirkungsvoller Tools – etwa Palmstrikes, Hammerfists, Elbow Strikes, Knietechniken oder Kicks. Diese Techniken werden nicht isoliert trainiert, sondern eingebettet in taktische Prinzipien wie:
- **„Attack the Attacker"** – den Gegner neutralisieren, nicht seine Schläge abwehren
- **„Hit first, hit hard"** – wenn keine andere Option bleibt, dann mit Entschlossenheit
- **„Keep it simple, stupid" (K.I.S.S.)** – keine Komplexität unter Stress

Trainiert wird nicht für den sportlichen Wettkampf, sondern für realistische Notwehrsituationen: enge Räume, Überraschung, Stress, Adrenalin. Entsprechend liegt der Fokus auf Dynamik, Anpassungsfähigkeit und mentaler Klarheit.

Ein zentraler Bestandteil ist der „Entry", also der Übergang von der defensiven Haltung (Fence) zur aktiven Handlung. Genauso wichtig ist der „3-Point-Cover", der den Schutz des eigenen Kopfes in der Eskalation sichert – einfach, biomechanisch klug, reflexnah.

Dieses Wirkfeld macht aus innerer Klarheit konkrete Handlungsfähigkeit. Wer erlebt hat, dass er sich verteidigen *kann*, verändert nicht nur sein Selbstbild –

er verändert auch seine Ausstrahlung im Alltag. Körperliche Kompetenz schafft mentale Sicherheit.

Wirkfelder statt reiner Technik

Die drei Wirkfelder des P.R.I.M.E. Response zeigen: Selbstschutz ist keine Frage von Kraft oder Technikvielfalt. Es geht um Klarheit. Um Haltung. Um den Transfer von innerer Stärke in äußeres Verhalten – und um die Fähigkeit, mit minimalen Mitteln maximale Sicherheit zu erzeugen.

Wer diese drei Wirkfelder trainiert, wird nicht nur sicherer. Sondern bewusster. Wacher. Klarer. Und genau darin liegt die eigentliche Wirkung von P.R.I.M.E. Response: Nicht Technik macht stark. Sondern Prinzipien – und die Bereitschaft, sie in sich selbst lebendig werden zu lassen.

Konzepte des P.R.I.M.E. Response

Wenn es ernst wird, entscheidet nicht allein die Technik über Sieg oder Niederlage – sondern das Fundament, auf dem sie ruht. P.R.I.M.E. Response ist kein Katalog von Techniken, sondern ein System, das auf Prinzipien und Konzepten basiert. Die Konzepte bilden dabei die Brücke zwischen den fünf mentalen und strategischen Grundpfeilern – *Prinzipien, Resilienz, Intention, Mindset und Einsatz* – und ihrer Umsetzung im physischen Raum.

Ein Konzept ist mehr als eine Bewegungsidee. Es ist eine Haltung in Bewegung, eine verkörperte Entscheidung. Es ist der Ausdruck eines inneren Zustands, übertragen auf Körper, Timing, Raumgefühl und Kraftentfaltung. Ein gut verankertes Konzept wirkt in jeder Technik – unabhängig davon, wie diese konkret aussieht. Es bleibt stabil in der Unsicherheit und wandelbar im Chaos. Es bildet das Rückgrat der Selbstwirksamkeit unter Druck.

Wer Konzepte verinnerlicht, kann in der Dynamik agieren, statt nur zu reagieren. Konzepte geben Orientierung, wo Techniken an Grenzen stoßen. Sie schaffen Ordnung im Ungeordneten, Rhythmus im Unvorhersehbaren und Handlungsspielraum im Gefährlichen. Im Training zeigen sie sich als wiederkehrende Prinzipien in Haltung, Bewegung und Kontakt. Im Ernstfall zeigen sie sich als Klarheit im Tun.

Die sieben folgenden Konzepte sind essenzielle Bausteine des P.R.I.M.E. Response Systems. Sie wirken einzeln – aber erst in ihrer Kombination entfalten sie ihre ganze Kraft. Sie betreffen den Stand, die Struktur, die Kraftlinie, die Übergänge, den Fokus, die Effizienz und das Zusammenspiel von Offensive und Defensive. Sie alle wurzeln in jahrhundertealten Erkenntnissen aus Kampfkunst, Körperarbeit und angewandter Biomechanik – und sie alle wurden durch die Linse moderner Selbstschutzrealität überprüft, verdichtet und auf das Wesentliche reduziert.

Das Ziel ist kein artistischer Flow. Es ist auch keine philosophische Spielerei. Ziel ist es, unter Stress mit Klarheit, Effizienz und Effektivität handeln zu können – mit dem ganzen Körper, geführt vom Geist, getragen von Struktur.

Mit jedem Konzept schärft sich nicht nur die äußere Fähigkeit, sondern auch die innere Haltung: Ich stehe. Ich bleibe. Ich bewege mich. Ich wirke. Ich bin da.

Balance – Das Fundament der Standfestigkeit

Balance ist weit mehr als die Fähigkeit, nicht zu stürzen. In der Welt des P.R.I.M.E. Response bedeutet Balance, mit sich selbst und mit dem Moment im Einklang zu stehen – körperlich wie emotional. Sie ist das erste und zugleich dauerhaft wichtigste Konzept in jeder Konfrontation: Wer seine Balance verliert, verliert den Überblick, den Fokus – und letztlich die Kontrolle. Wer in der Balance bleibt, bleibt im Spiel.

Äußere Balance – Die Architektur der Stabilität

Die äußere Balance beginnt beim Stand. Es geht um die bewusste Ausrichtung des Körpers im Raum. Eine stabile Basis verleiht jedem Angriff Kraft und jedem Schutz Haltung. Im P.R.I.M.E. Response wird darauf geachtet, dass der Stand nicht nur fest, sondern auch mobil ist. Festigkeit ohne Beweglichkeit ist starr. Beweglichkeit ohne Stabilität ist unsicher. Erst im Zusammenspiel entsteht echte Reaktionsfähigkeit.

Der Körperschwerpunkt liegt tief, meist etwa auf Höhe des unteren Bauches. Die Knie sind leicht gebeugt, die Fußsohlen vollflächig mit dem Boden verbunden. Die Schultern sind entspannt, die Wirbelsäule aufgerichtet. Diese Haltung ermöglicht blitzschnelle Gewichtsverlagerungen, schützt die Körpermitte und sorgt dafür, dass der Körper selbst bei Schlägen oder Remplern nicht ins Wanken gerät.

Trainiert wird äußere Balance durch gezielte Übungen zur Haltungswahrnehmung, Standfestigkeit und Koordination. Besonders in Stressszenarien – etwa mit unvorhergesehenem Druck oder durch taktile Reize – zeigt sich, ob die Balance tragfähig ist oder nur ein theoretisches Konzept. Deshalb arbeitet P.R.I.M.E. Response bewusst mit Szenarien, die das Gleichgewicht herausfordern. Denn nur wer in der Instabilität stabil bleibt, ist wirklich bereit.

Innere Balance – Emotionale Selbstführung unter Druck

Gleichgewicht beginnt im Kopf. Die innere Balance beschreibt die Fähigkeit, auch in belastenden Situationen klar, fokussiert und ruhig zu bleiben. Angst, Wut oder Panik sind normale Reaktionen – doch sie dürfen uns nicht führen. P.R.I.M.E. Response schult deshalb nicht nur den Körper, sondern auch das Nervensystem. Ziel ist es, eine bewusste Regulation der emotionalen Reaktionen zu erlernen.

Stressreize lösen im Körper eine Kaskade neurophysiologischer Reaktionen aus: Der Sympathikus fährt hoch, der Puls beschleunigt sich, Atmung und Muskeltonus verändern sich. Wer hier nicht gegensteuert, verliert nicht nur den Fokus, sondern auch seine Entscheidungsfähigkeit. Deshalb setzen wir gezielt Atemtechniken, mentale Fokussierungsübungen und Reframing-Strategien ein, um den Übergang von Reiz zu Reaktion zu verlangsamen.

Das Ziel ist, die Emotionen nicht zu unterdrücken, sondern in eine kraftvolle Präsenz zu wandeln. Ein ruhiger Geist in einem wachen Körper ist das Fundament jeder wirksamen Handlung. Innere Balance bedeutet daher: Ich bin wach – aber nicht hektisch. Ich bin entschlossen – aber nicht aggressiv. Ich bin fokussiert – aber nicht eng.

Die Wechselwirkung von innen und außen

Körperliche Balance und emotionale Ausgeglichenheit bedingen sich gegenseitig. Wer körperlich ins Wanken gerät, gerät auch emotional unter Druck. Und wer emotional außer sich ist, verliert die körperliche Kontrolle. Deshalb verbindet P.R.I.M.E. Response beide Ebenen in jeder Übung. Selbst unter körperlicher Belastung wird die mentale Klarheit geschult – und umgekehrt.

Eine typische Trainingssituation könnte etwa so aussehen: Der Übende steht stabil im Grundstand, wird durch Partnerkontakt oder taktile Reize leicht destabilisiert und muss zugleich eine ruhige Atmung und klare Blickführung bewahren. Dabei wird nicht nur die äußere Standfestigkeit, sondern auch die innere Reaktionsfähigkeit trainiert. So entsteht echte Selbstkontrolle – aus Erfahrung, nicht aus Theorie.

Balance als Haltung

Balance im P.R.I.M.E. Response ist keine Phase – sie ist ein Dauerzustand. Nicht erst der Kampf, sondern schon die Begegnung verlangt sie. Die Art, wie ich stehe, gehe, blicke und atme – all das signalisiert Präsenz. Wer in Balance ist, strahlt Klarheit aus. Und Klarheit ist der stärkste Schutz vor Übergriffen. Denn Unsicherheit lädt zur Attacke ein – Standfestigkeit jedoch schafft Distanz.

Balance wird so zu einer Haltung, die weit über das Training hinausgeht. Sie zeigt sich im Alltag, in Gesprächen, in Krisen. Sie ist der stille Anker, der uns auch dann noch trägt, wenn alles um uns herum in Bewegung ist. In dieser Haltung wurzelt die Kraft des P.R.I.M.E. Response – nicht als starre Technik, sondern als lebendiger Ausdruck innerer Stärke.

Balance ist der Anfang. Ohne sie ist alles andere instabil. Mit ihr wird jeder Schritt zur bewussten Entscheidung. Und jede Entscheidung zu einer Antwort aus Klarheit.

Rooting – Kraft aus der Tiefe

Im P.R.I.M.E. Response System ist das Konzept des Rooting – also des Verwurzelns – weit mehr als eine biomechanische Spielerei. Es bildet die Grundlage für Standfestigkeit, strukturelle Stabilität und kraftvolle Wirkung im physischen wie im mentalen Sinne. Wer nicht fest steht, kann leicht zu Fall gebracht werden – das gilt im wörtlichen wie im übertragenen Sinn. Rooting ist damit ein Konzept, das sowohl körperlich erfahrbar als auch philosophisch tief verankert ist.

Körperliche Verwurzelung – Stabilität als Voraussetzung

In der körperlichen Auseinandersetzung entscheidet oft die Fähigkeit, den eigenen Stand zu halten. Gerade in der Selbstschutzsituation, in der Kräfte dynamisch aufeinandertreffen, ist eine stabile Körperstruktur essenziell. Das Ziel ist es, der auf uns einwirkenden Kraft eine Struktur entgegenzusetzen, die nicht kollabiert, sondern den Druck aufnimmt, umleitet oder ihm aktiv entgegentritt.

Diese Stabilität beginnt in den Füßen. Die Füße stehen nicht einfach auf dem Boden, sie „greifen" ihn regelrecht. Die Vorstellung, mit den Füßen in den Boden zu wachsen, fördert die Aktivierung der Fußmuskulatur und sensibilisiert das Körperbewusstsein für das eigene Lot. Aus dieser Verbindung entsteht ein sogenannter „Root" – ein Stand, der nicht nur statisch ist, sondern dynamisch tragfähig.

Wer richtig verwurzelt steht, kann aus dem Boden Kraft holen. Dies ist vor allem dann entscheidend, wenn es darum geht, dem Gegner durch Schläge, Stoß- oder Hebelbewegungen entgegenzutreten. Die Energie entsteht nicht aus dem isolierten Muskelspiel der Arme, sondern durch den Ganzkörpereinsatz, der mit dem Boden verbunden ist.

Rooting als Voraussetzung für Struktur

Eine gute Verwurzelung ist die Voraussetzung für jede effektive Körperstruktur. Strukturelle Integrität bedeutet, dass Kraftlinien ungebrochen durch den Körper fließen können – von den Füßen über die Beine, durch Becken und Rumpf bis in Arme und Hände. Dort, wo die Struktur unterbrochen ist, verpufft die Kraft. Der Körper ist dann nicht in der Lage, Energie effizient weiterzuleiten oder aufzunehmen.

Im P.R.I.M.E. Response wird dies in zahlreichen Drills und Partnerübungen trainiert. Ziel ist es, auch unter Stress die eigene Struktur zu wahren. Eine verwurzelte Struktur erlaubt es, Angriffe nicht nur abzufangen, sondern auch die eigene Gegenkraft kontrolliert und mit minimalem Aufwand einzusetzen.

Diese Idee stammt ursprünglich aus asiatischen Kampfkünsten wie dem Taijiquan oder dem Shaolin Kung Fu, wo Rooting einen zentralen Stellenwert einnimmt. Doch auch im westlichen Boxen oder Ringen zeigt sich: Ohne Standfestigkeit ist Technik wenig wert.

Verwurzelung in der Bewegung

Rooting bedeutet jedoch nicht, starr zu sein. Ein häufiger Fehler ist die Verwechslung von Stabilität mit Unbeweglichkeit. Wer zu hart steht, verliert seine Anpassungsfähigkeit. Verwurzelung im P.R.I.M.E. Response bedeutet deshalb dynamische Verwurzelung – also die Fähigkeit, die Verbindung zum Boden auch in der Bewegung aufrechtzuerhalten.

Das bedeutet, dass der Kämpfer ständig in der Lage ist, seine Position anzupassen, ohne das Gleichgewicht zu verlieren oder die Struktur zu zerstören. In der Praxis trainieren wir das z. B. durch kontrollierte Schrittbewegungen (Forward, Backward, Side Step), bei denen die Füße nie vollständig vom Boden abheben, sondern immer einen Kontakt behalten.

Durch diese Mobilität entsteht ein fließender Wechsel zwischen Stand und Bewegung – wie bei einem Baum, der tief verwurzelt, aber biegsam im Wind steht.

Mentales Rooting – Standhalten auf emotionaler Ebene

Neben der physischen Verwurzelung spielt das mentale Rooting eine zentrale Rolle. In Stresssituationen ist es die emotionale Standfestigkeit, die darüber entscheidet, ob wir handlungsfähig bleiben oder kollabieren. Panik, Angst oder Überforderung lösen im Körper ein inneres „Wackeln" aus – vergleichbar mit einem Baum, dessen Wurzeln sich lösen.

Mentales Rooting bedeutet, auch in bedrohlichen Momenten innerlich stabil zu bleiben. Dies geschieht durch Training der Selbstwahrnehmung, Atemtechniken, mentale Bilder sowie durch klare Entscheidungen im Vorfeld. Wer weiß, wie er reagieren will, steht innerlich gefestigter in der Situation.

P.R.I.M.E. Response fördert dieses mentale Rooting z. B. durch Szenarientraining, bei dem realistische Konfliktsituationen unter Stressbedingungen durchgespielt werden. Je häufiger eine belastende Situation mental und körperlich durchlebt wurde, desto robuster reagiert das System im Ernstfall.

Rooting und das Nervensystem

Aus neurowissenschaftlicher Sicht lässt sich Rooting als Regulation des autonomen Nervensystems begreifen. In einer potenziellen Bedrohungslage schaltet unser Körper in den sympathischen Modus (Kampf, Flucht oder Erstarren). Eine gute Verwurzelung hilft dem Körper, im parasympathischen Bereich zu bleiben oder schnell wieder in diesen zurückzufinden – das heißt: in einem Zustand der Kontrolle, Präsenz und Handlungsfähigkeit.

Durch Atemübungen, Körperscans, aber auch durch bewusste Aktivierung der Körperstruktur lässt sich das Nervensystem trainieren, sich zu beruhigen – sogar unter Druck. Die Verbindung zum Boden wird dadurch nicht nur physisch, sondern auch psychisch zum Anker.

Verwurzelung als Haltung

Am Ende ist Rooting nicht nur ein körperliches, sondern ein geistiges Konzept. Es steht für Standhaftigkeit, Integrität und Verbundenheit. Wer in sich ruht, steht stabiler. Wer verwurzelt ist – in seinen Werten, seinem Training, seinem Selbstverständnis –, ist schwer aus der Balance zu bringen.

Im Kontext von Selbstschutz heißt das: Ich weiß, wo ich stehe, was ich zu verlieren habe, und was ich bereit bin zu tun, um mich zu schützen. Aus dieser inneren Klarheit entsteht eine äußere Präsenz, die bereits im Vorfeld viele Konflikte entschärfen kann.

Im Training des P.R.I.M.E. Response ist Rooting deshalb kein einmal zu erlernender Baustein, sondern eine kontinuierliche Praxis. Es beginnt mit dem bewussten Kontakt zum Boden – und endet in einer unerschütterlichen Haltung, die selbst im Sturm bestehen kann.

Figure 8 – Fließende Kraft im ständigen Wandel

Im P.R.I.M.E. Response bildet das Figure 8 Konzept ein zentrales Element für Bewegungsfluss, kontinuierliche Einsatzfähigkeit und energetische Überlegenheit. Wer lernt, sich im Muster der liegenden Acht zu bewegen, erlangt mehr als nur koordinative Fähigkeit: Er schult sein Nervensystem, sensibilisiert seine Körperstruktur und verankert eine hochdynamische, nicht-lineare Strategie in seinen Selbstschutz.

Die liegende Acht als Bewegungskonzept

Das Figure 8 ist keine bloße Technik. Es ist eine Bewegungsstrategie. Die Form der liegenden Acht (oder Unendlichkeitsschleife) symbolisiert einen kontinuierlichen Fluss von Energie, Aktion und Reaktion. Im Gegensatz zu linearen oder starren Bewegungen erlaubt das Figure 8-Konzept eine ständige Fortsetzung der Bewegung – ohne Unterbrechung, ohne Rückkehr zur Ausgangsposition, ohne Totpunkt.

Diese Fließbewegung ist nicht nur elegant, sondern auch biomechanisch äußerst effizient. Die Kreis- und Spiralbewegungen aktivieren nicht nur mehr Muskelgruppen gleichzeitig, sondern erleichtern auch den nahtlosen Übergang zwischen Verteidigung und Angriff. Eine Bewegung gleitet in die nächste, ohne Reibungsverlust. Genau diese Dynamik ist entscheidend in realen Selbstschutzsituationen, in denen Zeit, Energie und Entscheidungskraft extrem limitiert sind.

Anwendung im P.R.I.M.E. Response

Im P.R.I.M.E. Response wird das Figure 8 in verschiedenen Kontexten genutzt:

- **Zur Verteidigung**: Durch kreisende Bewegungen können Angriffe effizient abgelenkt und umgelenkt werden, ohne sich im Blockieren zu verfangen. Ein klassisches Beispiel ist die kreisende Bewegung mit dem Unterarm, um einen Faustschlag umzuleiten, wobei sofort der Übergang in einen Gegenangriff erfolgt.
- **Im Angriff**: Die Achtbewegung erlaubt es, mehrere Treffer in Folge zu landen, ohne Pause oder Vorbereitung. Wer gelernt hat, im Muster der Acht zu schlagen, kann zwischen vertikalen, horizontalen und diagonalen Bahnen wechseln und dabei eine höhere Schlagfrequenz und Präzision entwickeln.
- **In der Körperarbeit**: Figure 8 überträgt sich auf Schultern, Hüften, Beine und das Zentrum. Eine Rotation in der Schulter führt zur elastischen Beschleunigung des Armes. Eine spiralige Hüftbewegung bringt die Kraft des Körpers in den Tritt. Dadurch entsteht – auch ohne Muskelkraft – hohe Schlagkraft.
- **Im Weaponizing des Körpers**: Die kreisende Energie der Figur Acht lässt sich auch auf Elbow, Knee, Palmstrike und Hammerfist übertragen. Sie werden Teil eines rhythmischen, unaufhaltsamen Bewegungsflusses.

Nervensystem und Flow-Zustand

Auf neurophysiologischer Ebene wirkt das Figure 8-Konzept wie ein Kalibrator für das Nervensystem. Durch die komplexe Koordination der Bewegungen wird das zentrale Nervensystem aktiviert und zugleich harmonisiert. Links-rechts-Verbindungen im Gehirn werden gestärkt. Das fördert nicht nur Reaktionsgeschwindigkeit, sondern auch emotionale Selbstregulation unter Stress.

In dynamischen Konfliktsituationen entscheidet nicht nur Kraft oder Technik, sondern auch die psychophysische Kohärenz. Wer sich im Flow befindet, kann intuitiv handeln, bleibt wach und kreativ. Figure 8 trainiert genau diesen Zustand: Wachheit im Wandel, Kreativität in der Aktion.

Prinzipien hinter dem Konzept

Das Figure 8-Konzept folgt drei Grundprinzipien:
1. **Ununterbrochener Energiefluss**: Jede Bewegung erzeugt die nächste. Es gibt keine starren Endpunkte.
2. **Kombinierbarkeit**: Defensive und offensive Elemente sind kein Gegensatz. Die Bewegung dient beiden.
3. **Zentrumskontrolle**: Die Kraft kommt nicht aus den Extremitäten, sondern aus der Mitte. Figure 8 zwingt zur Zentrierung.

Training und Methodik

Das Erlernen der Figur Acht beginnt mit isolierten Bewegungsmustern, etwa in Schultern oder Armen. Später werden Hüften und Beine integriert. Wichtig ist, die Bewegungen zuerst langsam, bewusst und ohne Widerstand auszuführen, um das neuronale Muster zu stabilisieren. Erst dann folgt das Übertragen in dynamische Partnerübungen, Szenarien und Drills.

Ein Schlüssel im Training ist das „Looping": Die Wiederholung von Bewegungsfolgen im unendlichen Zyklus. Diese Schleifenprogrammierung führt dazu, dass der Körper auch unter Stress abrufbare, fließende Muster entwickelt.

Verbindung zu anderen Konzepten

Figure 8 steht in enger Verbindung mit:
- **Rooting**: Ohne stabile Verwurzelung wird der Bewegungsfluss instabil.
- **Short Power**: Die spiralige Acht ermöglicht Explosionskraft aus kurzer Distanz.
- **Focus**: Die kontinuierliche Bewegung zwingt zur geistigen Zentrierung.
- **Transition**: Figure 8 ist per se ein Konzept der Überleitung, also des ständigen Wechsels zwischen Zuständen.

Bedeutung im realen Konflikt

In realen Bedrohungssituationen entscheidet oft nicht, wer mehr kann, sondern wer fließender, schneller und weniger unterbrochen handelt. Das Figure 8-Konzept gibt genau diese Qualität: Es schafft eine Bewegungskultur, die weniger auf Reaktion und mehr auf permanente Aktion ausgelegt ist. Dadurch entsteht für den Angreifer keine greifbare Lücke, keine Linie der Schwäche, kein Angriffsziel.

Fazit

Figure 8 ist kein Add-on, sondern ein Fundament des körperlichen Ausdrucks im P.R.I.M.E. Response. Wer diese Bewegung verinnerlicht, verknüpft Biomechanik mit Flow, Taktik mit Intuition, Schutz mit Angriff. Die liegende Acht wird zur aufrechten Haltung, zur inneren Linie und zum unendlichen Prinzip: fließend, verbunden, lebendig.

Short Power – Explosive Kraft auf kürzester Distanz

Im P.R.I.M.E. Response spielt das Konzept der **Short Power** eine zentrale Rolle, wenn es um wirkungsvolle Selbstschutzstrategien in beengten oder dynamischen Szenarien geht. Anders als in vielen traditionellen Kampfsportarten, in denen für einen Schlag oder Tritt meist Raum, Ausholbewegung oder ein festes Fundament notwendig ist, konzentriert sich Short Power auf maximale Effizienz bei minimalem Bewegungsradius. Es ist die Kunst, in kürzester Zeit und Distanz eine biomechanisch optimierte Kraftentladung zu erzeugen – und damit selbst aus einer ungünstigen oder bedrängten Position handlungsfähig zu bleiben.

Was ist Short Power?

Short Power beschreibt eine besondere Form der Kraftentfaltung, bei der ein Schlag oder eine Technik auf engstem Raum durchgeführt wird, ohne Ausholen, ohne große Gewichtsverlagerung – und dennoch mit massiver Wirkung. Es geht dabei nicht um rohe Gewalt, sondern um strukturelle Präzision, biomechanische Klarheit und das intelligente Zusammenspiel von Körpersegmenten entlang der Zentralachse.

Das Prinzip ist eng verwandt mit sogenannten „Fa-Jing"-Konzepten aus inneren Kampfkünsten oder dem Konzept der „Explosivkraft" aus dem Leistungssport. Doch während diese Formen oft einen hohen Trainingsaufwand und Körperbewusstsein voraussetzen, ist Short Power im P.R.I.M.E. Response so konzipiert, dass es schnell erlernbar und anwendbar ist – selbst unter Stress und ohne perfekte Technik.

Die biomechanischen Grundlagen

Die Basis von Short Power liegt in der Rotation des Oberkörpers entlang der vertikalen Achse, also der Wirbelsäule. Diese Bewegung allein reicht jedoch nicht aus. Die Kraft entsteht erst durch das Zusammenwirken folgender Komponenten:

- **Rotation**: Die Drehung der Hüfte und des Brustkorbs um die Zentralachse bildet die Initialzündung. Sie ist oft minimal, aber explosiv.
- **Gewichtsverlagerung**: Eine kurze, impulsartige Verschiebung des Körpergewichts nach vorne oder unten (Drop Step) sorgt dafür, dass die kinetische Energie in die Technik übertragen wird.
- **Falling Step**: Ein kleines, gezieltes Absenken oder „Stolpern nach vorne" erzeugt zusätzlich Bewegungsenergie, ohne sichtbar anzugreifen.
- **Strukturelle Anbindung**: Der Arm bleibt nicht isoliert, sondern ist über Schultergürtel, Rumpf und Hüfte an das Körperzentrum angebunden. Die Schlagkraft resultiert somit aus der „Kette" – nicht aus der reinen Armmuskulatur.
- **Bodenkontakt**: Ohne stabile Anbindung an den Boden („Rooting") verpufft die Kraft. Erst die Rückkopplung durch den festen Stand ermöglicht den kontrollierten Impuls.

Short Power in der Anwendung

Short Power kommt insbesondere in folgenden Situationen zum Einsatz:
- In der **Nahdistanz**, wenn kein Raum zum Ausholen bleibt.
- Aus dem **Clinching**, wenn beide Körper eng verbunden sind.

- Im Übergang von **Defensive zu Offensive**, etwa aus dem 3-Point-Cover oder nach einem Entry.
- In **beengten Räumen**, wie z. B. in Aufzügen, öffentlichen Verkehrsmitteln oder Fluren.
- Bei **mehreren Angreifern**, wenn kein Zeitfenster für komplexe Techniken bleibt.

Typische Techniken, die mit Short Power ausgeführt werden, sind:
- Palmstrikes (Handballenschläge)
- Hammerfists
- vertikale Fauststöße
- Schulterstöße

Wichtig ist: Die Kraft muss nicht „hart" aussehen – sie soll funktional wirken. Viele Short Power Schläge wirken unscheinbar, entfalten aber eine Wirkung, die das Nervensystem des Angreifers unterbricht oder seine Struktur kollabieren lässt.

Mentale Voraussetzungen

Short Power ist nicht nur eine körperliche Fähigkeit – sie beginnt im Kopf. Um Short Power effektiv einzusetzen, braucht es:
- **Entschlossenheit** – keine Hemmung in der Ausführung.
- **Zielklarheit** – wohin geht der Impuls?
- **Unmittelbarkeit** – kein Zögern, kein Abwarten.
- **Fokus auf den Moment** – nicht nachdenken, sondern umsetzen.

Hier fließt auch das Element der Intention mit ein: Nur wenn die Ausführung nicht zögerlich oder verkopft erfolgt, kann die Technik ihre Wirkung entfalten. Short Power ist keine Bewegung – sie ist ein Ausdruck innerer Klarheit.

Training von Short Power

Das Training erfolgt in progressiven Schritten – immer mit Fokus auf Struktur, Kontrolle und Wirkungsabsicht:

1. **Isolierte Bewegungsübungen**
   – Hüftrotation, Drop Step, Ansteuerung des Körperzentrums
2. **Trockenübungen mit Partnern**
   – Fokus auf Präzision statt Kraft
3. **Pratzentraining auf kurze Distanz**
   – z. B. Handballenschläge mit 10 cm Anlauf
4. **Szenarientraining**
   – aus beengten Situationen, Überraschungsszenarien, taktische Übergänge
5. **Verkettung mit anderen Konzepten**
   – Short Power aus der Figure 8 Bewegung oder kombiniert mit dem Fence

Ein zentraler Aspekt ist die mentale Kalibrierung: Nur wenn der Ausführende innerlich ruhig, aber fokussiert ist, kann die kurze, explosive Bewegung aus dem Zentrum erfolgen. Unkontrollierte Wut oder Verkrampfung stören den Bewegungsfluss und machen die Technik ineffektiv.

Integration in das P.R.I.M.E. Response System

Short Power ist kein isoliertes Tool, sondern ein Kraftprinzip, das in zahlreiche Elemente des Systems eingebettet ist:
• In der Toolbox ist es Teil fast aller Schläge (Palm, Hammerfist, Elbow etc.).
• In der Körpersprache zeigt es sich als Ausdruck innerer Entschlossenheit.
• In der Übergangsphase vom Entry zur Offensive ist es ein Brückenelement.
• In der Wirkfeldlogik steht es im Feld „Einsatz" – vom Wissen zum Tun.

Damit wird deutlich: Short Power ist keine Technik. Es ist ein Ausdruck der inneren Haltung, verkörpert durch biomechanische Klarheit, mentale Zielausrichtung und strukturelle Stabilität. Die Fähigkeit, aus dem Nichts heraus zu wirken – schnell, effektiv und entschlossen – ist das, was Short Power ausmacht.

Fokus – Der gezielte Blick im Chaos

In einer realen Konfrontation entscheiden oft wenige Sekunden über Sicherheit oder Verletzung, über Handlungsmacht oder Kontrollverlust. Mitten im Sturm aus Adrenalin, Überraschung, Geräuschen, Bewegungen und Emotionen stellt sich eine zentrale Frage: *Worauf richte ich meine Aufmerksamkeit?* Der Fokus ist kein bloßer mentaler Zustand – er ist eine taktische Entscheidung, ein Überlebenswerkzeug und ein zentrales Konzept im P.R.I.M.E. Response System.

Fokus im P.R.I.M.E. Kontext bedeutet nicht nur Konzentration, sondern Zielgerichtetheit: Der Fokus leitet unsere Entscheidungen, unsere Bewegungen, unsere Energie. Ohne klaren Fokus verlieren wir uns in Nebenschauplätzen – und werden zum Spielball des Angreifers.

Was ist Fokus im Selbstschutz?

Der Begriff „Fokus" wird oft mit Konzentration oder geistiger Wachheit gleichgesetzt. Im Selbstschutz meint Fokus jedoch etwas Spezifischeres: die Fähigkeit, unter Hochstressbedingungen die Aufmerksamkeit bewusst zu steuern. Dabei geht es nicht nur um das *Worauf*, sondern auch um das *Warum*.

Fokus ist selektiv – wir können nicht alles gleichzeitig im Blick behalten. In einer Konfrontation bedeutet das: Was wir beachten, bestimmt, wie wir handeln. Ein falscher Fokus kann zu verzögerten Reaktionen, Fehlentscheidungen und letztlich zur Eskalation oder Niederlage führen.

Die Falle der Extremitäten

Eine der größten Gefahren in einem physischen Konflikt ist die Fixierung auf die Extremitäten des Angreifers – auf Hände, Füße, die Waffe. Diese Fixierung geschieht intuitiv. Der Körper will überleben, also scannt er unwillkürlich nach unmittelbarer Gefahr. Doch genau hier beginnt das Problem:
Wenn wir uns ausschließlich auf die Faust oder das Messer konzentrieren, verlieren wir den Menschen aus dem Blick, der uns bedroht. Wir reagieren nur noch – statt zu handeln.
Finten, Ablenkungsmanöver oder plötzliche Taktikwechsel wirken dann besonders effektiv, weil unser Gehirn wie eingefroren auf die falsche Information reagiert.

P.R.I.M.E. Response trainiert deshalb, nicht der Bewegung, sondern der Intention zu folgen. Die Faust ist das Vehikel. Die Person ist der Motor.

Zielklarheit statt Reizverarbeitung

In einer Bedrohungssituation wirken zahlreiche Reize auf uns ein:
- Bewegungen
- Geräusche
- Gesichtsausdrücke
- Schmerzwahrnehmung
- Erinnerungen oder innere Bilder

Das Gehirn kann unter Stress nur begrenzt Informationen verarbeiten. Wenn der Fokus auf irrelevanten oder nachrangigen Reizen liegt – etwa auf der Kleidung des Angreifers oder einer Nebengestalt im Hintergrund – geht wertvolle Reaktionszeit verloren.

Zielklarheit bedeutet: Ich weiß, worauf ich meine Energie richte. Ich weiß, was *jetzt* zählt. Und ich kann alles andere ausblenden.
Das Ziel im P.R.I.M.E. Response ist dabei immer klar: die unmittelbare Bedrohung beenden. Nicht diskutieren, nicht deuten, nicht kontrollieren. Beenden. Dieses Ziel steuert den Fokus – nicht andersherum.

Fokus lenken – nicht verlieren

Der Schlüssel liegt nicht darin, „nichts zu beachten", sondern den Fokus *aktiv zu führen*. Es geht um bewusste Aufmerksamkeit. Folgende Strategien sind dafür im P.R.I.M.E. Response zentral:

a) **Zentraler Blickpunkt statt Tunnelblick:** Wir trainieren einen offenen Fokus, bei dem die Augen den Brustbereich oder das Zentrum des Gegenübers erfassen. So bleiben Bewegungen der Schultern, Hüften und Arme im peripheren Blickfeld – ohne den Fokus zu verlieren.

b) **Atemfokus zur Selbstzentrierung:** Der bewusste Fokus auf den Atem – besonders in der

Vorbereitungsphase (Anticipated Threat) – hilft, die innere Balance zu halten. Der Atem wird zur inneren Ankerzone im äußeren Chaos.

c) **Reframing von Reizen:**
Was wie eine Bedrohung wirkt (z. B. Geschrei, verbale Provokation), wird im P.R.I.M.E. Training gezielt *umgepolt*. Nicht die Lautstärke ist gefährlich, sondern das Handlungsmuster dahinter. So wird verhindert, dass der Fokus in Nebenschauplätze abrutscht.

Fokusarbeit im Training – gezielte Szenarien

Im Training wird der Fokus gezielt durch Szenarien gefordert und geschärft. Typische Übungen sind:

- **Mehrfachangreifer mit Ablenkung:**
  Eine Person provoziert verbal, eine andere nähert sich unbemerkt. Ziel: Fokus auf den potenziellen Angreifer richten – ohne sich blenden zu lassen.
- **Weapon Awareness Drill:**
  Ein Messer taucht plötzlich auf – nicht als Fokuspunkt, sondern als taktischer Hinweis. Reaktion: Fokus bleibt auf der Person, nicht auf der Waffe.
- **Bewegungsüberlagerung:**
  Angriffe werden mit verbalen, visuellen oder taktilen Reizen kombiniert, um den Fokus zu testen und zu trainieren.

Durch diese Drills entsteht eine bewusste Reflexion: *Was triggert meinen Fokus? Was lenkt mich ab? Und wie finde ich zurück?*

Innerer Fokus: Der mentale Kompass

Der äußere Fokus ist nur die halbe Wahrheit. Ebenso entscheidend ist der innere Fokus – also die Fähigkeit, sich selbst zu führen. Wer sich innerlich verliert, ist auch äußerlich nicht handlungsfähig.

P.R.I.M.E. Response arbeitet mit verschiedenen Methoden zur inneren Fokussierung:

- **Mentale Vorwegnahme (Pre-Visualization):**
  Vor dem Szenario stellt sich der Trainierende vor, wie er ruhig,

entschlossen und klar fokussiert agiert. Diese mentale Programmierung erleichtert die Handlung unter Stress.

- **Post-Szenario-Reflexion:**
Nach jeder Übung wird gefragt: *Worauf war mein Fokus gerichtet? Was habe ich übersehen? War ich bei mir oder beim Gegner?*

- **Triple   Q:**
Das aus dem Mind Mastery Coaching bekannte Tool stellt auch hier gezielte Fragen:
  - Wofür ist dieser Angriff gut? (Lerneffekt)
  - Was kann ich tun? (Handlungsoption)
  - Was brauche ich jetzt? (Fokusausrichtung)

Fokus und Energiefluss

Worauf wir uns fokussieren, dorthin fließt unsere Energie – dieser Satz ist nicht bloß ein Spruch aus der Persönlichkeitsentwicklung, sondern in einer Auseinandersetzung überlebenswichtig.

- Wenn unser Fokus auf der Angst liegt, wird sie stärker.
- Wenn unser Fokus auf dem Gegner liegt, geben wir ihm Macht.
- Wenn unser Fokus auf der Lösung liegt – der Beendigung der Bedrohung – gewinnen wir Handlungsmacht.

Das P.R.I.M.E. Konzept arbeitet deshalb mit **Fokus-Transfer**:

- Von der Gefahr zur Lösung
- Vom Reiz zur Antwort
- Vom Angreifer zur eigenen Intention

Fokus in der Anwendung – ein Beispiel

Stell Dir vor: Eine Person steht Dir aggressiv gegenüber, laut, aufgebracht, eventuell bewaffnet. Dein Gehirn will alles gleichzeitig tun: fliehen, beobachten, reagieren, denken.

- Doch dann greift das Training:
- Du fokussierst Dich auf seine Körpermitte.
- Du steuerst Deinen Atem.

- Du hörst auf die Stimme, aber glaubst nicht jedem Wort.
- Du bleibst wach – aber nicht starr.
- Dein Fokus liegt auf der Lücke – der Moment, in dem Du handeln kannst.
- Du wartest nicht. Du bist bereit.
- Der Fokus wird zur Waffe.

Fokus ist Führung

Das Fokuskonzept im P.R.I.M.E. Response ist kein netter Zusatz, sondern ein zentrales Überlebensprinzip. Es trennt den Reagierenden vom Handelnden, das Opfer vom Verteidiger. Wer seinen Fokus kontrolliert, kontrolliert die Situation – selbst wenn er zahlenmäßig unterlegen ist.

Im P.R.I.M.E. Training wird Fokus zur gelebten Praxis: körperlich, mental, taktisch. Nicht als starre Konzentration, sondern als lebendige Ausrichtung. Der Fokus ist der innere Kompass im äußeren Sturm – und damit eines der wichtigsten Konzepte jeder effektiven Selbstschutzstrategie.

Sword & Shield – Bewegung in Dualität

Konflikte sind dynamisch. Sie folgen keinem starren Drehbuch, und sie lassen sich selten mit einer einzelnen Technik lösen. In der Realität prallen Bewegung, Kraft, Absicht und Chaos aufeinander – in Sekundenbruchteilen. Genau hier zeigt sich der Wert eines Bewegungskonzepts, das nicht nur reagiert, sondern fließt: Sword & Shield. Dieses Konzept bildet das Herzstück taktischer Effizienz im P.R.I.M.E. Response System. Es vereint Schutz und Angriff, Stabilität und Dynamik, Reaktion und Initiative – in einem durchgehenden, körperlich verankerten Bewegungsfluss.

Sword & Shield ist kein starrer Kampfstil, sondern ein Prinzip lebendiger Anpassung. Es trainiert Körper und Geist darin, permanent präsent zu bleiben, Verteidigung und Angriff nicht als Gegensätze zu sehen, sondern als Aspekte ein und derselben Handlung.

Was ist „Sword & Shield"?

Im klassischen Bild beschreibt „Sword & Shield" die Kombination aus einer Angriffs- und einer Schutzwaffe. Im P.R.I.M.E. Response wird daraus ein Bewegungskonzept, bei dem:
- ein Arm als Schild fungiert – zum Blockieren, Führen, Deeskalieren,
- der andere Arm als Schwert – zum Schlagen, Stören, Angreifen.

Dabei geht es nicht um ein dauerhaftes Links-Rechts-Schema. Die Rollen wechseln fließend, manchmal innerhalb eines einzigen Bewegungsablaufs. Entscheidend ist, dass der Körper lernt, dual zu handeln: nicht *entweder* verteidigen *oder* angreifen, sondern gleichzeitig.

Diese Fähigkeit unterscheidet ein reaktives Verhalten (klassisch: Block + Konter) von einem *responsiven*, fließenden Handeln. Der Gegner soll nicht denken: „Jetzt kommt die Abwehr, jetzt der Gegenschlag" – sondern er soll den Eindruck haben, dass beides gleichzeitig geschieht. Und genau das erzeugt Überlegenheit.

Der Schild – Schutz mit Strategie

Der Schildarm dient nicht bloß dem Blocken. Er hat im P.R.I.M.E. System mehrere Funktionen:
a) **Struktur und Schutz:**
   Er schützt den zentralen Bereich des Körpers – insbesondere die Kopf- und Halsregion – und stützt die biomechanische Struktur. Dabei folgt er stets der Schulter- oder Zentralachse.
b) **Führung:**
   Der Schild lenkt gegnerische Bewegungen um, leitet sie ab oder lenkt sie ins Leere. Er kontrolliert Distanzen und schützt Räume – etwa durch Pushs, Cover oder Check-Moves.
c) **Provokation und Einladung:**
   In bestimmten Szenarien kann der Schildarm gezielt eine Öffnung andeuten – um die Reaktion des Gegners zu provozieren und damit planbar zu machen. Dies geschieht z. B. im Fence oder bei Close-Range-Entries.

d) **Energetische Absorption:**
Durch Struktur und Position kann er Schläge absorbieren, ohne dass der eigene Körper destabilisiert wird. Hier kommt das Rooting-Prinzip ins Spiel: Der Schild ist verwurzelt – nicht starr.

Das Schwert – Aktion mit Präzision

Der Schwertarm ist das aktivere Element im Spiel der Dualität. Auch er ist mehr als nur „die schlagende Hand":
a) **Angriff und Impulsgebung:**
Er dient dem Schlagen, Stoßen, Ablenken, Öffnen. Dabei nutzt er oft die Konzepte von Short Power oder Figure 8, um dynamische, energiegeladene Bewegungen auch aus kurzer Distanz umzusetzen.
b) **Rhythmusbrecher:**
Das Schwert bricht den Rhythmus des Gegners, unterbricht seine Sequenzen oder verhindert die Ausbildung eines stabilen Angriffs.
c) **Feedback-Werkzeug:**
Über den Schwertarm erhält der Verteidiger Informationen über Struktur, Richtung und Intention des Gegners. Im Kontakt (z. B. beim Clinch oder Nahkampf) wird der Schwertarm zum taktilen Sensor.
d) **Psychologisches Momentum:**
Wer angreift, übernimmt die Initiative – aber nicht jede Initiative muss brachial sein. Der Schwertarm kann auch irritieren, täuschen, locken – um die Kontrolle zu behalten.

Kreisbewegung statt Block-Konter

Ein wesentliches Merkmal des Sword & Shield Konzepts ist der kreisförmige Bewegungsfluss. Die Arme bewegen sich nicht unabhängig voneinander, sondern in einer abgestimmten Bahn. Diese Kreise:
- erzeugen Momentum
- ermöglichen Richtungswechsel
- minimieren Pausen
- schützen zentrale Linien
- bereiten simultane Folgeaktionen vor

Der Vorteil gegenüber klassischen Block-Konter-Kombinationen liegt in der Zeit- und Energieeffizienz. Es gibt keine Lücke zwischen Abwehr und Angriff. Die Energie fließt kontinuierlich. Das reduziert Angriffsfenster für den Gegner – und erhöht gleichzeitig die eigene Schlagzahl.

Im Training werden einfache Bewegungsabfolgen wie Hubud Lubud (aus dem Filipino Martial Arts) oder fließende Cover-Punch-Drills genutzt, um diese Bewegung zu verinnerlichen. Später gehen diese Muster in freie Anwendung über.

Linien schützen – Zentral- und Schulterlinie

Ein zentrales Ziel im Konzept ist der Schutz zweier kritischer Linien:
- **Zentralachse:** Die Linie, die von Kopf bis Becken durch die Körpermitte läuft – sie enthält lebenswichtige Ziele: Augen, Nase, Hals, Solarplexus, Leiste.
- **Schulterlinie:** Die horizontale Linie, die von den Schultern nach vorne geht – oft durchlässig bei runden Angriffen (z. B. Haken, Messer von der Seite).

Sword & Shield arbeitet so, dass mindestens eine dieser Linien stets abgedeckt ist – idealerweise beide. Durch die Kreisbewegung entsteht ein fließender Schutz, der weder statisch noch mechanisch ist. Selbst wenn eine Hand gebunden oder verletzt ist, bleibt das Konzept intakt – durch Bewegung, Timing und Winkel.

Wechselnde Rollen – kein starres System

Eine der größten Stärken von Sword & Shield ist seine Adaptivität. Die Rollen der Arme sind nicht festgelegt. Je nach Bewegung, Winkel, Distanz oder Gegenwehr wechselt das „Schwert" zum „Schild" – und umgekehrt. Diese Fähigkeit ist trainierbar.
Übungen dazu:
- Simultane Cover & Strike Drills mit Rollenwechsel
- Situatives Training mit Begrenzung (z. B. nur eine Hand erlaubt)

- Szenarien, in denen das Schwert „versagt" und zur Verteidigung umfunktioniert werden muss

Diese Flexibilität verhindert Denkpausen und erhöht die Körperintelligenz. Denn: Der Körper reagiert schneller als der Verstand – aber nur, wenn er in Prinzipien und nicht in Techniken denkt.

Verbindung zu anderen Konzepten

Sword & Shield steht nicht isoliert – es ist eng verwoben mit anderen P.R.I.M.E. Konzepten:
- **Balance:**
  Nur wer stabil steht, kann die Kreisbewegung effektiv ausführen. Ohne Balance wird der Schirm brüchig, das Schwert ungenau.
- **Focus:**
  Der Blick führt die Bewegung. Wer die falsche Linie schützt oder das falsche Ziel attackiert, verliert Kontrolle.
- **Short Power:**
  Besonders der Schwertarm nutzt Short Power, um aus minimalem Raum maximale Wirkung zu erzeugen.
- **Transition:**
  Der Wechsel von Schild zu Schwert ist eine permanente Transition – sowohl physisch als auch mental.

Anwendung im Ernstfall

In einer realen Bedrohungssituation – sei es ein Faustangriff oder ein Clinch – bewährt sich das Konzept vor allem durch:
- **Dauerhafte Präsenz:** Man bleibt im Kontakt, ohne zu verharren
- **Ständige Schutzfunktion:** Die gefährdeten Zonen bleiben abgedeckt
- **Handlungsfähigkeit trotz Chaos:** Auch bei wechselnden Distanzen oder Angreifern bleibt die Grundstruktur bestehen
- **Reaktionsverkürzung:** Die Hand muss keine neue Position finden – sie ist bereits aktiv

Ein Beispiel:
Ein Angreifer schlägt mit rechts. Du nutzt den linken Arm zum Cover (Schild), gleichzeitig stößt die rechte Hand diagonal nach vorn (Schwert). Der Schlag wird abgelenkt, gleichzeitig trifft deine Gegenwehr. Noch bevor der Gegner zurückschalten kann, hast du dich neu positioniert – das Schwert ist nun der Schild, der Schild das Schwert. Fließend. Anpassungsfähig. Klar.

Die Synergie von Schutz und Angriff

Sword & Shield ist mehr als eine Technik. Es ist ein Denkmodell, ein Bewegungsmuster, eine Philosophie. Es erinnert uns daran, dass wir nie „nur" verteidigen oder „nur" angreifen. In der realen Konfrontation fließt beides ineinander – und nur wer diese Synergie beherrscht, bleibt Herr der Lage.

Das Konzept fordert und fördert: Präsenz, Körperbeherrschung, strategisches Denken, Handlungssicherheit und Klarheit in der Aktion. Es ist damit ein Schlüsselelement des P.R.I.M.E. Response – und ein kraftvolles Tool für alle, die sich effektiv und bewusst schützen wollen.

Transition – Die Kunst des Wandels im Kampf

In einem dynamischen Selbstschutzszenario ist nichts konstant – außer der Veränderung. Bewegungen verlaufen nicht linear. Angreifer wechseln Distanzen, Waffen können auftauchen oder verloren gehen, und die eigene Position verändert sich permanent. In dieser fluktuierenden Realität ist ein Prinzip entscheidend: Transition – der bewusste und fließende Übergang zwischen Zuständen, Aktionen und Kontexten. Es ist das Prinzip, das Chaos ordnet, ohne es zu bekämpfen, und das Körper, Geist und Technik synchronisiert.

Verzögerung anzupassen, ohne dabei Prinzipien oder Effizienz zu verlieren. Besonders markant wird dieses Konzept in der Kontinuität zwischen bewaffnetem und unbewaffnetem Handeln: Wer ein Messer oder einen Stock verliert oder aufnehmen muss, darf seine Effizienz nicht einbüßen. Wer zwischen Distanz und Nahkampf wechselt, zwischen Kontrolle und Offensive, muss seine Körpermechanik und Strategie nahtlos übertragen können.

Was bedeutet Transition konkret?

Im engeren Sinne meint Transition im P.R.I.M.E.-System:
- Den Wechsel zwischen bewaffnetem und unbewaffnetem Handeln
- Den Wechsel zwischen Distanzen (z. B. von Long Range zu Clinch)
- Die Umwandlung von Verteidigung in Angriff – und umgekehrt
- Die fließende Anpassung der Körperstruktur bei Positionsveränderung
- Die nahtlose Fortführung eines Bewegungsprinzips trotz situativer Störung

Transition ist also nicht nur eine physische Anpassung – sie ist eine mentale Bereitschaft zum Wandel, die sich in jeder Bewegung zeigt.

Körpermechanik als Konstante

Der Schlüssel zu effektiver Transition liegt in der konstanten Körpermechanik. Bewegungen, egal ob mit oder ohne Waffe, folgen im P.R.I.M.E. denselben biomechanischen Prinzipien:
- Der Körperschwerpunkt bleibt tief und zentral
- Bewegungen gehen aus dem Rumpf, nicht aus den Extremitäten
- Kraft wird über Short Power entlang der Zentralachse erzeugt
- Struktur entsteht durch Rooting und Balance
- Bewegungen folgen kreisförmigen oder spiraligen Bahnen, wie im Figure 8

Dadurch bleibt der Körper in seiner Sprache konsistent – egal, ob die Hand leer ist oder eine Waffe hält. Das reduziert die Umstellungszeit, erhöht die Präzision und ermöglicht es dem Trainierenden, auf jede Veränderung direkt zu reagieren.

Von waffenlos zu bewaffnet – und zurück

In vielen realen Selbstschutzsituationen verändert sich das Setting plötzlich. Der Angreifer zieht eine Waffe. Der Verteidiger verliert seine. Oder ein Objekt (Regenschirm, Stift, Gürtelschnalle) wird zur improvisierten Verteidigung genutzt.
In all diesen Fällen zeigt sich die Qualität des Transitionskonzepts:

- Der Körper agiert identisch – die Waffe ist nur eine Verlängerung der Bewegung.
- Bewegungen bleiben ökonomisch und brauchen keine separate „Waffenmotorik".
- Timing, Distanzgefühl, Focus und Struktur bleiben intakt.
- Die Prinzipien Sword & Shield, Balance, Focus und Short Power behalten ihre Gültigkeit.

Trainierende im P.R.I.M.E. Response lernen von Anfang an, waffenlose und bewaffnete Bewegungen nicht als getrennte Systeme zu betrachten, sondern als gleiche Bewegung mit unterschiedlichem Werkzeug.

Bewegung ist nie abgeschlossen – sie geht weiter

Ein zentraler Fehler vieler klassischer Kampfsysteme liegt in der Vorstellung, dass Bewegungen „zu Ende geführt" werden müssen. Ein Schlag hat einen Anfang und ein Ende. Ein Block ist ein abgeschlossenes Ereignis.

In der Realität aber ist jede Bewegung Teil eines kontinuierlichen Flusses. Hier greift das Konzept der Transition: Jeder Schlag wandelt sich potenziell in einen Zug, jeder Block in einen Schlag, jede Verteidigung in einen Angriff. Der Körper „lauscht" auf den Moment und wählt dynamisch die passende Fortsetzung.

Übungen zur Verinnerlichung:
- Schlag-Block-Flow-Drills mit unvorhersehbaren Richtungswechseln
- Wechselspiele: Waffe fallen lassen – waffenlos weitermachen – Waffe erneut aufnehmen
- Konterketten mit intentionalem Bruch: Wo wechsle ich Struktur, Rolle oder Bewegungsrichtung?

Diese Übungen fördern das reagierende Bewusstsein – nicht durch Wiederholung, sondern durch Verständnis.

Transition ist auch emotional und mental

Der Kampf verändert nicht nur die Positionen im Raum, sondern auch die emotionale Lage. Die Fähigkeit zur Transition bedeutet daher auch:
- Den Übergang von Angst zu Klarheit,
- Von Ohnmacht zu Handlung,
- Von Reaktion zu Verantwortung.

Dieses innere Schalten ist vielleicht die anspruchsvollste Form der Transition. Sie beginnt mit der Fähigkeit, die eigene Erregung zu regulieren (siehe Balance), sich mit der Realität zu verbinden (Focus) und **die eigene Strategie aktiv zu wählen**, anstatt reflexhaft zu reagieren.

Transition bedeutet, die innere Haltung dem äußeren Bedarf anzupassen, ohne sich selbst zu verlieren.

Verbindung zu anderen P.R.I.M.E.-Konzepten

Transition funktioniert nicht isoliert. Sie ist ein Vernetzungsprinzip und verbindet:
- **Balance:** Nur wer innerlich stabil ist, kann sich äußerlich anpassen
- **Focus:** Klarheit im Fokus ist notwendig, um situativ richtige Entscheidungen zu treffen
- **Figure 8:** Die Bewegungsflüsse des „Unendlichkeitssymbols" ermöglichen kontinuierliche Richtungswechsel
- **Sword & Shield:** Der Wechsel von Verteidigung zu Angriff ist Transition in Reinform
- **Short Power:** Kraftübertragung bleibt stabil – auch bei wechselnden Positionen

So wird Transition zum Klebstoff des gesamten Systems. Es ist das Konzept, das alle anderen miteinander verbindet und sie in Bewegung hält.

Transition trainieren – methodische Ansätze

Transition lässt sich nicht rein technisch üben – sie braucht ein Training, das auf Situationsvielfalt, Adaption und Entscheidungsfindung basiert:

- Drills mit Wechseln: Plötzlicher Distanzwechsel im Drill (z. B. von Long Range zu Clinch)
- Waffenwechsel-Drills: Übergang von waffenlos zu bewaffnet – und zurück
- Flow-Drills: Bewegungsübergänge ohne Pause (siehe Figure 8)
- Szenarioarbeit: Situative Herausforderung mit unklaren Abläufen und „Entscheidungsmomenten"

Im fortgeschrittenen Stadium wird Transition zur körperlich-mentalen Automatik. Der Körper weiß, wann er zu wechseln hat – und wie.

Wandel ist die einzige Konstante

Transition bedeutet nicht: „Ich mache etwas anderes". Es bedeutet: „Ich bleibe ich – auch wenn sich alles verändert." Es ist die Kunst, Prinzipien treu zu bleiben, selbst wenn das Umfeld chaotisch wird. Im Selbstschutz ist diese Fähigkeit der entscheidende Unterschied zwischen Aktion und Ohnmacht, zwischen Reaktion und Antwort.

Im P.R.I.M.E. Response ist Transition daher nicht nur ein Bewegungs- oder Technikkonzept – es ist ein Ausdruck bewusster Selbststeuerung, physischer Klarheit und mentaler Anpassungsfähigkeit. Wer Transition meistert, bewegt sich im Chaos wie im eigenen Wohnzimmer – mit Klarheit, mit Wirkung, mit Absicht.

Distanz und Schrittarbeit im P.R.I.M.E. Response System

Im Kontext realer Gewaltbedrohungen entscheidet oft nicht der stärkere Schlag oder die härtere Technik über Sieg oder Niederlage – sondern das Verständnis für Raum, Position und Bewegung. Wer lernt, mit Distanz und Schrittarbeit umzugehen, kann Bedrohungen entschärfen, Angriffe verhindern oder im Ernstfall effektiv handeln. Genau hier setzt das P.R.I.M.E. Response System an. Es betrachtet die Kontrolle über Raum und Bewegung nicht als Zusatz, sondern als integralen Bestandteil jeder Selbstschutzstrategie. Denn die Fähigkeit, die richtige Distanz zu erkennen, zu halten oder aktiv zu verändern, ist der entscheidende Faktor für den Handlungsspielraum in gefährlichen Situationen.

Dieses Kapitel beleuchtet die drei kritischen Distanzen im P.R.I.M.E. Response, erläutert die dafür notwendigen Bewegungsstrategien und gibt Einblick in die Prinzipien der taktischen Positionierung – mit einem Ziel: effektive Selbstbehauptung durch überlegene Raumkontrolle.

Die drei Hauptdistanzen – Kontrolle beginnt beim Abstand

Das P.R.I.M.E. Response System unterscheidet klar drei Distanzen, die jeweils mit spezifischen Gefahren, Möglichkeiten und taktischen Optionen verbunden sind. Diese Einteilung gilt vor allem im Anticipated Threat Szenario – also bei vorhersehbaren oder sich anbahnenden Konflikten. In einem Sudden Assault, also einem überraschenden, unerwarteten Angriff, beginnt der Kampf fast immer in der Nahdistanz. In Antizipationsszenarien aber ist die Fähigkeit, Distanz bewusst zu regulieren, oft der Schlüssel zur Deeskalation oder zur frühzeitigen Intervention.

Die erste Zone ist die Langdistanz, auch als „Outfighting Range" bezeichnet. In dieser Distanz befindet man sich außerhalb der direkten Reichweite des Angreifers – typischerweise mehr als eine Armlänge entfernt. Diese Distanz ermöglicht Übersicht und Reaktionszeit. Wer sie bewusst einnimmt, schafft sich einen Vorteil. Beobachtung spielt hier eine zentrale Rolle: Körpersprache, Vorzeichen eines Angriffs (sogenannte „Pre-Violence Indicators"), Blickverhalten und Muskelspannung lassen sich besser deuten, wenn man nicht unmittelbar unter Druck steht. In dieser Phase bieten sich mehrere taktische Optionen: Ist eine Fluchtmöglichkeit vorhanden, sollte sie genutzt werden. Andernfalls kommt es auf bewusste Kommunikation an. Eine klare verbale Ansage wie „Lass mich in Ruhe!" kombiniert mit einer passenden Handgeste (etwa „The Fence") kann sowohl abschreckend als auch deeskalierend wirken. Sollte der Gegner dennoch näherkommen, sind in dieser Distanz gezielte Kicks – etwa ein Frontkick zum Oberschenkel oder Bauch – ein effektives Mittel, um Raum zu schaffen, ohne sich selbst zu gefährden. Kicks fungieren in dieser Phase als Distanzwerkzeuge, nicht als Knock-out-Techniken.

Verkürzt sich die Distanz auf Schlagreichweite, betritt man die Mittel- bzw. Schlagdistanz. Diese Zone wird im P.R.I.M.E. Response als „Punching Range" oder auch „Killing Range" bezeichnet – ein bewusst drastischer Begriff, der die Ernsthaftigkeit dieser Entfernung verdeutlicht. Hier beginnt der gefährlichste Abschnitt des physischen Konflikts: Der Gegner kann mit Fauststößen, Ellbogen, Knien oder Low-Line-Kicks angreifen. Wer in dieser Distanz passiv bleibt oder zurückweicht, riskiert, überrannt zu werden. Die Taktik dieser Zone lautet deshalb: Initiative übernehmen. Anstatt zurückzuweichen, wird mit *Forward Pressure* gearbeitet – kontrollierter Vorwärtsdruck, um den Gegner aus dem Gleichgewicht zu bringen, sein Timing zu stören und selbst das Momentum zu kontrollieren. Bewegungsmuster in dieser Zone sind keine linearen Rückzüge, sondern diagonale oder seitliche Schritte – das sogenannte Angling. Ziel ist es, aus der direkten Angriffsachse herauszukommen und sich eine bessere Position zu erarbeiten. Wer etwa bei einem geraden Angriff einen 45-Grad-Schritt nach vorne-seitlich ausführt, steht plötzlich seitlich zum Gegner – außerhalb seiner Schlaglinie, aber bereit zu kontern.

Die dritte und engste Zone ist die Nahdistanz, auch als „Infight" oder „Clinch-Range" bekannt. Sie ist geprägt von direktem Körperkontakt: Umklammerungen, Würgegriffe, Greiftechniken und Takedown-Versuche dominieren diese Phase. In dieser Distanz wird es eng – im wahrsten Sinne. Bewegungsspielraum ist stark eingeschränkt, Techniken müssen effizient und unmittelbar wirken. Zwei zentrale Konzepte des P.R.I.M.E. Response kommen hier zum Tragen: die Kontrolle des gegnerischen Kopfes (Head Control) und der gezielte Einsatz von Ellenbogenstößen. Wer den Kopf kontrolliert – sei es durch Ziehen, Drücken oder Stabilisieren – beeinflusst die gesamte Körperstruktur des Angreifers. Ellenbogenstöße aus kurzer Distanz entfalten in dieser Enge enorme Wirkung und können als taktischer Wendepunkt dienen. Ein weiteres zentrales Element ist die Verteidigung gegen Takedowns. Besonders bei Angriffen auf die Beine – etwa durch Umklammerungen oder Würfe – ist der sogenannte *Sprawl* ein bewährtes Mittel: Das Körpergewicht wird blitzschnell nach hinten verlagert, die Beine weichen aus, während die

Schultern den Gegner nach unten drücken. So lässt sich ein Kontrollverlust über die eigene Standposition vermeiden.

Diese drei Distanzen – Lang-, Mittel- und Nahdistanz – sind nicht starr voneinander getrennt, sondern fließend. Das Verständnis ihrer Dynamik ist entscheidend: Wer erkennt, in welcher Zone er sich befindet, kann entsprechend agieren. Wer sie wechselt, kontrolliert die Situation.

Schrittarbeit – Bewegung als Werkzeug der Kontrolle

Distanz allein genügt nicht – sie muss aktiv gestaltet werden. Hier kommt die Schrittarbeit ins Spiel. Sie bildet das Fundament jeder physischen Aktion im P.R.I.M.E. Response. Dabei geht es nicht um tänzerische Leichtfüßigkeit oder sportliche Eleganz, sondern um stabile, funktionale Bewegungen, die unter Stress funktionieren. Jede Bewegung dient einem klaren Ziel: Raum zu schaffen, Positionen zu verändern, Initiative zu gewinnen oder zu fliehen.

Im Zentrum steht der sogenannte Shuffle – der Basis-Schritt. Es handelt sich um eine kurze, explosive Vorwärts- oder Seitwärtsbewegung, bei der die Füße nie gekreuzt werden. Das ist entscheidend: Gekreuzte Schritte erhöhen das Risiko zu stolpern, besonders unter Druck oder bei unebenem Untergrund. Der Shuffle ermöglicht es, schnell auszuweichen, ohne die eigene Balance zu verlieren. Er erlaubt es auch, Druck aufzubauen – etwa, indem man diagonal nach vorne geht und gleichzeitig schlägt. In solchen Momenten entsteht eine kraftvolle Kombination aus Bewegung und Aktion.

Ein weiteres zentrales Konzept ist der Angle Change, also das Wechseln des Winkels. In realen Auseinandersetzungen agieren viele Angreifer frontal – sie setzen auf direkte Konfrontation. Wer jedoch die eigene Position leicht verändert, gewinnt oft die Oberhand. Ein einfaches Beispiel: Der Gegner attackiert mit einem geraden Schlag. Statt zurückzuweichen, führt man einen seitlich-vorwärtsgerichteten Schritt in einem Winkel von etwa 45 Grad aus. Der Angriff verpufft, weil man nicht mehr dort steht, wo der Gegner einen vermutet hat – und man steht gleichzeitig in einer besseren Angriffsposition. Diese Winkelarbeit ermöglicht es, Kontrolle über den Raum zu gewinnen und gleichzeitig das Überraschungsmoment auf die eigene Seite zu ziehen.

Eine besonders strategische Form der Bewegung ist der Forward Pressure – kontrollierter Vorwärtsdruck. Anstatt bei Gefahr passiv zu bleiben oder sich reflexhaft zurückzuziehen, wird der Gegner durch konsequentes, aber nicht überhastetes Vorrücken unter Druck gesetzt. Diese Taktik ist nicht aggressiv im Sinne von Übermut, sondern proaktiv: Sie unterbricht das Timing des Angreifers, zwingt ihn zu reagieren und kann ihn in ungünstige Positionen bringen – etwa gegen eine Wand, ein Auto oder ein Geländer. Forward Pressure ist kein wildes Anstürmen, sondern bewusstes Raumgreifen mit Kontrolle.

Natürlich gibt es auch Momente, in denen Rückzug notwendig ist – sei es, um sich in Sicherheit zu bringen, sei es, um Abstand zu gewinnen. Der Tactical Retreat ist dafür das passende Werkzeug. Ein schneller, gezielter Rückwärtsschritt in Kombination mit einer aktiven Handabwehr kann aus einer gefährlichen Situation herausführen. Allerdings birgt Rückwärtslaufen Risiken – Stolperfallen, Unebenheiten, Hindernisse. Deshalb wird im P.R.I.M.E. Response empfohlen, Rückzüge eher seitlich oder um Hindernisse herum durchzuführen. Auch hier gilt: Bewegung nicht um ihrer selbst willen, sondern mit Ziel und Struktur.

Prinzipien der Raumkontrolle – Haltung, nicht Hektik

Hinter all diesen Techniken stehen übergeordnete Prinzipien. Sie bilden das geistige Rückgrat der körperlichen Praxis und verleihen ihr Klarheit und Richtung.

Das erste Prinzip lautet: „Control the Space" – wer Raum kontrolliert, kontrolliert die Begegnung. Ein zu geringer Abstand raubt Reaktionszeit und verschärft die Gefahr. Ein zu großer Abstand kann Möglichkeiten zum Eingreifen oder zur Flucht verbauen. Die Kunst liegt im Ausbalancieren – und im Bewusstsein für das, was zwischen den Körpern geschieht.

Das zweite Prinzip: „Move to hit, not to dance". Schrittarbeit ist kein ästhetisches Element, sondern ein Werkzeug der Wirksamkeit. Jede Bewegung soll den eigenen Handlungsspielraum verbessern – nicht beeindrucken, sondern positionieren.

Das dritte Prinzip ist einfach, aber tiefgreifend: „Never stand still." Wer sich nicht bewegt, wird zum Ziel. In Bedrohungssituationen ist Bewegung Leben. Statische Positionen führen zu Passivität – und diese zur Überforderung. Bewegung schafft Optionen.

Und schließlich: „Use Obstructions" – die Umgebung ist kein Hindernis, sondern ein potenzieller Verbündeter. Wände, Autos, Bordsteinkanten oder Geländer können dazu genutzt werden, den Gegner zu blockieren, seinen Bewegungsradius einzugrenzen oder Fluchtwege zu erzwingen. Wer den Raum liest wie ein Taktiker, wird zum Architekten seines eigenen Schutzes.

Raum ist Macht

Distanz und Bewegung sind im P.R.I.M.E. Response keine Nebenaspekte, sondern zentrale Werkzeuge. Sie verbinden Körper, Geist und Raum zu einer taktischen Einheit. Wer lernt, Distanzen zu lesen, zu gestalten und zu nutzen, gewinnt nicht nur Zeit – sondern Kontrolle. Und Kontrolle ist in jeder Konfliktsituation ein entscheidender Vorteil.

Nicht die spektakulärste Technik, nicht der härteste Schlag entscheidet über Sieg oder Niederlage – sondern das kluge Spiel mit Raum, Winkel und Schritt. Genau hier entfaltet sich die Essenz des P.R.I.M.E. Response Systems: Präsenz, Präzision und psychologische Überlegenheit. Oder, wie es ein Leitsatz des Systems auf den Punkt bringt: „Bewege dich nicht, um zu fliehen – sondern um zu führen."

Bodenkampf im P.R.I.M.E. Response – Der Ernstfall unter dir

Der Gedanke an Bodenkampf ruft bei vielen Kampfsportlern Bilder aus dem Brazilian Jiu-Jitsu, Ringen oder MMA hervor. Technisch anspruchsvolle Hebel, strategische Positionswechsel, kunstvolle Würgetechniken – all das ist faszinierend und effektiv im sportlichen Kontext. Doch auf der Straße, in einer unübersichtlichen und potenziell lebensgefährlichen Selbstschutzsituation, gelten andere Regeln. Oder besser gesagt: keine. Genau hier setzt das P.R.I.M.E. Response System an. Es übernimmt keine sportlichen Ideale, sondern orientiert sich kompromisslos an der Realität körperlicher Gewalt. In diesem Kontext ist der Boden nicht taktische

Spielwiese, sondern Hochrisikozone. Oder, wie es im System heißt: „Der Boden ist der gefährlichste Ort in einem echten Kampf."

P.R.I.M.E. Response betrachtet Bodenkampf als absolute Ausnahmesituation – als Notlage, in die man nicht freiwillig gerät. Die oberste Prämisse lautet daher: *„Never go to the ground intentionally."* Wenn du am Boden landest, dann nicht, weil du es geplant hast, sondern weil es dir passiert ist – durch einen Sturz, eine Überraschungsattacke oder einen gezielten Takedown. Und wenn du dort bist, geht es nicht um sportliche Dominanz oder technische Sauberkeit. Es geht um Überleben.

Warum der Boden gefährlich ist

Wer den Bodenkampf aus sportlichen Systemen kennt, bringt oft ein romantisiertes Bild mit. Doch der Unterschied zwischen einem Wettkampf und einem realen Gewaltkonflikt ist dramatisch. Während im Ring ein Schiedsrichter aufpasst und Regeln den Rahmen setzen, herrscht auf der Straße Chaos. Im P.R.I.M.E. Response wird der Bodenkampf deshalb nicht trainiert, um dort zu verweilen – sondern um so schnell wie möglich wieder aufzustehen.

Mehrere Gründe sprechen gegen einen längeren Aufenthalt am Boden:

Erstens ist die Verletzungsgefahr deutlich erhöht. Am Boden ist man exponiert. Man weiß nie, worauf man fällt: Glas, Steine, Metallteile oder einfach nur harter Asphalt. Rücken, Schultern und Kopf können ernsthafte Schäden nehmen, insbesondere wenn man durch einen Wurf oder Schlag zu Boden gebracht wird. Gleichzeitig ist man in dieser Position besonders verwundbar für Angriffe von Dritten. In einem Szenario mit mehreren Angreifern – was im urbanen Raum keine Seltenheit ist – ist der Bodenkampf beinahe ein Todesurteil. Tritte gegen den Kopf, Stiche mit einem Messer, das man nicht kommen sieht, oder das simple Gewicht mehrerer Körper auf dir – all das sind reale Gefahren.

Zweitens ist die Bewegungsfreiheit massiv eingeschränkt. Während man im Stand seine Position verändern, flüchten, Druck aufbauen oder Hindernisse nutzen kann, ist man am Boden gefangen. Jeder Versuch, sich zu drehen, aufzustehen oder die Position zu verändern, kostet Energie – und öffnet gleichzeitig neue Angriffsflächen. Der Boden reduziert deine Optionen dramatisch.

Drittens entsteht ein nicht zu unterschätzender psychologischer Nachteil. Wer am Boden liegt, fühlt sich ausgeliefert. Das Gefühl der Kontrolle schwindet. Angst, Panik und Hilflosigkeit können die Handlungskompetenz massiv einschränken. Viele Menschen frieren regelrecht ein, wenn sie zu Boden gebracht werden. Genau deshalb ist es wichtig, diese Situation im Training zu simulieren – nicht, um darin zu brillieren, sondern um vorbereitet zu sein.

Grundprinzipien im Bodenkampf – P.R.I.M.E. ohne Illusionen

Das P.R.I.M.E. Response System verfolgt im Bodenkampf keine sportliche Agenda. Ziel ist es nicht, eine Guard zu etablieren oder auf eine Submission zu warten. Ziel ist es, zu überleben. Zu entkommen. Oder, wenn nötig, brutal zu handeln. In dieser Extremsituation greifen drei fundamentale Prinzipien, die sich deutlich von herkömmlichen Kampfsportstrategien unterscheiden.

Das erste lautet: „Never go to the ground intentionally." Das mag simpel klingen, ist aber hochrelevant. Viele Systeme, insbesondere das Brazilian Jiu-Jitsu, lehren Strategien, wie man den Gegner aktiv zu Boden bringt, um dort die Kontrolle zu übernehmen. Im sportlichen Kontext mag das sinnvoll sein – in der Realität kann es fatal enden. Denn während du mit deinem Gegner am Boden ringst, weißt du nie, ob ein zweiter Angreifer dich tritt, ob jemand eine Waffe zieht oder ob die Umgebung dich einschränkt. Deshalb: Wer stehen bleiben kann, sollte es tun.

Das zweite Prinzip lautet: „Fight dirty – this is not a competition. "Wenn du am Boden kämpfst, kämpfst du nicht fair. Es gibt keine Regeln, keine Ehre, keine Punkte. Nur dich – und dein Bedürfnis, zu überleben. Deshalb sind alle Mittel erlaubt: Augenstechen, Beißen, Schläge in die Genitalien, Nutzung von Gegenständen, Schmutz oder Kleidung des Gegners als Hebel. Dieses Prinzip erfordert eine radikale Haltung: Es geht nicht darum, besser zu kämpfen –

sondern radikaler. Wer in dieser Situation zögert oder Skrupel hat, verliert. Denn dein Gegenüber wird keine Rücksicht nehmen.

Das dritte Prinzip heißt: „Position over Submission. "Es geht nicht darum, den Gegner zur Aufgabe zu zwingen. Niemand klopft am Bordstein ab. Was zählt, ist die Kontrolle über die eigene Position. Wer es schafft, in den Mount oder in die Side Control zu kommen, kann Schläge austeilen, Druck erzeugen oder – im besten Fall – einen Weg nach oben finden. Es geht also darum, aus der Defensive in eine aktive, kontrollierende Haltung zu kommen – nicht durch Technikverliebtheit, sondern durch Zweckmäßigkeit. Jede Bewegung zielt auf die Rückkehr in den Stand oder auf die Möglichkeit zur Flucht.

Praktische Ansätze – was wirklich zählt

P.R.I.M.E. Response lehrt keine komplexen Guard-Systeme. Stattdessen liegt der Fokus auf einfachen, effektiven Bewegungen und Reaktionen. Wer etwa auf dem Rücken liegt, lernt, die Beine als Schutzschild einzusetzen – gegen Tritte, gegen Eindringen. Die Hände sind oben, schützen Gesicht und Hals. Gleichzeitig wird der Gegner mit den Füßen auf Distanz gehalten, bis eine Gelegenheit zum Aufstehen kommt. Diese Bewegung, oft als „Technical Stand-Up" bezeichnet, wird im P.R.I.M.E. Kontext nicht wegen ihrer Ästhetik, sondern wegen ihrer Effizienz trainiert. Sie erlaubt es, schnell und kontrolliert aufzustehen, ohne sich der Gefahr weiterer Angriffe auszusetzen.

Liegt man im Clinch oder wird in der Side Control gehalten, ist das Ziel nicht, auf Hebel zu gehen, sondern zu schlagen. Ellenbogen, Kopfstöße, Schläge zum Ohr oder in den Hals – all das sind Optionen, um den Gegner zu destabilisieren. Ist der Angreifer nur leicht aus dem Gleichgewicht zu bringen, öffnet sich eine Lücke zur Flucht oder zum Positionswechsel. Auch hier gilt: keine Spielchen, keine Geduld, keine Zurückhaltung.

Trainiert wird im P.R.I.M.E. Response außerdem das Navigieren in ungünstigen Positionen: unter dem Gegner, an Wänden liegend, in der Enge von Fluren oder zwischen Hindernissen. Denn auf der Straße ist der Boden selten flach, sauber oder frei. Es geht darum, unter Druck schnell die Lage zu erfassen, zu improvisieren und – wenn nötig – rücksichtslos zu handeln.

Der Unterschied zur Sportpraxis

Ein zentraler Unterschied zwischen P.R.I.M.E. Response und sportlichen Systemen wie BJJ, MMA oder Ringen liegt im Ziel. Während dort der Bodenkampf oft das Herzstück der Strategie ist, wird er im P.R.I.M.E. Response als Gefahrenzone betrachtet. Das Ziel ist nicht, länger zu bleiben, sondern kürzer. Nicht zu gewinnen – sondern zu entkommen.

Ein weiterer Unterschied liegt in der Haltung. Während im Sport ein hohes Maß an Respekt und Fairness zum Ethos gehört, ist im Selbstschutz die Realität oft grausam. Der Gegner will dich nicht besiegen – er will dich verletzen, berauben oder schlimmeres. In dieser Realität gibt es keine Zeit für technische Sauberkeit. Es zählt nur, ob du aufstehst – oder liegenbleibst.

Bodenkampf ist keine Strategie, sondern ein Notfall

Das P.R.I.M.E. Response System integriert Bodenkampf nicht als gleichwertigen Kampfaspekt, sondern als Ausnahmefall. Ein Ort, den man vermeiden will – aber auf den man vorbereitet sein muss. Die Leitsätze sind klar: Geh niemals freiwillig zu Boden. Wenn du dort bist, kämpfe schmutzig. Und suche nicht den Sieg, sondern den Weg in die Kontrolle.

Wer diese Prinzipien verinnerlicht, verliert nicht die Nerven, wenn er fällt. Er bleibt handlungsfähig. Und das ist im Ernstfall alles, was zählt.

Denn: Der Boden vergibt keine Fehler. Doch wer gelernt hat, sich dort zu behaupten, verliert nicht seine Würde – und vielleicht nicht sein Leben.

Das Levelsystem im P.R.I.M.E. Response – Kompetenz statt Gürtel

Traditionelle Kampfkünste arbeiten seit jeher mit klaren Graduierungssystemen. Gürtel, Farben, Formen und Prüfungen strukturieren den Fortschritt und geben den Übenden ein sichtbares Ziel. Im P.R.I.M.E. Response gehen wir einen anderen Weg.

Denn was zählt, ist nicht das Symbol am Körper, sondern die Fähigkeit, unter Druck handlungsfähig zu bleiben. Es geht nicht um äußeren Status, sondern um innere Stärke, um Selbstverantwortung, um die praktische Umsetzbarkeit von Techniken in echten Gefahrensituationen. Das Levelsystem im P.R.I.M.E. Response orientiert sich deshalb an funktionaler Kompetenz und nicht an formaler Tradition. Es ist progressiv aufgebaut, klar gegliedert – aber gleichzeitig offen und adaptiv. Die jeweiligen Stufen spiegeln nicht eine idealisierte Technikreife wider, sondern die realistische Einsatzfähigkeit unter Stress, Zeitdruck und Bedrohung.

Im Zentrum des Systems steht das Verständnis, dass Selbstschutz nicht durch Drill, sondern durch Bewusstsein, Körperintelligenz und psychologische Klarheit entsteht. Wer in einer bedrohlichen Situation handlungsfähig bleiben will, muss mehr können, als eine Technik perfekt zu zeigen. Er oder sie muss sie fühlen, leben – und sie im entscheidenden Moment abrufen können. Das P.R.I.M.E. Levelsystem bildet genau das ab.

Basic Level – Die Grundlage des Überlebens

Die erste Stufe im P.R.I.M.E. Response ist das Basic Level, das Fundament. Hier werden die grundlegenden Bewegungsmuster, Techniken und Prinzipien vermittelt, auf denen alles Weitere aufbaut. Dabei geht es nicht nur um das „Wie" der Technik, sondern vor allem um das „Warum". Ziel ist es, ein erstes Gefühl für die eigene Bewegung, für Distanz, Druck und Timing zu entwickeln. Die Übenden lernen einfache, aber effektive Schlagtechniken – Fauststöße, Handballenschläge, Ellbogen, Knietechniken – sowie gezielte Tritte, etwa zur Beinarbeit oder zum Stoppen eines Angriffs. Besonders betont wird dabei die mechanische Effizienz: Kraft kommt nicht aus Muskelspannung, sondern aus Struktur und Timing.

Ergänzend werden in dieser Phase grundlegende Befreiungstechniken gegen einfache Angriffe vermittelt: das Lösen aus Handgelenkgriffen, Umklammerungen oder dem sogenannten „Einschüchterungsgriff" am Kragen. Doch die Technik allein genügt nicht. Deshalb gehört auch das Situationsbewusstsein zu den Kerninhalten des Basic Levels. Die Teilnehmer lernen, Gefahren zu erkennen, bevor sie eskalieren, Räume zu lesen,

Fluchtwege zu nutzen und über Körpersprache sowie verbale Intervention Einfluss auf das Geschehen zu nehmen. Das Prinzip der Deeskalation wird früh eingeführt − nicht als Schwäche, sondern als überlegene Form der Selbstkontrolle.

Das Basic Level endet nicht mit einem Test im klassischen Sinne, sondern mit einem realitätsnahen Check: Kann der Übende die erlernten Techniken unter leichtem Stress abrufen? Kann er Abstand halten, auf Angriffe reagieren, sich verbal behaupten und sich in Bewegung schützen? Erst wenn diese Grundlagen sicher verankert sind, erfolgt der Übergang zur nächsten Stufe.

Practitioner Level − Anwendung unter Druck

Die zweite Stufe im P.R.I.M.E. Response ist das sogenannte Practitioner Level. Hier steht die Umsetzung im Zentrum. Das bedeutet: Die isolierten Techniken des Basic Levels werden nun miteinander verbunden, kombiniert und in fließende Abläufe überführt. Kombinationen aus Fauststößen, Low Line Kicks, Ellbogen und Knien bilden das technische Repertoire dieser Phase. Gleichzeitig beginnt die systematische Arbeit im Clinch − also in der Nahdistanz − sowie die Einführung in die Grundlagen des Bodenkampfs. Letzteres stets unter der Prämisse: Der Boden ist eine Notlage, kein Ziel.

Neben der Technik liegt in diesem Level der Fokus auf der Anwendung unter Stress. Adrenalin-Drills, Szenarientraining, Arbeiten mit Schutzausrüstung und dynamische Partnerübungen sorgen dafür, dass die Teilnehmer lernen, auch unter Druck handlungsfähig zu bleiben. Dabei werden häufige reale Bedrohungsszenarien geübt: das Lösen aus Umklammerungen, das Reagieren auf Würgeangriffe oder das Verteidigen gegen Messerbedrohungen aus kurzer Distanz. Immer unter der Maßgabe: Reduktion auf das Wesentliche, Klarheit im Handeln, keine komplizierten Bewegungsabläufe, sondern robuste, funktionale Selbstverteidigung.

Das Practitioner Level zielt darauf ab, die Schwelle zwischen Wissen und Können zu überschreiten. Die Techniken müssen nicht mehr gedacht, sondern gespürt werden. Die Reflexe sollen nicht künstlich aussehen, sondern natürlich wirken. Die Teilnehmer entwickeln in dieser Phase ein erstes Gespür für Fluss, Initiative und Raumkontrolle. Besonders wichtig ist die emotionale Kompetenz: In Bedrohungsszenarien ruhig zu bleiben, Entscheidungen zu treffen und nicht in Passivität zu verfallen, wird gezielt trainiert.

Erst wenn ein Teilnehmer in der Lage ist, unter physischen wie psychischen Druck klare Entscheidungen zu treffen und die Prinzipien von P.R.I.M.E. selbstständig umzusetzen, kann er oder sie sich auf das nächste Level vorbereiten.

Master Level – Realität als Prüfung

Das Master Level markiert den höchsten praktischen Entwicklungsstand im P.R.I.M.E. Response System. Es ist keine formale Elite, sondern Ausdruck einer inneren Klarheit: Wer dieses Level erreicht, hat sich intensiv mit sich selbst, mit Gewalt, mit Kontrolle und mit Chaos auseinandergesetzt. Hier werden die Prinzipien nicht mehr nur trainiert, sondern gelebt.

Das technische Training in dieser Stufe ist geprägt von komplexen Szenarien. Es geht um den Umgang mit Mehrfachangreifern, mit beengten Räumen wie Fahrstühlen oder Fluren, um das Navigieren unter realen Bedingungen. Der Einsatz von Alltagsgegenständen als taktische Hilfsmittel wird ebenso geübt wie der Schutz Dritter – etwa bei einer Bedrohung von außenstehenden Personen.

Ein besonderes Augenmerk liegt auf der Waffenabwehr: Hier wird mit Druck, Chaos und Unvorhersehbarkeit gearbeitet. Messer-, Stock- und improvisierte Waffenangriffe werden nicht nach Lehrbuch trainiert, sondern unter realitätsnahen Bedingungen, oft mit unklarer Sicht, Lärm, Dunkelheit oder körperlicher Erschöpfung. Ziel ist nicht die perfekte Abwehr – sondern die richtige Entscheidung im falschen Moment. Der Master Level lehrt nicht die Kontrolle über andere – sondern die Kontrolle über sich selbst in Situationen, die sich jeder Kontrolle entziehen.

Psychologisch wird in diesem Level intensiv an inneren Ressourcen gearbeitet. Die Teilnehmer lernen, in Stresssituationen Entscheidungen zu treffen, Risiken zu kalkulieren und sich aus Überforderung zurück in Handlungskompetenz zu bringen. Der mentale Aspekt – Kampfgeist, Resilienz, Adaptivität – rückt in den Vordergrund. Wer hier scheitert, scheitert nicht technisch, sondern psychologisch.

Der Übergang in den Master Level erfolgt nicht durch einen Test, sondern durch gelebte Reife: Wer über längere Zeit in realistischen Szenarien handlungsfähig bleibt, reflektiert arbeitet, andere anleiten kann und die Prinzipien auch unter unkontrollierbaren Bedingungen verkörpert, wird von erfahrenen Trainern empfohlen.

Didaktische Kompetenz – Der Weg zum Unterrichten

Ab dem Practitioner Level besteht die Möglichkeit, den Instructor Level zu absolvieren. Diese Stufe ist weniger auf technische Perfektion ausgerichtet, sondern auf die Fähigkeit, andere anzuleiten, Prozesse zu steuern und Sicherheitsverantwortung zu übernehmen. Instructoren im P.R.I.M.E. Response verfügen über ein fundiertes Verständnis der Prinzipien und können diese auf unterschiedliche Lernniveaus anpassen. Didaktik, Methodik und situatives Coaching stehen im Zentrum. Gleichzeitig sind Instructoren in der Lage, die psychologische Dynamik von Gewalt, Angst und Stress zu reflektieren und ihre Teilnehmer darin zu begleiten.

Instructoren bilden die Brücke zwischen Methode und Mensch. Sie kennen die Fallstricke falscher Heroik, achten auf Sicherheit im Training und fördern einen klaren, respektvollen Umgang mit der Thematik Selbstschutz. Ihr Ziel ist es nicht, aus Schülern Kämpfer zu machen, sondern denkende, handlungsfähige Menschen.

Wer das Master Level abgeschlossen hat und über langjährige Erfahrung als Instructor verfügt, kann sich für den Trainer Level qualifizieren. Trainer sind nicht nur inhaltlich tief verwurzelt im System, sondern tragen es weiter. Sie sind verantwortlich für die Ausbildung neuer Instructoren, entwickeln Trainingskonzepte und führen das System methodisch fort. Der Trainer Level ist Ausdruck einer tiefen Verbindung zum P.R.I.M.E. Response, nicht nur als Techniksystem, sondern als Haltung.

Ein System ohne Gürtel – aber mit Tiefe

Das Levelsystem im P.R.I.M.E. Response unterscheidet sich bewusst von traditionellen Graduierungen. Es gibt keine Gürtel, keine Show-Prüfungen, keine äußere Inszenierung. Stattdessen steht die Frage im Raum: Kannst du in einer gefährlichen Situation das Richtige tun – trotz Angst, Stress und Chaos?

Die Antwort darauf ergibt sich nicht aus Technikdrill, sondern aus gelebtem Training, realistischer Selbsteinschätzung und innerer Entwicklung. Jedes Level ist Ausdruck einer bestimmten Reife: der körperlichen, der mentalen und der zwischenmenschlichen. Das System ist offen genug, um sich an die Realität anzupassen – und klar genug, um Orientierung zu geben.

Im Kern geht es um eines: Wer P.R.I.M.E. Response trainiert, soll nicht glänzen – sondern wirken. Nicht dominieren – sondern überleben. Nicht kämpfen – sondern sich schützen. Und genau das spiegelt sich in jedem Level wider.

VON REAKTION ZUR ANTWORT – DER GEDANKE HINTER „RESPONSE"

In der Konfrontation zeigt sich, was im Inneren vorbereitet wurde. Wenn eine Bedrohung unmittelbar vor uns steht – laut, fordernd, aggressiv oder bereits körperlich übergriffig –, entscheidet sich in Sekundenbruchteilen, ob wir lediglich reagieren oder bewusst antworten. Dieser feine, aber zentrale Unterschied ist das Herz des Begriffs „Response" im P.R.I.M.E. Response System.

Der Ausdruck „Response" steht nicht für eine bloße Reaktion auf äußere Umstände. Vielmehr beschreibt er eine Haltung, eine bewusste Form der Entscheidung unter Druck. Eine Reaktion ist instinktiv, ungefiltert, häufig impulsiv. Sie entspringt dem limbischen System, das blitzschnell zwischen Flucht, Angriff oder Erstarren unterscheidet. Eine Antwort hingegen ist verankert in Klarheit und Struktur – sie basiert auf Prinzipien, auf innerer Haltung, auf vorbereiteter Handlungskompetenz.

Diese Unterscheidung ist kein intellektuelles Spiel. Sie ist essenziell, wenn es darum geht, unter realem Stress handlungsfähig zu bleiben – und nicht zum Spielball innerer und äußerer Dynamiken zu werden.

Die Falle der Reaktivität

Wer lediglich reagiert, läuft Gefahr, sich in der Dynamik des Gegners zu verlieren. Der andere bestimmt den Rhythmus, die Intensität, das Tempo. Reaktive Muster folgen oft einem inneren Drehbuch, das nicht bewusst gewählt wurde. Sie sind geprägt von Gewohnheit, Prägung, Erfahrung – und nicht selten von Angst.

In Bedrohungssituationen führen diese automatisierten Reaktionen oft in Sackgassen. Der Körper spannt sich an, der Atem stockt, der Blick verengt sich. Entscheidungen werden nicht getroffen – sie geschehen. Das Resultat ist eine Überforderung, die sich entweder in Passivität oder in blindem Aktionismus entlädt. Beides ist gefährlich.
Die meisten Menschen, die im Ernstfall blockieren, tun das nicht, weil sie schwach sind, sondern weil sie nie gelernt haben, wie man *antwortet*. Ihre Reaktion ist geprägt von Überwältigung. Sie haben keine innere Landkarte, die ihnen sagt, was jetzt zu tun ist – nur einen instinktiven Impuls, dem sie ausgeliefert sind.

Antwortfähigkeit – eine trainierbare Qualität

Im Zentrum des P.R.I.M.E. Response steht deshalb die Schulung von Antwortfähigkeit. Gemeint ist nicht eine standardisierte Technik, die in jeder Situation gleich angewendet wird. Gemeint ist vielmehr die Fähigkeit, eine bewusst gewählte Handlung auf eine bedrohliche Situation zu setzen – eine Handlung, die in Einklang mit der eigenen Intention steht.

Antwortfähigkeit setzt voraus, dass wir die Kontrolle über unseren inneren Zustand behalten oder sie zumindest rasch wiedererlangen können. Dazu gehört:
- die Fähigkeit, den eigenen Stresspegel zu regulieren
- die Fähigkeit, klare Entscheidungen zu treffen
- die Fähigkeit, gezielt zwischen Optionen zu wählen

- und die Fähigkeit, mental wie körperlich präsent zu bleiben.

Diese Qualitäten sind nicht angeboren – sie sind das Ergebnis von Training, Selbstreflexion und Vorbereitung. Wer gelernt hat, aus einem stabilen Mindset heraus zu handeln, wird nicht blindlings losschlagen – aber auch nicht zögern, wenn es Zeit ist, sich zu schützen.

Zwischenraum: Die Sekunde der Wahl

Zwischen dem, was geschieht, und dem, was wir tun, liegt ein Raum. In diesem Raum entscheidet sich, ob wir Opfer der Umstände oder Gestalter unserer Reaktion sind. Diesen Raum bewusst zu betreten – das ist das Ziel.

Es ist der Raum, in dem wir das Adrenalin wahrnehmen, aber nicht davon überrollt werden. Der Raum, in dem wir zwar Angst spüren, aber nicht in ihr erstarren. Es ist der Raum, in dem wir den Gegner sehen – und zugleich uns selbst. Nicht in Abhängigkeit von seiner Aktion, sondern ausgerichtet an unserer inneren Klarheit.

Diese Fähigkeit zur Wahl unterscheidet den Geübten vom Ungeübten. Sie ist kein Garant für Unversehrtheit – aber sie ist ein Garant für Würde, für Handlungskraft und für die Erfahrung: *Ich habe gehandelt – nicht nur reagiert.*

Der Weg dorthin

Antwortfähigkeit beginnt weit vor der eigentlichen Konfrontation. Sie beginnt mit der Auseinandersetzung mit dem eigenen Inneren. Mit der Klärung von Fragen wie:
- Wer bin ich in der Bedrohung?
- Was will ich schützen?
- Wozu bin ich bereit – und wozu nicht?
- Was bedeutet Sicherheit für mich – und wie fühlt sie sich an?

Im Training von P.R.I.M.E. Response geht es nicht primär um das Einstudieren von Techniken. Es geht um das Kultivieren von Präsenz, um die Verkörperung von Klarheit, um das Einbetten von einfachen, wirksamen Prinzipien in

Bewegungs- und Denkmuster. Damit im Ernstfall nicht der Reflex übernimmt, sondern die bewusste Wahl.

Die Ethik der Antwort

Wer antwortet, übernimmt Verantwortung – nicht nur für die Situation, sondern auch für die eigene Rolle darin. Das unterscheidet „Response" von impulsivem Aktionismus. Die ethische Dimension ist zentral: Ein bewusster Einsatz von Gewalt im Selbstschutz ist immer kontextgebunden, zielgerichtet und begrenzt auf das Notwendige.

P.R.I.M.E. Response bedeutet nicht: „Immer angreifen." Es bedeutet: „Wissen, wann – und wie." Und: „Nicht mehr tun als nötig – aber auch nicht weniger als erforderlich."

Diese Ethik schützt vor Überreaktion – und vor Unterlassung. Sie ist eingebettet in das Prinzip des *Mindsets*: Der „Hard Target" denkt nicht in Angriff oder Flucht – sondern in Klarheit und Entscheidung. Und diese Entscheidung ist nicht willkürlich, sondern ausgerichtet an einem inneren Kompass.

Vom Innen ins Außen – der Übergang

„Response" ist damit nicht nur ein Begriff für das, was im Moment der Konfrontation geschieht. Es ist ein Weg – ein innerer Prozess, der sich im Außen manifestiert. Erst wenn dieser Weg klar ist, kann aus Haltung Handlung werden.

Und genau an dieser Stelle beginnt der strategische Teil des Systems. Wenn wir wissen, *warum* wir handeln, und *was* wir erreichen wollen, stellt sich die nächste Frage: *Wie?*
Wie erreichen wir aus einer ungünstigen Position heraus Kontrolle über die Situation?
Wie gelingt es, aus der Defensive in die Offensive zu wechseln, ohne dabei die Kontrolle zu verlieren?
Wie überwinden wir blitzschnell und gezielt die Distanz, um den gefährlichen Raum des Gegners zu neutralisieren?

All diese Fragen führen zu einem zentralen Konzept im P.R.I.M.E. Response: dem Entry.

Nicht als Technik verstanden, sondern als gezielte, durchdachte und realitätsbasierte Phase des Übergangs – vom Schutz zur Handlung, von der Defensive zur Dominanz, vom inneren Entschluss zur äußeren Umsetzung.

Doch bevor dieser Entry stattfinden kann, braucht es eine Entscheidung – und genau diese Entscheidung ist die erste Antwort.

Deeskalationstaktiken in P.R.I.M.E. Response – Die erste Verteidigungslinie

Die meisten gewalttätigen Eskalationen beginnen nicht mit einem plötzlichen Schlag, sondern mit einem Moment der Unsicherheit – einer Lücke, in der Worte, Haltung und Entscheidungen den Unterschied zwischen Gewalt und Sicherheit bedeuten können. Genau hier setzt das P.R.I.M.E. Response System an, das Deeskalation als essenziellen Teil moderner Selbstschutzstrategien begreift. In dieser Philosophie ist Deeskalation keine Schwäche, sondern Stärke. Sie ist keine Kapitulation, sondern ein bewusster Akt der Kontrolle – der Versuch, Gewalt zu verhindern, bevor sie überhaupt entsteht. Wir nennen sie bewusst die „erste Verteidigungslinie".

In den folgenden Abschnitten werden die psychologischen Grundlagen, die praktischen Taktiken sowie die klaren Grenzen dieser Deeskalationstechniken erläutert – stets im Einklang mit dem Ziel von P.R.I.M.E. Response: Klarheit, Effizienz und psychologische Stärke im Angesicht der Gefahr.

Psychologische Grundlagen – Konflikte erkennen, bevor sie eskalieren

Der erste und vielleicht wichtigste Schritt zur erfolgreichen Deeskalation liegt im Erkennen der Frühzeichen von Gewalt. Die meisten körperlichen Auseinandersetzungen folgen einem bestimmten Muster. Wer diese Muster kennt, kann frühzeitig Einfluss nehmen und unter Umständen das Schlimmste verhindern.

Eine besonders aufschlussreiche Phase ist die sogenannte *Interview Stage*. Dieser Begriff stammt aus dem Bereich der taktischen Verhaltensanalyse und beschreibt die Phase unmittelbar vor einer gewaltsamen Handlung. In dieser Phase prüft der potenzielle Angreifer sein Gegenüber – mit Blicken, Worten und Gesten. Er testet, ob sein Ziel verwundbar oder wehrhaft ist. Diese Phase äußert sich oft durch verbale Provokationen ("Was glotzt du so?"), unterschwellige Drohungen oder plötzliche Nähe, die das persönliche Sicherheitsgefühl verletzt. In dieser Phase ist das Ziel klar: Der Konflikt soll entschärft werden, noch bevor er körperlich wird. Wer hier ruhig, wachsam und strategisch reagiert, kann den Verlauf der Situation maßgeblich beeinflussen.

Ein weiteres bekanntes Muster ist der *Monkey Dance*, ein Begriff aus der Gewaltforschung, der das typische Imponiergehabe vor einem Straßenkampf beschreibt. Hier geht es um Dominanz, nicht um Selbstschutz. Der Angreifer "tanzt" um sein Gegenüber – er brüllt, stößt, baut sich auf. Es ist ein sozial kodiertes Ritual, bei dem es oft um Status, Gesicht und Macht geht. Wer in dieser Phase klug handelt, erkennt, dass ein Gesichtsverlust des Angreifers vermieden werden muss, wenn man die Situation deeskalieren will. Ein Satz wie "Hey, ich will kein Stress, du hast gewonnen, alles cool" kann dabei wahre Wunder wirken. Es geht nicht um Wahrheit oder Stolz – es geht um Sicherheit.

Diese psychologischen Grundlagen zeigen: Deeskalation beginnt im Kopf – mit Wahrnehmung, Bewusstheit und der Fähigkeit, sich selbst zu kontrollieren, bevor man andere kontrollieren will.

Praktische Taktiken – Wenn Worte und Haltung schützen

Auf dieser psychologischen Basis bauen die praktischen Taktiken der Deeskalation auf. Sie lassen sich in drei wesentliche Bereiche unterteilen: verbale Deeskalation, körpersprachliche Signale und taktisches Nachgeben.

Gemeinsam bilden sie das Herzstück der defensiven Strategie im P.R.I.M.E. Response System.

Verbale Deeskalation ist eine Kunst, die ebenso viel Übung wie Feingefühl verlangt. Ein bewährtes Konzept stammt aus dem sogenannten *Verbal Judo* – einer Methode, die Worte als Waffe der Entschärfung nutzt. Hierbei geht es darum, durch geschickte Kommunikation Druck aus der Situation zu nehmen. Man kann gezielt ablenken, etwa mit Sätzen wie „Schau mal, da hinten ist die Polizei!", selbst wenn dies nicht der Wahrheit entspricht. Auch das gezielte Signalisieren von Unterwerfung kann helfen – ein einfaches „Du hast recht, ich gehe schon" bringt das Gegenüber aus der Konfrontation und entzieht ihm das Angriffsmotiv. Dabei geht es nicht um Recht oder Unrecht – sondern um Leben und Unversehrtheit. Eine weitere effektive Technik ist das langsame Rückwärtsgehen bei gleichzeitigem Reden. Diese Bewegung schafft räumliche Distanz, ohne die Situation zu eskalieren, und erlaubt es, potenzielle Fluchtwege zu prüfen und zu nutzen. Wer währenddessen ruhig spricht, sich langsam bewegt und Blickkontakt kontrolliert einsetzt, sendet klare Signale: Ich will keinen Ärger – aber ich bin wachsam.

Die Körpersprache ist in diesen Situationen ebenso entscheidend wie das gesprochene Wort. Besonders hervorzuheben ist hier die Haltung, die im P.R.I.M.E. Response als *The Fence* bekannt ist. Dabei werden die Hände offen und leicht erhoben vor dem Körper gehalten – wie ein schützender Zaun. Diese Position wirkt nicht bedrohlich, zeigt aber Präsenz und ist bereit, bei plötzlicher Eskalation in eine Abwehrhaltung überzugehen. Sie bietet also psychologischen wie physischen Schutz. Die Hände sind sichtbar, was signalisiert: Ich habe nichts zu verbergen. Gleichzeitig sind sie bereit, zu blocken oder zu schlagen, wenn nötig. Wichtig ist hierbei: Keine geballten Fäuste, kein aggressiver Blick, keine starren Bewegungen. Ruhige Körpersprache, entspannte Mimik, kontrollierte Atmung – das sind die Schlüssel.

Eine weitere Haltung, die deeskalierend wirkt, ist die sogenannte *Submissive Posture*. Sie vermittelt dem Angreifer, dass man nicht an einer Eskalation interessiert ist. Der Kopf ist leicht gesenkt, die Schultern hängen, direkter

Augenkontakt wird vermieden. Auch wenn dies wie Unterwürfigkeit wirkt, dient es einem strategischen Ziel: Der Angreifer soll sich überlegen fühlen – ein psychologischer Vorteil, den man sich zunutze macht, um die Kontrolle über die Dynamik zurückzugewinnen.

In bestimmten Situationen kann auch taktisches Nachgeben eine sinnvolle Strategie sein. Wenn es etwa zu einem Raub kommt, ist es keine Schwäche, sondern kluge Selbstbehauptung, das Portemonnaie oder Handy gezielt wegzuwerfen – in eine Richtung, die vom eigenen Körper wegführt. Diese Handlung erfüllt gleich mehrere Zwecke: Sie lenkt den Täter ab, schafft Bewegung in der Szene und eröffnet eine mögliche Fluchtlinie. Gleichzeitig entzieht sie dem Täter die direkte Kontrolle über das Opfer, da sich der Fokus auf den Gegenstand verschiebt. Auch hier gilt: Sicherheit geht vor Besitz. Wer klug loslässt, schützt sich und seine Gesundheit.

Die Grenzen der Deeskalation – Wenn Worte nicht mehr reichen

So wertvoll und wirksam Deeskalation sein kann – sie hat auch klare Grenzen. In bestimmten Situationen kann jede Form des Nachgebens, Redens oder Ausweichens nutzlos sein. Insbesondere, wenn der Angreifer bereits *committed* ist – also eine feste Entschlossenheit zeigt, Gewalt auszuüben. Das kann sich durch eine gezückte Waffe, einen abrupten Bewegungswechsel oder durch den plötzlichen Zusammenbruch aller sozialen Codes zeigen. In solchen Momenten kippt die Situation – und es bleibt keine Zeit mehr für Kommunikation. Hier gilt das Prinzip des präventiven Handelns: Ein *Pre-Emptive Strike* – also ein gezielter, schneller Gegenangriff – kann in diesen Fällen Leben retten.

In solchen Ausnahmesituationen zeigt sich ein weiteres Problem: die sogenannte *Freeze Response*, also das Erstarren unter Stress. Viele Menschen erleben in bedrohlichen Momenten eine Schockstarre. Der Körper reagiert nicht, obwohl der Geist schreit: Tu etwas! Genau deshalb ist die Vorbereitung auf solche Momente so entscheidend. Atemtechniken wie das *Combat Breathing* können helfen, in der Situation handlungsfähig zu bleiben. Diese Technik basiert auf bewusstem, rhythmischem Atmen (z. B. vier Sekunden einatmen, vier Sekunden halten, vier Sekunden ausatmen, vier

Sekunden halten), was das Nervensystem beruhigt und die Kontrolle zurückgibt. Diese Form der Atemführung ist Bestandteil vieler militärischer und polizeilicher Trainingsprogramme – und hat sich auch im Selbstschutz als lebenswichtig erwiesen.

Deeskalation endet also dort, wo die Handlung des Angreifers eindeutig zur Gewalt führt. Doch auch hier gilt: Wer vorbereitet ist, erkennt die Eskalation früher – und kann schneller und gezielter reagieren.

Bewusstheit, Haltung und Entscheidungskraft

Die Deeskalationstaktiken im P.R.I.M.E. Response sind weit mehr als nur Techniken – sie sind Ausdruck einer inneren Haltung. Wer diese Haltung kultiviert, lebt in einer bewussten Bereitschaft: nicht in Angst, aber in Wachsamkeit. Nicht in Aggression, aber in Klarheit. Es geht nicht darum, den Helden zu spielen – sondern um die Fähigkeit, sich selbst zu schützen, ohne andere zu verletzen. Deeskalation bedeutet, Grenzen zu setzen, ohne zu provozieren. Es bedeutet, Stärke zu zeigen, ohne Gewalt einzusetzen – und im entscheidenden Moment dennoch konsequent zu handeln.

Im Alltag wie im Extremfall bietet diese Haltung eine innere Stabilität, die nicht nur Konflikte entschärfen, sondern Leben retten kann. Und genau deshalb ist die Deeskalation nicht die letzte Möglichkeit, sondern die erste Verteidigungslinie. Wer sie beherrscht, schützt nicht nur sich – sondern auch die Menschlichkeit in einer zunehmend rauer werdenden Welt.

Entry - Die Strategie des taktischen Eindringens

Der Entry ist eines der zentralen Elemente im P.R.I.M.E. Response System und bildet das strategische Bindeglied zwischen Schutz und Gegenwehr. Er markiert die kritische Phase, in der aus einer passiven oder defensiven Position heraus eine aktive Handlung erfolgt, um den Angreifer zu stoppen, die eigene Position zu verbessern und die Kontrolle über das Geschehen zu übernehmen. Der Entry ist dabei weit mehr als nur eine Technik: Er ist ein Prinzip, das biomechanische, taktische und psychologische Aspekte vereint.

Ein effektiver Entry dient dem Ziel, die Distanz zum Angreifer schnell und entschlossen zu überwinden. Dabei wird die sogenannte „Todeszone" verlassen – ein Begriff aus dem Selbstschutz, der jenen Bereich beschreibt, in dem wir für die Angriffe des Gegners optimal erreichbar sind, während dieser sich kaum bewegen oder anpassen muss. Wer in dieser Zone verbleibt, bleibt Zielscheibe. Der Entry durchbricht diese Asymmetrie zugunsten des Verteidigers.

Realitätsorientierte Anwendung

Ein häufiger Fehler in der Selbstverteidigungsausbildung besteht darin, die Angriffssituation zu statisch zu betrachten: Der Angreifer schlägt einmal und bleibt danach regungslos stehen. Diese Vorstellung ist nicht nur unrealistisch, sondern gefährlich. In realen Gewaltszenarien ist mit einer schnellen, aggressiven Schlagserie zu rechnen. Der Angreifer wird versuchen, Druck aufzubauen und uns über Momentum, Tempo und Aggressivität zu überwältigen. Deshalb muss der Entry dynamisch sein: Er muss die Schlagserie unterbrechen, stören und beenden.

Wer die Kontrolle über die erste Phase der physischen Auseinandersetzung erlangt, beeinflusst in der Regel auch den weiteren Verlauf des Konflikts. Der Entry ist also nicht bloß ein taktischer Wechsel von Abwehr zu Angriff, sondern der bewusste Bruch mit der Opferrolle – ein Übergang in die Handlungsfähigkeit.

Zwei Szenarien, zwei Strategien: Anticipated Threat & Sudden Assault

Das Verhalten im Entry ist stark davon abhängig, ob der Angriff vorhersehbar ist oder nicht. Das P.R.I.M.E. Response unterscheidet dabei zwischen zwei Szenarien:

Anticipated Threat

Hierbei handelt es sich um eine Situation, in der der Angriff zwar noch nicht erfolgt ist, aber bereits ein deutliches Bedrohungspotenzial vorliegt. Dies kann eine verbale Eskalation sein, eine bedrohliche Körpersprache, das

Näherkommen einer Person mit erhöhter Spannung – kurz: die Bedrohung ist erkennbar und voraussehbar.

In dieser Phase bietet sich der Einsatz des „Fence" an – eine körperlich wie kommunikativ wirksame Schutzhaltung. Die Hände werden auf Schulterhöhe vor dem Körper positioniert, die Handflächen zeigen leicht abwehrbereit nach außen. Dieses scheinbar deeskalierende Verhalten schafft nicht nur physisch einen Schutzkorridor, sondern signalisiert auch kommunikativ: „Ich will keinen Konflikt, bin aber bereit, mich zu schützen."
Aus dieser Haltung heraus erfolgt der Entry als Kombination aus Pre-Emptive Strike (also einem vorgezogenen Schlag zur Unterbrechung der drohenden Handlung) oder einer defensiven Handlung wie einem Inside Clinch, einem Abdrängen oder einer kurzen Block-Befreiungs-Kombination. Ziel ist es immer, den Angreifer aus dem Konzept zu bringen und die Dominanz zu übernehmen.

Der Entry endet in diesem Fall nicht mit dem Kontakt, sondern führt unmittelbar in die nächste Phase: Kontrolle, Disengagement oder Weiterführung der Gegenwehr. Das Verharren in der Distanz ist ein taktischer Fehler, denn er erlaubt dem Gegner, sich zu regenerieren und neue Angriffe zu starten.

Sudden Assault

Dieses Szenario beschreibt einen plötzlichen, überraschenden Angriff, bei dem keine Zeit zur Vorbereitung oder für den Aufbau des Fence bleibt. Es ist das Worst-Case-Szenario im Selbstschutz: ein unerwarteter Faustschlag, ein Schubsen, ein Griff oder eine Attacke mit einem Gegenstand. Hier gilt das Prinzip: „Protect, Push, Fight".

Protect: Zuerst wird ein schützendes Cover aufgebaut, idealerweise mit dem 3-Point-Cover. Diese Technik erlaubt es, Kopf und Hals effektiv zu schützen, ohne die Sicht vollständig zu verlieren. Das Ziel ist hier nicht die perfekte Abwehr, sondern das Überleben des ersten Impacts.

Push: Der direkte Übergang zur aktiven Handlung folgt durch das Pushen, also das Kreieren von Raum. Dies kann über das Wegstoßen des Angreifers, einen Hüftimpuls oder sogar einen gezielten Frontkick erfolgen. Ziel ist die kurzzeitige Irritation und die Wiederherstellung der eigenen Balance.

Fight: Sobald der Raum geschaffen ist, erfolgt der eigentliche Entry: der Übergang in die Kontrolle – sei es durch Gegenangriff, Flucht oder taktisches Ausweichen.

Der entscheidende Punkt beim Entry im Sudden Assault liegt im reflektorischen Verhalten. Deshalb wird diese Form intensiv mit Szenariotraining, Reaktionsübungen und Partnerdrills geübt. Ziel ist es, die körperliche und mentale Reaktionsfähigkeit zu automatisieren.

Taktische Prinzipien beim Entry

Mehrere taktische Prinzipien leiten das Verhalten im Entry:
- **Linienwechsel**: Nicht frontal in der Angriffsachse bleiben, sondern sich außerhalb der primären Angriffslinie bewegen.
- **Schnittpunkt suchen**: Die Schwachstellen des Angreifers liegen dort, wo Bewegung und Aufmerksamkeit kollidieren – oft am Übergang zwischen Handlung und Reaktion.
- **Timing vor Technik**: Der beste Entry ist nutzlos, wenn er zu spät erfolgt. Schnelligkeit, Entschlusskraft und Konsequenz sind wichtiger als saubere Technik.
- **Biomechanische Einfachheit**: Der Entry nutzt natürliche Bewegungsmuster – kein komplexes Choreografieren, sondern instinktive Reaktionen mit System.
- **Multifunktionalität**: Jede Bewegung hat im Idealfall mehrere Funktionen (z. B. Schutz + Angriff + Positionsveränderung).

Entry als mentales Konzept

Der Entry beginnt nicht mit der Bewegung – er beginnt mit der Entscheidung. Er ist Ausdruck der inneren Haltung: „Ich lasse mir nicht die Kontrolle nehmen." In dieser mentalen Dimension ist der Entry ein psychologischer Wendepunkt. Er bricht die Paralyse des Überraschtseins, überwindet die Schockstarre und lässt Handlung entstehen.

Der mentale Entry wird trainiert, indem im Unterricht auch Stress erzeugt wird: über laute Kommandos, schnelle Abläufe, Drucksituationen. Denn nur wer lernt, unter Adrenalin zu entscheiden, wird in der realen Konfrontation handlungsfähig bleiben.

Kombination mit anderen Tools

Im System des P.R.I.M.E. Response ist der Entry nie isoliert, sondern steht immer in einem funktionalen Kontext. Besonders effektiv ist die Kombination mit:

- Palmstrikes oder Spear Hand als Pre-Emption
- Knee oder Elbow aus der Nahdistanz nach Entry
- Clinchtechniken zur Kontrolle nach dem Entry
- 3-Point-Cover bei Überraschungsangriffen
- Spatentritt als Raumgewinn vor oder nach dem Entry

Trainingsmethodik

Ein guter Entry ist das Ergebnis systematischen Trainings. Dazu gehören:

- **Szenariobasierte Drills** mit wechselnden Reaktionen
- **Partnertraining mit Druck**: z. B. Entry aus verbalen Eskalationen
- **Reaktionstraining**: Plötzliche Angriffe aus totem Winkel
- **Videoanalyse**: Verstehen von Timing, Winkel, Körperstruktur
- **Kombinationstraining**: Entry + Folgeaktion + Disengagement

Fazit

Der Entry ist nicht nur eine Bewegung, sondern eine Haltung: Ich verlasse den Zustand des Ausgeliefertseins und übernehme die Kontrolle. Im P.R.I.M.E. Response bildet er die Schnittstelle zwischen Wahrnehmung, Schutzverhalten und aktiver Selbstwirksamkeit. Wer den Entry verinnerlicht, besitzt ein Werkzeug, das in allen Gewaltkontexten den Unterschied zwischen Opferrolle und Selbstschutz markiert.

Pre-Fight Cues: Körpersprache erkennen, um Angriffe vorherzusehen

In der Welt des Selbstschutzes ist der Kampf nicht der Anfang, sondern das letzte Glied einer langen Kette von Signalen, Dynamiken und Entscheidungen. Gewalt ist in den seltensten Fällen ein vollkommen spontaner Akt. Meistens kündigt sie sich an – nicht immer laut, aber fast immer deutlich. Wer die Sprache der Körpersignale versteht, erkennt den Angriff, bevor er geschieht. Und genau darum geht es bei den sogenannten Pre-Fight Cues: körperlichen, verbalen und emotionalen Vorboten eines bevorstehenden Übergriffs.

Diese Signale sind wie Risse im Eis – sie entstehen, bevor etwas bricht. Wer lernt, sie zu lesen, gewinnt nicht nur Zeit, sondern Handlungsspielraum. Und damit vielleicht das Entscheidende: die Chance, sich zu schützen, ohne kämpfen zu müssen. Doch das setzt voraus, dass wir unsere Wahrnehmung schärfen, präsent sind – und wissen, worauf wir achten müssen.

Was sind Pre-Fight Cues?

Der Begriff „Pre-Fight Cue" stammt ursprünglich aus dem Bereich der Verhaltenspsychologie und des professionellen Kampfsports. Er beschreibt Hinweise – meist nonverbal –, die auf eine bevorstehende aggressive Handlung hindeuten. Diese Hinweise entstehen oft unbewusst. Wenn ein Mensch sich auf einen Angriff vorbereitet, verändert sich seine Physiologie: Der Adrenalinspiegel steigt, die Atmung wird schneller, Muskeln spannen sich an. All das hat Auswirkungen auf Mimik, Gestik, Körperhaltung und Bewegungsmuster.

Anders als in Filmen beginnt Gewalt nicht mit dem ersten Schlag, sondern mit einer Spannung – manchmal nur ein Augenblick, manchmal mehrere Minuten lang – in der sich die Atmosphäre verdichtet. In dieser Zeit zeigt der potenzielle Angreifer Zeichen, die man sehen kann – wenn man weiß, wonach man sucht.

Die Gründe für diese Signale sind evolutionsbiologisch nachvollziehbar: Bevor ein Mensch in den Kampfmodus geht, bereitet sich sein Körper darauf vor. Das Nervensystem schaltet vom parasympathischen in den sympathischen

Zustand – der Körper reagiert mit Schutzmechanismen, Anspannung und Fokussierung. Diese physiologischen Prozesse machen es dem Angreifer schwer, seine Absicht vollständig zu verbergen. So wie ein Raubtier, das sich vor dem Sprung duckt.

Körperliche Hinweise: Wenn der Körper die Absicht verrät

Ein besonders verlässlicher Bereich der Pre-Fight Cues sind körperliche Mikroveränderungen. Diese sind oft nur für geübte Augen erkennbar, aber auch Untrainierte können sie mit etwas Übung wahrnehmen.
Ein klassisches Zeichen ist das Ballen der Fäuste. Dieses scheinbar simple Verhalten zeigt nicht nur Wut, sondern ist auch eine unbewusste Vorbereitung auf einen Schlag. Das Gleiche gilt für das Hochziehen der Schultern – ein instinktiver Schutzmechanismus, um den Kiefer zu schützen, oft beobachtbar vor einem Haken oder einer Kopfnuss.

Auch das sogenannte „Blading", also das seitliche Einnehmen einer Kampfstellung, ist ein deutliches Indiz. Wer sich plötzlich dreht und ein Bein nach hinten stellt, erhöht seine Schlagkraft – aber auch seine Absicht, körperlich zu agieren.

Ein weiteres wichtiges Zeichen ist das Absenken des Kinns bei gleichzeitiger Anspannung des Nackens. Es schützt das Gesicht, signalisiert aber auch, dass die Person bereit ist, einen Schlag abzugeben oder selbst getroffen zu werden.

Nicht zu unterschätzen ist die Atmung. Wer plötzlich hörbar und schnell ein- oder ausatmet, steht meist unter starkem Stress. Die Ausschüttung von Adrenalin erzeugt genau diese Art von Atmung – ein untrügliches Zeichen dafür, dass das Nervensystem auf Alarm geschaltet ist.

All diese körperlichen Hinweise können einzeln auftreten – doch oft bilden sie Cluster: Mehrere dieser Cues erscheinen in kurzen Abständen oder gleichzeitig. Dann ist höchste Aufmerksamkeit geboten.

Verbale und emotionale Hinweise: Wenn Worte kippen

Nicht nur der Körper, auch die Sprache verrät den Übergang vom verbalen Konflikt zur körperlichen Eskalation. Ein klassisches Zeichen ist das abrupte Schweigen nach einer hitzigen Konfrontation. Der Angreifer hat genug gesprochen – nun kommt die Tat. Dieses plötzliche Verstummen erzeugt eine beklemmende Leere, die oft unmittelbar vor der Eskalation steht.

Ebenso bezeichnend sind Drohungen, die mehrfach wiederholt werden – besonders, wenn sie sich zuspitzen („Ich schwör dir, ich hau dir gleich eine rein"). In vielen Fällen ist das weniger ein Bluff als eine psychologische Selbstermächtigung, um zur Tat zu schreiten.

Ein häufig übersehenes Signal ist der Tunnelblick. Dabei fixiert der potenzielle Angreifer sein Ziel – meist den Kopf oder Oberkörper des Gegenübers – mit einem intensiven, fast durchdringenden Blick. In diesem Moment ist seine Aufmerksamkeit komplett auf das Ziel ausgerichtet. Außenreize werden ausgeblendet, die Wahrscheinlichkeit eines Angriffs steigt rapide.

Auch körperliche Zuckungen, zitternde Hände oder unkontrollierte Mimik weisen auf eine hohe innere Anspannung hin. Der Körper ist überflutet von Adrenalin, kann aber noch nicht handeln – das erzeugt einen Überschuss an Energie, der sich oft in kleinen, unkontrollierten Bewegungen zeigt.

Räumliche Signale: Wenn Nähe zum Risiko wird

Nicht zu unterschätzen ist das, was zwischen zwei Körpern passiert. In der Selbstverteidigung ist Distanz oft der entscheidende Faktor. Wer plötzlich in deine persönliche Zone eindringt – etwa auf 1 Meter oder näher –, bringt sich in Schlagdistanz. Besonders gefährlich wird es, wenn diese Annäherung nicht mit Worten, sondern wortlos geschieht. Das ist häufig kein Zufall, sondern Kalkül.

Auch das Einkreisen durch mehrere Personen oder das geschickte Positionieren in einer Ecke deutet auf eine geplante Eskalation hin. Der Bewegungsradius wird eingeschränkt, die Fluchtmöglichkeit verringert.

Ein häufiges Täuschungsmanöver besteht darin, kurz zur Seite zu schauen, um dich abzulenken – während die eigentliche Aktion im nächsten Moment erfolgt. Auch ein scheinbar harmloser Blickkontaktabbruch kann ein Trick sein, um den Gegner in falscher Sicherheit zu wiegen.

Die Bedeutung dieser Zeichen: Warum sie Leben retten können

Pre-Fight Cues sind keine Theorie, sondern gelebte Praxis im Selbstschutz. Sie bilden ein Frühwarnsystem – wie ein Seismograph für menschliche Gewalt. Wer sie deuten kann, erkennt nicht nur Gefahr, sondern gewinnt wertvolle Sekunden, um deeskalierend zu wirken, sich in Sicherheit zu bringen oder sich angemessen zu verteidigen.

Zudem haben sie eine wichtige juristische Komponente. Wer nachweislich auf deutliche körperliche Bedrohung reagiert, handelt im Rahmen der Notwehr. Wer hingegen ohne erkennbare Bedrohung angreift, überschreitet diese Grenze. Die Fähigkeit, Pre-Fight Cues zu erkennen und zu dokumentieren (etwa durch Zeugenaussagen oder Videobeweise), kann somit auch rechtliche Relevanz haben.

Reagieren, bevor es zu spät ist: Handlungsmöglichkeiten bei Pre-Fight Cues

Erkennen allein reicht nicht. Die entscheidende Frage ist: Wie reagiere ich, wenn ich Pre-Fight Cues wahrnehme?
Der erste Schritt ist immer: Distanz. Wer aus der Schlagdistanz geht, entzieht der Gewalt die Grundlage. Seitliche Bewegung statt Rückzug kann zusätzlich helfen, das Gleichgewicht des Angreifers zu stören und seine Linie zu brechen.

Zweitens: Der Fence – also das neutrale Heben der Hände auf Brusthöhe – schafft eine Pufferzone. Es ist keine Drohgebärde, sondern eine schützende Haltung. Gleichzeitig zeigt es: Ich bin bereit, aber nicht aggressiv.

Drittens: Die verbale Ebene. Ein ruhiger, aber bestimmter Satz wie „Ich will keinen Streit" kann deeskalierend wirken – wenn er mit Körpersprache und Augenkontakt stimmig kombiniert wird. Wichtig ist, dabei die Stimme kontrolliert zu halten. Kein Zittern, kein Kreischen – sondern klare Botschaft.

Viertens – und nur im Notfall: der Pre-Emptive Strike. Wenn alle Anzeichen auf einen unmittelbar bevorstehenden Angriff hindeuten und keine Fluchtmöglichkeit besteht, kann ein gezielter Erstschlag gerechtfertigt sein. Dieser muss jedoch angemessen sein und im Rahmen der Notwehr erfolgen.

Wissenschaftliche Erkenntnisse zu Pre-Fight Cues

Die Forschung zur nonverbalen Kommunikation in Gewaltkontexten ist noch jung, aber vielversprechend. Studien zeigen, dass Menschen, die trainiert sind, Mikroexpressionen und Körpersprache zu lesen, signifikant besser in der Lage sind, Eskalationen vorherzusehen.
Besonders erwähnenswert ist die Arbeit von Paul Ekman, der die sieben universellen Gesichtsausdrücke identifiziert hat – darunter auch Wut, Angst und Verachtung, die oft Vorboten aggressiven Verhaltens sind.

Auch die moderne Neurobiologie liefert Erklärungen: Das limbische System – insbesondere die Amygdala – reagiert auf Bedrohung deutlich schneller als der rationale Neokortex. Das erklärt, warum viele Angreifer instinktiv agieren, ihre Körpersprache jedoch unbewusst preisgibt, was sie beabsichtigen.

Sehen, was kommt – bevor es passiert

Pre-Fight Cues sind kein mystisches Geheimwissen, sondern ein überlebenswichtiges Instrument. Sie zu kennen bedeutet, sich und andere schützen zu können – nicht durch Gewalt, sondern durch Wachheit, Klarheit und bewusstes Handeln. In einem System wie P.R.I.M.E. Response, das Klarheit, Struktur und Selbstverantwortung betont, sind sie ein unverzichtbarer Bestandteil der Selbstverteidigung.

Denn der klügste Kampf ist der, der gar nicht erst stattfinden muss. Doch um ihn zu vermeiden, muss man ihn kommen sehen. Und genau dafür sind Pre-Fight Cues gemacht: als stiller Ruf zur Wachsamkeit – bevor es zu spät ist.

FRAUEN UND SELBSTSCHUTZ

Noch immer steht das Bild der körperlich unterlegenen Frau im Angesicht von Gewalt fest in vielen Köpfen. Selbst Männer, die diese Haltung unterstützen, teilen häufig diese Annahme: Gegen einen körperlich stärkeren Angreifer habe eine Frau schlicht keine Chance. Doch diese Sicht greift zu kurz und übersieht, was fundierte Studien über lange Zeit belegen: Gegenwehr wirkt, und oft schon die allererste Reaktion kann ausreichen, um eine Eskalation zu stoppen. Selbst ein kurzer Ausbruch von Wut, ein lauter Ruf, ein Streifen der Hand oder ein gezielter Stoß genügen häufig, um ein Momentum zu erzeugen, das Täter verunsichert. Unterbrechung ist ein kraftvolles Prinzip – in der Gewalt wie in der Selbstverteidigung.

Im Kontext von P.R.I.M.E. Response betrachten wir diesen Mechanismus nicht als Notlösung, sondern als bewusste, strukturierte Antwort auf die Herausforderung körperlicher Unterlegenheit. Dabei spielen weder rohe Kraft noch stundenlanges Techniktraining die einzige Rolle, sondern die entschlossene Entscheidung, überhaupt wahrgenommen und nicht ignoriert zu werden. Widerstand ist gelebtes Selbstwertgefühl, und jedes Widerstandshandeln erzeugt Raum: Raum zum Atmen, Raum zur Klarheit und Raum zur Flucht. Dieses Kapitel macht deutlich, warum Selbstschutz kein Privileg starker Körper ist, sondern eine Fähigkeit, die jeder Frau offensteht – und die sie mit überschaubarem Aufwand entwickeln kann.

Vom ersten Impuls über die körperliche Handlung bis hin zur mentalen Vorbereitung: Unter dem Dach von P.R.I.M.E. Response entfaltet sich ein Verständnis von Selbstschutz, das sich nicht in technische Fertigkeiten verliert, sondern in gelebter, bewusster, wirksamer Entscheidung. Und in dieser klaren Haltung liegt die wahre Grundlage jeder effektiven Gegenwehr.

Zwischen körperlicher Unterlegenheit und durchsetzungsfähiger Gegenwehr

In der Vorstellung vieler Menschen ist die Frau dem Mann im Kontext physischer Gewalt unterlegen. Diese Sichtweise wird oft nicht nur von potenziellen Angreifern getragen, sondern sogar von wohlmeinenden Männern, die Frauen unterstützen wollen. Sie entspringt einer tief verwurzelten Vorstellung von Stärke, die ausschließlich mit Körpermassen, Muskelkraft und physischer Überlegenheit assoziiert wird. Doch genau dieses Denken steht einem wirksamen Selbstschutz im Weg. Denn Selbstschutz ist weit mehr als rohe Kraft: Er ist Haltung, Technik, Entschlossenheit und die bewusste Entscheidung, sich selbst nicht zum Opfer zu machen.

Zahlreiche Studien der letzten Jahrzehnte zeigen deutlich, dass Gegenwehr wirkt. Dabei ist es nicht entscheidend, ob eine Frau technisch ausgebildet oder physisch stark ist. Entscheidend ist, ob sie bereit ist, sich zu wehren. Diese Haltung, verbunden mit dem richtigen Mindset und wenigen, gezielten Techniken, macht den Unterschied zwischen passiver Hilflosigkeit und aktiver Selbstbestimmung.

P.R.I.M.E. Response baut auf dieser Erkenntnis auf. Das System ist so konzipiert, dass es besonders für körperlich unterlegene Menschen – und das betrifft in vielen Fällen Frauen – sofort umsetzbar ist. Es geht nicht darum, gegenüber einem Angreifer zu bestehen wie im Ring eines Sportkampfs. Es geht darum, nicht als hilflos wahrgenommen zu werden. Es geht darum, durch eine kluge Mischung aus mentaler Klarheit, verbalem Widerstand und physischer Durchsetzungskraft die Dynamik der Bedrohung zu unterbrechen.

Studienlage: Gegenwehr wirkt

Mehrere Meta-Analysen der letzten Jahre zeigen, dass Frauen, die sich wehren – sei es verbal oder körperlich – das Risiko einer vollendeten Vergewaltigung deutlich reduzieren. Eine Studie von Wong & Balemba (2018) kommt zu dem klaren Schluss, dass Gegenwehr die Tat häufig abbricht. Das bedeutet: Es ist nicht notwendig, einen Angreifer zu besiegen, sondern ihn in seinem Muster zu stören, zu überraschen, zu brechen.

Auch ältere Untersuchungen stützen diese Erkenntnisse. Zoucha-Jensen und Coyne (1993) analysierten 150 reale Fälle in den USA. Das Ergebnis: Energischer Widerstand war der wirksamste Schutz. Kein Rufen, kein Wehren – und die Gefahr einer vollendeten Tat stieg drastisch. In der Forschung spricht man von einem klaren Zusammenhang zwischen Handlung und Risiko. Wer handelt, senkt das Risiko.

Noch eindrücklicher ist eine Analyse von Kleck & Sayles (1990). Sie zeigten auf, dass aktive Gegenwehr nicht nur das Risiko einer vollendeten Tat reduziert, sondern dabei das Verletzungsrisiko nicht signifikant erhöht. Das bedeutet: Entgegen der Befürchtung, sich durch Gegenwehr selbst in noch größere Gefahr zu bringen, zeigt die empirische Datenlage: Der Schutz durch Handeln überwiegt.

Die Tatschockumkehr als strategischer Hebel

Ein Begriff, der im Kontext von P.R.I.M.E. Response besondere Bedeutung hat, ist die Tatschockumkehr. Er beschreibt den Moment, in dem ein tätlicher Angreifer durch den plötzlichen Widerstand seines Opfers aus dem mentalen Gleichgewicht gerät. Dieser Schock ist kein Mythos, sondern aus unzähligen Einsatzberichten bekannt. Denn die meisten Täter rechnen nicht mit echtem Widerstand. Sie erwarten Angst, Starre, Unterwerfung. Wenn jedoch eine Frau plötzlich laut wird, sich wehrt, zurückschlägt, dann kippt die Situation. Der Täter verliert seine Dominanz, wird irritiert, gerät selbst unter Stress. Dieser Bruch im Überlegenheitsgefühl des Täters ist die strategische Chance für das Opfer. In genau diesem Moment öffnet sich das Fenster zur Flucht, zur Umkehr der Dynamik.

P.R.I.M.E. Response trainiert gezielt die Nutzung dieser Phase. Dabei geht es nicht darum, den Gegner zu besiegen, sondern um das Unterbrechen seiner Handlungskette. Ein gezielter Palmstrike, ein plötzlicher Schrei, eine kraftvolle Bewegung nach vorn: all das kann genügen, um das Muster zu durchbrechen.

Der Mythos der perfekten Technik

Selbstschutz ist kein Turnier. Es geht nicht um die perfekte Technik, nicht um Schulnoten, nicht um Abläufe wie im Dojo. Es geht um Wirkung. Und die entsteht nicht durch Formvollendung, sondern durch Entschlossenheit. P.R.I.M.E. Response legt daher den Fokus auf grobmotorische Bewegungen, die auch unter massivem Stress funktionieren.

Frauen, die in Bedrohungssituationen geraten, erleben häufig den Tunnelblick, körperliche Erstarrung, Verlust feiner Bewegungssteuerung. Was dann hilft, sind klare Bewegungsmuster, einfache Schrittkombinationen, gezielte Kraftausbrüche. Selbst wenn die Bewegung unpräzise ist: Der Widerstand zählt. Er verändert die Situation, signalisiert: "Ich bin nicht bereit, Opfer zu sein."

Die strategischen Vorteile körperlicher Unterlegenheit

Körperliche Unterlegenheit wird oft als Nachteil gesehen. Doch in der P.R.I.M.E. Philosophie kann sie in einen Vorteil verwandelt werden. Denn wer unterschätzt wird, hat die Möglichkeit zu überraschen. Wer nicht als Gefahr wahrgenommen wird, kann zum Moment der Entschlossenheit umso wirkungsvoller werden.

Technik ersetzt Kraft. Zielzonen wie Kehle, Augen, Weichteile oder Knie sind empfindlich, auch bei geringem Kraftaufwand. Eine Handkante gegen den Kehlkopf, ein Tritt gegen das Schienbein, ein Ellenbogen gegen den Solarplexus – diese Techniken sind auch für kleinere, leichtere Personen sofort nutzbar. Kombiniert mit einer klaren Haltung und der inneren Entscheidung, sich zu verteidigen, entsteht echte Wirksamkeit.

Mentale Vorbereitung als Schlüsselfaktor

Ein weiterer Kern von P.R.I.M.E. Response liegt in der mentalen Vorbereitung. Denn eine Entscheidung zur Gegenwehr wird nicht im Moment des Übergriffs getroffen. Sie entsteht früher. Frauen, die sich mental mit dem Thema Selbstschutz auseinandergesetzt haben, fällen im Ernstfall schneller die Entscheidung zum Handeln.

Dazu gehört auch das Durchspielen von Szenarien, das mentale Proben, das klare Benennen innerer Grenzen. Eine Frau, die sich vorstellt, wie sie sich wehrt, programmiert ihr Nervensystem auf Handlungsbereitschaft. P.R.I.M.E. Response nutzt diese psychologischen Mechanismen gezielt und bindet sie in das Training ein.

Das Training: minimaler Aufwand, maximale Wirkung

Ein effektives Selbstschutztraining für Frauen muss nicht Jahre dauern. Es muss nicht einmal besonders intensiv sein. Entscheidend ist die Qualität und Zielgerichtetheit des Trainings. P.R.I.M.E. Response bietet kurze, wirksame Module, die sowohl mental als auch physisch überzeugend sind:

- Klarer Widerstand: Die Stimme erheben, Grenzen setzen, Überraschung erzeugen

- Gezielte Techniken: Palmstrike, Ellenbogen, Knietechniken – einfach, direkt, brutal

- Kontinuierliches Wiederholen: Drills bis zur Automatisierung

- Mentales Training: Durchspielen, Visualisieren, Grenzen verankern

- Stressgewohnheit: Szenarien, die Herzklopfen erzeugen und Stressabbau trainieren

Besonders wichtig ist das realistische Szenariotraining. Frauen lernen dabei, wie sich Angst im Körper anfühlt, wie sie unter Stress reagieren, wie sie trotz Panik handlungsfähig bleiben. Es geht nicht darum, den Ernstfall zu simulieren, sondern ihn im Nervensystem vorzubereiten.

Selbstschutz als gesellschaftlicher Akt

Wenn eine Frau lernt, sich zu verteidigen, geht es nicht nur um sie selbst. Es geht um gesellschaftliche Signale. Selbstschutz bedeutet Sichtbarkeit. Es bedeutet: Ich bin nicht wehrlos. Ich bin kein Opfer. Ich bin nicht still. Dieses Signal verändert nicht nur das Selbstbild der Frau, sondern auch das Bild der Frau in der Gesellschaft.

Mädchen, die starke Frauen erleben, übernehmen dieses Bild. Es entsteht ein Kreislauf der Selbstermächtigung. Frauen, die für sich einstehen, verändern auch die Sichtweise von Männern. Selbstschutz ist daher keine private Angelegenheit. Er ist ein Akt der Emanzipation, der Freiheit und der Würde.

Deine Entscheidung zählt

Selbstschutz für Frauen ist kein Widerspruch. Er ist kein Symbol der Schwäche, sondern Ausdruck einer bewussten Haltung. Der Körper mag unterlegen sein – der Geist ist es nicht. Und es ist der Geist, der entscheidet.

P.R.I.M.E. Response befähigt Frauen, genau diesen Geist zu stärken. Es zeigt auf, dass Selbstschutz mehr ist als Technik. Es ist eine Entscheidung für sich selbst. Für den eigenen Körper. Für die eigene Würde.

Mach Gebrauch von deiner Stimme. Dein Körper, deine Entscheidung. Deine Chance auf Freiheit ist real.

„Nein heißt Nein" – Warum Vergewaltigung nichts mit Kleidung, Flirten oder Alkohol zu tun hat

Vergewaltigung ist eines der schlimmsten Verbrechen, das ein Mensch an einem anderen begehen kann. Es ist ein Angriff auf die körperliche und seelische Integrität, eine Tat, die oftmals nicht nur sichtbare, sondern auch tiefe unsichtbare Narben hinterlässt. Und doch ist die gesellschaftliche Debatte um dieses Thema noch immer geprägt von Vorurteilen, Mythen, Fehlannahmen und einer erschreckenden Neigung, die Verantwortung vom Täter auf das Opfer zu verschieben. In diesem Kapitel möchte ich Klarheit schaffen, mit Missverständnissen aufräumen und ein für alle Mal festhalten: Die Verantwortung für eine Vergewaltigung trägt ausschließlich der Täter – und niemand sonst.

Vergewaltigung ist kein Missverständnis, sondern ein Verbrechen

Die gängigen Klischees und Märchen rund um Vergewaltigung halten sich zäh. Noch immer werden Betroffene gefragt, was sie getragen, wie viel sie getrunken oder ob sie vielleicht „falsche Signale" gesendet haben. Diese Fragen sind jedoch nicht nur unsensibel, sondern führen zu einer gefährlichen Umkehr von Verantwortung. Sie verschieben die Schuld auf das Opfer, das in der schlimmsten Situation seines Lebens auch noch um seine Glaubwürdigkeit kämpfen muss.

Doch die Faktenlage ist eindeutig: Vergewaltigung ist niemals ein Versehen, niemals ein Missverständnis und schon gar nicht eine Folge von Lust, Begehren oder Verführung. Vergewaltigung ist ein bewusster Gewaltakt. Es geht nicht um Sex, sondern um Macht, Kontrolle und die Herabwürdigung eines anderen Menschen. Ein Täter überschreitet willentlich und vorsätzlich die Grenze eines anderen, nimmt sich das Recht, über dessen Körper zu verfügen, und zerstört damit Vertrauen, Sicherheit und oft auch das Gefühl von Selbstwert und Würde.

Diese Gewalt kann in allen gesellschaftlichen Schichten, Altersgruppen und Situationen geschehen. Sie ist unabhängig von Herkunft, Geschlecht, Kleidung, Tageszeit, Ort oder persönlichem Verhalten des Opfers. Die einzige Konstante ist: Ein Mensch entscheidet sich, die Grenzen eines anderen zu missachten.

Schuldumkehr – Ein gesellschaftliches Problem

Weshalb hält sich der Mythos von der „Mitschuld" des Opfers so hartnäckig? Einer der Hauptgründe ist die gesellschaftliche Neigung, unangenehme Wahrheiten zu verdrängen. Es ist bequemer zu glauben, dass Gewalt nur „den anderen" passiert, nur „unvorsichtigen" oder „leichtsinnigen" Menschen. Diese Mechanismen dienen der Selbstberuhigung – und sie sind fatal. Denn sie führen dazu, dass Betroffene sich schämen, zögern, Hilfe zu suchen, oder gar nicht erst Anzeige erstatten. Sie führen zu Zweifeln an der eigenen Wahrnehmung, zu Schuldgefühlen und zu einer erneuten Traumatisierung durch das soziale Umfeld.

Es ist ein kulturelles Problem, das tief in Sprache, Medien, Rechtsprechung und Alltagsverhalten verwurzelt ist. In Talkshows wird diskutiert, ob ein kurzer Rock „provoziert", in Gerichtssälen werden Alkoholkonsum und

Flirtverhalten seziert, als wäre es ein Wettbewerb, wer sich weniger „angreifbar" macht. Dabei ist die Beweislastfrage längst geklärt: Nicht das Opfer muss beweisen, dass es sich gewehrt hat – der Täter ist für seine Tat verantwortlich.

Ein „Nein" braucht keine Begründung. Es ist keine Einladung, keine Verhandlungsbasis, kein „vielleicht". Ein Nein ist die klarste Grenze, die es gibt. Wer sie überschreitet, begeht ein Verbrechen.

Der Täter ist immer verantwortlich

Wer verstehen will, wie sexuelle Gewalt wirklich funktioniert, muss wegkommen von alten Klischees und hinsehen: Vergewaltigung ist kein „Sex, der aus dem Ruder gelaufen ist". Es ist ein Akt der Unterwerfung und Entmenschlichung. Täter nutzen Macht, Kontrolle, oft auch die Verletzlichkeit oder die körperliche Unterlegenheit ihrer Opfer.

Die Infografik am Kapitelanfang macht es deutlich: Kleidung, Flirten, Alkohol, Tanz, Uhrzeit – all das sind keine Ursachen für Vergewaltigung. Es gibt keine einzige legitime Rechtfertigung, kein Szenario, das sexuelle Gewalt entschuldigt oder „verständlich" macht. Der einzige Grund, warum eine Vergewaltigung passiert, ist die Entscheidung eines Menschen, eine andere Person gegen ihren Willen zu sexuellen Handlungen zu zwingen.

Daher ist es auch falsch, von „Opferbeteiligung" zu sprechen. Die einzige Beteiligung des Opfers ist die Erfahrung von Gewalt. Es ist an der Zeit, diese Perspektive nicht nur im privaten Umfeld, sondern auch gesellschaftlich, rechtlich und medial zur Norm zu machen.

Mythen rund um sexuelle Gewalt

Immer noch kursieren in der Gesellschaft zahlreiche Mythen, die die Realität verzerren und den Opferschutz unterminieren. Dazu gehören Behauptungen wie:

- „Vergewaltiger sind Fremde im Gebüsch." In Wahrheit finden die meisten Übergriffe durch bekannte Personen statt – Partner, Freunde, Verwandte oder Bekannte.

- „Wer nicht laut genug Nein sagt, will es vielleicht doch." Falsch. Viele Betroffene sind in Schockstarre, haben Angst um ihr Leben oder erleben eine Art „Freeze"-Reaktion. Schweigen ist kein Einverständnis.

- „Wer flirtet, will Sex." Flirten ist keine Einladung zu Gewalt.

- „Alkohol und Drogen entlasten den Täter." Auch unter Alkoholeinfluss bleibt der Täter verantwortlich für seine Taten.

Diese Mythen führen zu Schuldumkehr, Opferschelte und letztlich zu einem gesellschaftlichen Klima, in dem Täter sich sicher fühlen und Opfer doppelt bestraft werden: durch die Tat selbst und durch den Zweifel an ihrer Glaubwürdigkeit.

Vergewaltigung betrifft uns alle

Sexuelle Gewalt ist kein Randphänomen. Laut Studien erlebt jede siebte Frau und jeder zwölfte Mann in Deutschland im Lauf des Lebens eine Form sexueller Gewalt. Die Dunkelziffer ist deutlich höher, denn viele Betroffene schweigen aus Angst, Scham oder mangelndem Vertrauen in Behörden. Auch Kinder und Jugendliche sind betroffen, oft im eigenen sozialen Umfeld. Hinzu kommen Fälle im Arbeitsleben, in Schulen, Universitäten und im Internet. Niemand ist davor gefeit.

Deshalb ist Prävention nicht Aufgabe der Betroffenen, sondern eine gesellschaftliche Verantwortung. Die Frage darf nie lauten: „Wie hätte sich das Opfer schützen können?" Sondern: „Wie können wir verhindern, dass Täter glauben, sie könnten mit Gewalt davonkommen?"

Konsens als Grundlage jeder Sexualität

Ein zentraler Gedanke im Umgang mit Sexualität ist der Begriff des Konsenses. Konsens heißt: Jede sexuelle Handlung geschieht freiwillig, auf

Augenhöhe, ohne Druck, Angst oder Manipulation. Konsens ist aktiv, eindeutig und jederzeit widerrufbar. Er ist kein Freifahrtschein, der einmal gegeben, immer gilt. Wer im Verlauf einer Begegnung ein „Nein" erhält, ist verpflichtet, dieses zu respektieren – ohne Diskussion, ohne Überredung, ohne Hintertür.

Jede Handlung, die ohne Konsens stattfindet, ist Gewalt. Daran gibt es nichts zu deuten. Dieses Bewusstsein muss gesellschaftlich verankert werden – durch Bildung, Aufklärung und klare Regeln in Schule, Arbeitswelt und Privatsphäre.

Unterstützung und Empowerment – Was wir konkret tun können

Glauben schenken und ernst nehmen
Das Wichtigste für Betroffene ist, gehört und unterstützt zu werden. Wer nach einer Gewalterfahrung Mut fasst, sich zu öffnen, braucht keine Zweifel oder Ratschläge, sondern Empathie, Respekt und Hilfe. Auch Aussagen wie „Du hättest dich besser schützen sollen" oder „Warum hast du nicht geschrien?" sind schädlich und sollten unterbleiben.

Sprache überdenken
Unsere Sprache prägt unser Denken. Begriffe wie „Opferlamm" oder „es geschehen lassen" relativieren das Geschehen. Wer stattdessen vom „Erleben von Gewalt" spricht, rückt die Handlung des Täters in den Mittelpunkt. Auch Witze über Vergewaltigung oder anzügliche Kommentare sind Teil des Problems, nicht der Lösung.

Über Grenzen sprechen – und Konsens trainieren
Gerade im Kontext von Selbstschutz und Empowerment ist es wichtig, Grenzen klar zu kommunizieren. Selbstschutz beginnt nicht erst mit Techniken, sondern mit Haltung, Bewusstsein und der Fähigkeit, „Nein" zu sagen – und „Nein" zu akzeptieren.

Aufklärung fördern
Schon Kinder und Jugendliche brauchen altersgerechte Informationen über Sexualität, Respekt und Grenzen. Programme in Schulen, Fortbildungen in Unternehmen, Workshops in Vereinen – je früher, desto besser.

Mut zu Intervention und Zivilcourage

Wer Zeuge von Übergriffen wird, kann und sollte eingreifen – direkt oder indirekt. Manchmal reicht ein klares „Lassen Sie das!", das Hinzuziehen anderer oder das Rufen von Hilfe. Täter verlassen sich auf das Schweigen und die Passivität ihrer Umgebung.

Verantwortung übernehmen

Gesellschaftlicher Wandel entsteht nicht über Nacht, sondern durch viele kleine Schritte. Wer Verantwortung übernimmt – als Eltern, Freunde, Kollegen, Trainer oder einfach als Mensch – trägt dazu bei, ein Umfeld zu schaffen, in dem Respekt, Achtsamkeit und Klarheit zählen.

Die Rolle von P.R.I.M.E. Response

Im Rahmen von P.R.I.M.E. Response ist die Aufklärung über sexuelle Gewalt und der klare Umgang mit dem Thema ein zentraler Bestandteil des Trainings. Frauen wie Männer werden darin bestärkt, für ihre Rechte, ihre Würde und ihre Grenzen einzustehen. Die Vermittlung von Selbstschutz geht dabei weit über Technik hinaus: Sie bedeutet, sich als Mensch mit unveräußerlicher Würde und Entscheidungsfreiheit zu begreifen. In allen Trainings wird auf die Bedeutung von Konsens, die Klarheit von „Nein" und die Macht des eigenen Standpunkts hingewiesen.

Trainings und Workshops sind explizit so aufgebaut, dass sie die typischen Täterstrategien (Druck, Manipulation, Überrumpelung, Angstmache) thematisieren und konkrete Werkzeuge zur Gegenwehr an die Hand geben – sowohl im mentalen als auch im physischen Bereich.

P.R.I.M.E. Response sieht es als seine Aufgabe, nicht nur körperlich, sondern auch emotional und kommunikativ zu stärken. Es geht um Selbstachtung, Klarheit und den Mut, sich selbst zu schützen – und im Ernstfall auch andere.

Mehr Klarheit. Mehr Haltung. Mehr Schutz.

Es ist höchste Zeit, mit allen Mythen rund um Vergewaltigung aufzuräumen. Kein Rock, kein Drink, kein Flirt, keine Uhrzeit rechtfertigt Gewalt. Einzig der

Wille des Täters entscheidet über das Geschehen. Je klarer wir das benennen, desto eher schaffen wir eine Gesellschaft, in der Gewalt keinen Platz mehr hat.

„Nein heißt Nein." Punkt.
Die Verantwortung liegt beim Täter.
Und unsere Verantwortung als Gesellschaft ist es, das laut, klar und konsequent zu vertreten.

Jede Stimme, die sich erhebt, macht einen Unterschied. Jeder, der unterstützt, zuhört, Mut macht, trägt dazu bei, Gewalt zurückzudrängen – und Menschen das Gefühl zu geben, dass ihre Grenzen zählen.

Selbstschutz beginnt mit Bewusstsein. Und Bewusstsein beginnt mit Aufklärung, Mut und Klarheit.

BEDROHUNG DURCH MESSER – Zwischen Realität, Mythos und mentaler Klarheit

Messerangriffe sind eine der härtesten und realsten Bedrohungen im Selbstschutz. Und sie sind mit vielen Mythen belegt. Einige davon sind so populär wie gefährlich: „Ein Messerangriff ist nicht überlebbar." Oder: „Lauf einfach weg." Solche Aussagen klingen auf den ersten Blick plausibel, sie tragen aber ein Risiko in sich: Sie programmieren unser Mindset auf Hilflosigkeit oder falsche Sicherheit.

Ja, es stimmt: Messerangriffe sind extrem gefährlich. Ja, wer die Möglichkeit zur Flucht hat, muss sie nutzen. Aber: Die Realität ist komplexer. Was, wenn ein Kind bei mir ist? Was, wenn ich mich in einem engen Raum befinde, einem Treppenhaus oder einer U-Bahn? Was, wenn ich durch eine Tür zurückweiche, hinter der eine Wand wartet? Dann bleibt keine Zeit für Strategien, dann zählt nur noch die Entscheidung: „Ich tue, was getan werden muss."

Der falsche Mythos von der Ausweglosigkeit

Wenn man Menschen sagt, sie hätten keine Chance, was wird ihr Mindset sein? Wie werden sie trainieren? Wie werden sie reagieren, wenn es wirklich passiert? Mit Resignation, Angst, vielleicht mit innerem Erstarren. Ein System, das so trainiert, bereitet nicht auf das Unvermeidliche vor – es verstärkt die Opferrolle.

Im P.R.I.M.E. Response sehen wir das anders. Ja, Messer sind tödlich. Ja, die Gefahr ist real. Aber: Wir können trainieren, wir können Strategien und Taktiken lernen, die unsere Chancen deutlich erhöhen. Die wichtigste Ressource dabei ist das Mindset. Ohne 100-prozentige Entschlossenheit, ohne das klare Bewusstsein: „Er oder ich!" wird kein Zugriff, keine Technik, kein Schutz funktionieren.

Bedrohung oder Angriff? Zwei grundverschiedene Szenarien

Es ist wichtig, zu unterscheiden: Wird das Messer *bedrohlich* eingesetzt oder *angreifend*? Bei einer Bedrohung steht der Täter meist unter Stress, will aber Kontrolle. Das Messer ist Drohmittel, kein tödlicher Wille. In dieser Situation ist Deeskalation möglich. Eine ruhige Stimme, klare Körpersprache, kontrollierte Gesten – all das kann helfen, den Angreifer zu stabilisieren, ihm die Kontrolle zu lassen, ohne ihn zu eskalieren. Und oft ist die einfachste Lösung: Gib ihm, was er will. Dein Leben ist mehr wert als Dein Portemonnaie.

Ein *Angriff* ist eine andere Welt. Wenn jemand mit einem Messer auf Dich losgeht, ist Deeskalation nahezu unmöglich. Hier gilt: Sofort handeln, sofort entscheiden. Ein Kampf gegen die Zeit, gegen die Entfernung, gegen die eigenen inneren Bremsen. Genau dafür wurde P.R.I.M.E. Response entwickelt.

Russian Tie: Ein Werkzeug, kein Allheilmittel

Die sogenannte Russian Tie ist eine der effektivsten Zugriffstechniken bei einem bewaffneten Angriff. Sie führt die Angriffslinie des Gegners ins Leere, schafft Kontrolle über den Waffenarm und kann überleitend in Kontertechniken, Takedowns oder Strikes verwendet werden. Aber sie ist kein Wundermittel. Ohne Timing, ohne Entschlossenheit, ohne mentales Vortraining ist sie nichts als ein Konzept. Erst die psychophysische Bereitschaft macht sie wirksam.

Die „Russian Tie" ist eine Greif- und Kontrolltechnik aus dem Ringen und der Selbstverteidigung. Dabei wird der gegnerische Arm diagonal überkreuz mit beiden Händen kontrolliert: Eine Hand greift das Handgelenk, die andere den Ellenbogen oder Trizeps. Durch diese Position erhält man eine starke Kontrolle über die Angriffsseite des Gegners – insbesondere bei bewaffneten Angriffen mit einem Messer. Die Technik zwingt den Angreifer in eine unbalancierte Körperhaltung, öffnet Angriffslinien und bietet eine reale Chance, die Waffe zu neutralisieren. Im P.R.I.M.E. Response ist die Russian Tie die zentrale Technik gegen Messerangriffe im Nahbereich – weil sie biomechanisch effizient, realistisch und in Stresssituationen anwendbar ist.

„Brutal" ist nicht grausam, sondern notwendig

Wir leben in einer Gesellschaft, die oft zögert, wenn es um das Wort Gewalt geht. Doch ein Messerangriff ist rohe Gewalt in ihrer brutalsten Form. Wenn wir überleben wollen, müssen wir der Gewalt mit Entschlossenheit begegnen. Kein sportlicher Ehrgeiz, kein technisches Spiel – sondern pure, zielgerichtete Verteidigung. Schock-Angriffe, harte Gegenwehr, Kontrolle bis zur Bewegungsunfähigkeit des Gegners. Nicht aus Hass, sondern aus Schutz.

Ein Messerangriff wird nicht durch Hoffnung gestoppt, sondern durch entschlossene Aktion.

Messerangriffe in Deutschland: Statistiken, Psychologie und Realität

Die statistische Entwicklung – Messerangriffe auf dem Vormarsch

In den letzten Jahren ist die Zahl der mit Messern verübten Gewaltdelikte in Deutschland deutlich gestiegen. Die Polizeiliche Kriminalstatistik (PKS) weist allein für das Jahr 2024 mehr als 29.000 Fälle aus, in denen ein Messer bei einer Straftat eine Rolle spielte. Das ist ein Anstieg von über 60 % gegenüber 2019. Die Delikte reichen von Bedrohung und Körperverletzung bis hin zu schweren Raubüberfällen und Tötungsdelikten.

Besonders beunruhigend: Die Zahl der Messerangriffe ohne erkennbares Motiv steigt. Viele Täter sind nicht vorbestraft, agieren impulsiv oder aus emotionaler Enthemmung. Auch das „Tragen" von Messern ist deutlich verbreiteter geworden – insbesondere unter jüngeren Männern.

Altersgruppen der Täter
- Über 40 % der registrierten Täter sind zwischen 14 und 29 Jahre alt.
- In Großstädten wie Berlin, Frankfurt oder Hamburg gibt es sogenannte „Hotspots", in denen sich die Vorfälle ballen.
- Auch Jugendliche unter 18 tauchen zunehmend in den Fallzahlen auf.

Tatorte und Muster
- Öffentliche Verkehrsmittel (Bus, Bahn, Haltestellen)
- Parks, Innenstadtbereiche, Schulhöfe
- Öffentliche Toiletten und Tunnelsysteme
- Wohnviertel mit hoher Bevölkerungsdichte

Tatzeiten:
- Die meisten Angriffe geschehen zwischen 18 Uhr und 2 Uhr nachts, oft im Zusammenhang mit Alkohol, Gruppendynamik oder sozialer Konfrontation.

Ein großer Teil dieser Angriffe erfolgt plötzlich und ohne klare Vorwarnung. Das unterstreicht die Notwendigkeit, nicht nur Techniken, sondern auch taktisches Verhalten und mentale Vorbereitung zu trainieren.

Die psychologische Wirkung: Angst, Erstarren, Verleugnung

Ein Messer ist mehr als nur ein Werkzeug der Verletzung. Es ist ein psychologisches Machtmittel. Schon das bloße Zeigen eines Messers löst bei vielen Menschen Panik aus. Der Grund liegt tief in unserer Biologie verankert: Messerangriffe aktivieren unser archaisches Notfallprogramm im Gehirn. Die Reaktion erfolgt innerhalb von Millisekunden – und lässt sich nicht durch Willen unterdrücken.

Typische Reaktionen auf eine Messerbedrohung:
- **Schockstarre (Freeze):** Die Muskulatur verhärtet sich, der Körper „friert" ein. Dieses Verhalten ist evolutiv begründet: Bei Gefahr unbeweglich zu bleiben konnte früher das Überleben sichern.

- **Tunnelblick:** Die Wahrnehmung verengt sich auf das Messer. Alles andere, inklusive Fluchtwege oder weitere Täter, wird ausgeblendet.
- **Verzerrte Zeitwahrnehmung:** Viele Opfer berichten, dass die Szene wie in Zeitlupe ablief oder dass sie sich an Details kaum erinnern können (Blackout).
- **Verleugnung:** Ein großer Teil der Betroffenen verdrängt die Gefahr – teilweise sogar in dem Moment, in dem sie sich abspielt. „Das kann nicht wahr sein", „Er meint das sicher nicht ernst."

Diese Reaktionen sind nicht Schwäche, sondern neurobiologische Schutzmechanismen. Aber: Sie sind trainierbar. Durch Szenarien, Stressdrills und bewusstes Erleben von Grenzsituationen kann der Mensch lernen, auch unter akuter Bedrohung handlungsfähig zu bleiben. Im P.R.I.M.E. Response ist dies ein integraler Bestandteil des Trainings.

Typische Szenarien & Missverständnisse

Viele Menschen haben ein unrealistisches Bild davon, wie ein Messerangriff abläuft. Filme, Kampfkunstvideos und illustrierte Bücher erzeugen eine Illusion von Kontrolle, die in der Realität tödlich enden kann.

Missverständnis Nr. 1: „Man sieht den Angriff kommen." Die Wahrheit ist: Die meisten Angriffe mit Messern erfolgen aus dem Nichts. Sie sind Teil einer plötzlichen Eskalation oder gezielten Überraschungstaktik. Der Täter greift an, bevor er droht. Viele Opfer berichten: „Ich habe das Messer erst gesehen, als ich schon verletzt war.

„Knives are made to be felt, not to be seen!"
Doug Marcaida (Kali Meister)

Missverständnis Nr. 2: „Ich entwaffne den Täter mit einer Technik." Entwaffnungstechniken aus traditionellen Kampfkünsten funktionieren in der Regel nur im Training. In der Realität ist der Gegner aggressiv, unberechenbar, voller Adrenalin – und hält das Messer fest. Selbst Spezialeinheiten vermeiden aktive Entwaffnung, wenn sie es nicht absolut müssen. Der Fokus liegt auf Kontrolle, Schadenbegrenzung und Flucht.

Missverständnis Nr. 3: „Ich werde nicht verletzt, wenn ich mich verteidige." Wer sich gegen einen Messerangriff verteidigt, muss mit Verletzungen rechnen. Das Ziel ist nicht, **unversehrt** zu bleiben, sondern am Leben. Ein Schnitt am Arm ist besser als ein Stich ins Herz. Im P.R.I.M.E. Response wird genau das trainiert: Schutz durch Struktur, nicht durch Illusion.

Typische Szenarien:

- **Der fordernde Räuber:** Hält Dir ein Messer an den Bauch und verlangt Dein Handy. Er wirkt nervös, scannt die Umgebung, hat keine klare Absicht zu töten.
- **Die Beziehungstat:** Ein Ex-Partner greift mit einem Messer an. Oft impulsiv, aus einer emotionalen Entladung heraus. Keine Kommunikation, nur Angriff.
- **Der Gruppendruck:** Jugendliche umkreisen das Opfer, einer zieht ein Messer. Der Angriff beginnt, während die Gruppe zuschaut. Oft schwer vorhersehbar.
- **Die U-Bahn-Situation:** Enge Räume, kein Fluchtweg. Der Täter steht nah, das Opfer sitzt oder ist eingeengt. Hier entscheidet meist die erste Sekunde über das Überleben.

Keine einfache Lösung – aber eine klare Haltung

Messerangriffe lassen sich nicht kontrollieren. Aber sie lassen sich vorbereiten. Und das beginnt mit einem ehrlichen Blick auf die Realität: Die Gefahr ist da, sie ist konkret – aber sie ist nicht unbesiegbar. Ein trainierter Mensch mit einem klaren Mindset, taktischer Intelligenz und dem Mut, zu handeln, hat Chancen. Er muss sie nur ergreifen.

P.R.I.M.E. Response bedeutet, sich dieser Realität zu stellen. Mit Respekt, aber ohne Angst. Mit Klarheit, aber ohne Arroganz. Und mit dem Bewusstsein: Der Körper ist verletzlich – aber der Wille kann entscheiden.

Training für das Undenkbare

Der Umgang mit einem Messerangriff beginnt im Kopf. Im Training simulieren wir Stress, Chaos, Überraschung. Wir üben Taktiken im Stehen, in der

Bewegung, aus verschiedenen Winkeln. Der Fokus liegt auf Realität. Es gibt keine stilisierten Choreographien, sondern situatives Handeln. Wir analysieren Messer-Statistiken, reale Videos, Gerichtsakten. All das fließt in unsere Szenarien ein.

Dabei schulen wir:
- situatives Erkennen der Eskalationsstufe
- Entscheidungstraining (Go / No-Go)
- Zugriffstechniken wie Russian Tie, Cover Control, Takedown-Mechanismen
- improvisierte Verteidigungsmittel
- mentale Klarheit: "Du hast eine Chance. Und Du wirst sie nutzen."

Ethik in der Extremsituation

Viele stellen die Frage: Darf man das? Darf man einen Messerangreifer hart verletzen oder gar töten? Diese Frage ist berechtigt, sie ist menschlich. Doch die Ethik eines bewaffneten Angriffs liegt nicht in Theorie oder Gesetz – sie liegt in der Sekunde der Bedrohung. Wer Dir mit einem Messer gegenübersteht, hat diese Schwelle bereits überschritten. Dein Recht auf Leben und Unversehrtheit gibt Dir die Legitimation, Dich mit allen Mitteln zu schützen.

Ethik bedeutet nicht Passivität. Sie bedeutet Klarheit. Ich tue, was getan werden muss. Nicht mehr, aber auch nicht weniger.

Realität statt Romantik

In unzähligen Videos sieht man Messerabwehren, die unter Laborbedingungen funktionieren. Die Täter stehen still, greifen langsam an. Das ist nicht real. Ein echter Angriff ist unberechenbar, emotional, chaotisch. Wer sich darauf nicht vorbereitet, trainiert für eine Illusion.

Deshalb vermittelt P.R.I.M.E. Response keine Techniken – sondern Prinzipien. Struktur. Mindset. Zugriff. Kontrolle. Und: Durchhaltevermögen.

Messerangriffe sind überlebbar

Nicht immer. Nicht ohne Risiko. Aber überlebbar. Wenn wir aufhören, uns selbst zu belügen. Wenn wir bereit sind, zu handeln. Wenn wir klar sagen: „Ich bin kein Opfer. Ich bin vorbereitet."

P.R.I.M.E. Response stellt sich der Realität. Ohne Show. Ohne Illusion. Sondern mit dem Ziel, Menschen zu stärken. Mental, körperlich und emotional. In einer Welt, in der Messer zur Alltagswaffe geworden sind, ist das keine Option mehr. Es ist eine Notwendigkeit.

BIO-MECHANIK IM P.R.I.M.E. RESPONSE – Die Wissenschaft der effektiven Bewegung

Jede Bewegung im P.R.I.M.E. Response System folgt einer klaren Absicht: maximale Effizienz bei minimalem Aufwand – sowohl körperlich als auch energetisch. Diese Effizienz entsteht nicht durch bloßes Training einzelner Techniken, sondern durch ein tiefes Verständnis für biomechanische Zusammenhänge. Das bedeutet: Wer seinen Körper kennt, ihn strukturell sinnvoll einsetzt und ihn intelligent auf Bedrohungssituationen vorbereitet, wird auch in extremen Lagen handlungsfähig bleiben – schnell, kraftvoll, stabil.

Biomechanik ist im P.R.I.M.E. Response kein abstrakter Begriff, sondern eine gelebte Praxis. Sie formt das Fundament aller Bewegungs-, Kraft- und Verteidigungskonzepte. Durch sie entstehen die Schlagmechaniken, Verteidigungsstrukturen und Strategien, mit denen auch unter Druck wirksam agiert werden kann. Ob im Entry, in der Transition oder in der Anwendung von Short Power – biomechanische Prinzipien durchziehen das gesamte System.

Struktur vor Kraft – Die Basis jeder Bewegung

Das erste Prinzip der biomechanischen Anwendung im P.R.I.M.E. Response lautet: Ohne Struktur keine Kraft. Der Körper wird so positioniert und geführt, dass Gelenkachsen, Kraftlinien und Schwerpunkte optimal aufeinander abgestimmt sind. So entsteht Stabilität. Und diese Stabilität ist notwendig, um äußeren Kräften standzuhalten – und selbst welche zu erzeugen.

Ein Beispiel ist die Standarbeit: Wer seine Füße zu schmal stellt oder die Knie nicht flexibel hält, wird bei einem Stoß leicht aus dem Gleichgewicht gebracht. Im Gegensatz dazu schafft eine tiefe, geerdete Haltung mit leicht gebeugten Knien, aufrechter Wirbelsäule und gleichmäßiger Gewichtsverteilung eine dynamische Struktur, aus der heraus schnell agiert und reagiert werden kann.

Diese Struktur wird nicht starr gehalten, sondern ist flexibel – ähnlich wie ein Bambus, der sich dem Sturm beugt, ohne zu brechen. So entstehen Bewegungen, die sowohl kraftvoll als auch fließend sind. Sie ruhen in einem Zentrum, das jederzeit bereit ist, die Richtung zu ändern – ohne den energetischen Fluss zu verlieren.

Kraftentwicklung – Das Geheimnis der inneren Mechanik

Kraft im P.R.I.M.E. Response ist keine Frage der Muskelmasse, sondern der Ansteuerung. Die Fähigkeit, explosive Kraft in kürzester Zeit auf kleinstem Raum zu generieren, basiert auf innerer Körperarbeit: Verbindung von Atmung, Struktur, Gewichtsverlagerung und Spiralbewegung.

Ein zentrales Element ist dabei die Zentralachse – eine imaginäre Linie, die vom Scheitelpunkt durch das Becken bis zum Boden führt. Jede Rotation, jeder Schritt, jede Schlagbewegung orientiert sich an dieser Achse. Bewegungen, die entlang oder um diese Achse stattfinden, sind biomechanisch effizienter, da sie weniger Reibung und mehr Drehmoment erzeugen. So lässt sich auch in kurzer Distanz enorme Wirkung erzielen, wie es z. B. bei der Anwendung von Short Power sichtbar wird.
Auch das sogenannte Rooting – das bewusste „Verwurzeln" des Körpers mit dem Boden – ist biomechanisch ein Kraftverstärker. Es stabilisiert die Gelenkketten und verankert den Körper so, dass Energie aus dem Boden nach oben geleitet und auf den Gegner übertragen werden kann.

Faszien, Verkettungen und kinetische Ketten

Der menschliche Körper funktioniert nicht linear, sondern vernetzt. Muskeln arbeiten in funktionalen Ketten, sogenannte „kinetische Ketten". Eine Bewegung im Fuß hat Auswirkungen auf die Hüfte, den Rücken und die Schultern. Wer biomechanisch intelligent arbeitet, nutzt diese Verkettungen.

Im P.R.I.M.E. Response bedeutet das: Ein Schlag beginnt nicht im Arm, sondern in der Fußsohle. Von dort aus zieht sich die Bewegung durch das Sprunggelenk, über Knie und Hüfte bis in die Schulter und schließlich in die Hand. Diese wellenartige Bewegung, die auf spiraligen Bahnen erfolgt, ist typisch für biomechanisch optimierte Selbstschutzsysteme.

Ein weiterer wichtiger Aspekt sind die Faszien – das kollagene Bindegewebe, das alle Muskelgruppen und Organe umhüllt und miteinander verbindet. Faszien ermöglichen federnde Kraftübertragung, speichern Energie und stabilisieren Bewegungen. Im P.R.I.M.E. Response werden Faszien gezielt aktiviert – z. B. durch das Konzept „Figure 8", das durch kreisende Bewegungen spiralförmige Spannungen im Gewebe erzeugt und so Schlagkraft sowie Bewegungsfluss deutlich steigert.

Das Zusammenspiel von Spannung und Entspannung

Effektive Bewegung lebt vom Wechselspiel: Spannung erzeugt Wirkung – Entspannung macht sie möglich. Wer dauerhaft angespannt ist, verliert Schnelligkeit und Reaktionsfähigkeit. Wer zu locker ist, kann keine Wirkung erzeugen.

Im P.R.I.M.E. Response wird daher gezielt an diesem Spannungsverhältnis gearbeitet. In der Vorbereitung ist der Körper gelöst, zentriert und wach. In der Aktion (z. B. beim Entry oder einer explosiven Schlagkombination) wird kurzzeitig maximale Spannung aufgebaut – punktuell, gezielt, präzise. Danach folgt sofort wieder Entspannung, um bereit zu bleiben für die nächste Bewegung.

Dieses Prinzip nennt man in der Biomechanik „Impulskraft". Sie entsteht durch eine plötzliche, kurze Anspannung im richtigen Moment – ähnlich wie bei einem Peitschenhieb. So entsteht bei geringem Krafteinsatz eine hohe Wirkung.

Der Einsatz des Körperschwerpunkts

Der Körperschwerpunkt ist der Dreh- und Angelpunkt jeder biomechanischen Bewegung. Wer ihn kontrolliert, kontrolliert die Bewegung – die eigene und die des Gegners.

Im P.R.I.M.E. Response wird der Körperschwerpunkt nicht starr gehalten, sondern aktiv eingesetzt. Durch gezielte Gewichtsverlagerung, Absenken oder Anheben des Zentrums kann die Dynamik einer Bewegung beeinflusst werden. In Techniken wie dem Falling Step wird der Körperschwerpunkt absichtlich nach vorne verlagert, um Momentum aufzubauen – eine biomechanisch hochwirksame Methode zur Kraftverstärkung.
Auch im Clinch oder bei Close-Range-Situationen spielt der Körperschwerpunkt eine zentrale Rolle. Durch kleine Positionsveränderungen – oft nur wenige Zentimeter – kann ein Ungleichgewicht beim Gegner erzeugt werden, das dessen Stabilität massiv beeinträchtigt.

Richtungswechsel und Bewegungsfluss

In Bedrohungssituationen ist starre Bewegung tödlich. Deshalb setzt P.R.I.M.E. Response auf fließende Übergänge – auch biomechanisch. Der Körper wird so geschult, dass er jederzeit zwischen Angriff, Verteidigung und Ausweichen wechseln kann, ohne Spannung zu verlieren.

Hier kommt das Konzept der „Transition" zum Tragen: Waffenlose Bewegungen, Übergänge zu Waffenanwendung, Angriffsfolgen oder Verteidigung – alles folgt den gleichen Bewegungsprinzipien. Das ist biomechanisch effizient, weil der Körper nicht „neu lernen" muss, sondern auf gespeicherte Bewegungsmuster zugreift, die sowohl in waffenlosen als auch bewaffneten Situationen funktionieren.

Atmung als biomechanisches Steuerungssystem

Ein oft unterschätzter, aber zentraler Aspekt: die Atmung. Biomechanisch gesehen wirkt sie als inneres Regulativ – für Rhythmus, Spannungsaufbau, Fokus und sogar Schutz. Eine gezielte Ausatmung beim Schlag erhöht die Kraft, schützt die Organe und zentriert die Aufmerksamkeit.

Im P.R.I.M.E. Response wird die Atmung bewusst mit der Bewegung verbunden. Jeder Schlag, jeder Schritt, jede Verteidigungsaktion ist gekoppelt mit einem Atemmuster. Das führt nicht nur zu einer besseren Bewegungsqualität, sondern wirkt auch deeskalierend auf das Nervensystem – ein nicht zu unterschätzender Vorteil in einer realen Bedrohungssituation.

Biomechanik und Stress – Training für die Realität

Die besten biomechanischen Muster nützen nichts, wenn sie unter Stress zusammenbrechen. Deshalb wird im P.R.I.M.E. Response nicht nur isoliert trainiert, sondern realitätsnah: mit Druck, unter Zeitstress, in Szenarien. Ziel ist es, dass biomechanische Prinzipien auch dann funktionieren, wenn das Nervensystem auf Alarm steht.

Die Bewegungen werden daher so eingeschliffen, dass sie auch unter Adrenalineinfluss abrufbar bleiben. Gleichzeitig lernen die Übenden, im Chaos Ordnung zu bewahren – durch körperliche Struktur, innere Klarheit und fokussierte Aktion.

Biomechanik als Rückgrat des Selbstschutzes

Das P.R.I.M.E. Response System zeigt, dass effektiver Selbstschutz nicht auf Muskelkraft oder Technikvielfalt basiert, sondern auf einem intelligenten, ganzheitlichen Verständnis für den eigenen Körper. Die Biomechanik ist das unsichtbare Rückgrat jeder Bewegung – sie entscheidet, ob eine Technik funktioniert oder nicht.

Wer biomechanisch denkt, trainiert nicht nur seinen Körper – sondern seinen Zugang zur Wirksamkeit. Und diese Wirksamkeit ist der Schlüssel zu echter Selbstwirksamkeit: dem Gefühl, in jeder Lage handlungsfähig zu bleiben.

Senso-motorisches Handeln

In Gefahrensituationen bleibt keine Zeit für ausführliche Abwägungen. Wer sich in einem Ernstfall behaupten will, muss handeln – klar, entschlossen und effizient. Doch woher kommt diese Fähigkeit zur sofortigen Reaktion? Die Antwort liegt in einem Zusammenspiel aus Wahrnehmung und Bewegung, aus automatisiertem Körperwissen und trainierter Reaktionsfähigkeit: dem senso-motorischen Handeln.

Im P.R.I.M.E. Response System bildet dieses Prinzip einen unsichtbaren, aber tragenden Pfeiler für die Umsetzung realistischer Selbstschutzstrategien. Es ist die Brücke zwischen kognitiver Vorbereitung und körperlicher Aktion. Dieser Artikel beleuchtet die neurobiologischen, psychologischen und praktischen Grundlagen senso-motorischen Handelns und zeigt, wie sie im P.R.I.M.E. Response gezielt gefördert und eingesetzt werden.

Was ist senso-motorisches Handeln?

Senso-motorisches Handeln beschreibt das enge Zusammenspiel von sensorischer Wahrnehmung (sehen, hören, fühlen) und motorischer Reaktion (Bewegung, Handlung). Anders als bewusste Bewegungen, die willentlich geplant und ausgeführt werden, zeichnen sich senso-motorische Handlungen durch ihre Unmittelbarkeit aus. Sie sind oft reflexartig, intuitiv und extrem schnell – weil sie nicht (oder kaum) durch den bewussten Verstand gesteuert werden.

   Beispiele aus dem Alltag:
   - Das Ausweichen, wenn Dir ein Ball ins Gesicht fliegt
   - Das Zurückziehen der Hand, wenn Du eine heiße Herdplatte berührst
   - Der spontane Griff zum Geländer, wenn Du ins Stolpern gerätst

Im Kampf- oder Selbstschutzkontext gewinnen solche Handlungen eine besondere Bedeutung: Sie entscheiden über Sekunden – und damit über Sicherheit oder Verletzung.

Neurobiologische Grundlagen senso-motorischer Reaktionen

Unser Nervensystem ist darauf ausgelegt, in Gefahrensituationen blitzschnell zu reagieren. Besonders wichtig ist hier die Rolle des **subkortikalen Systems** – also jener Hirnstrukturen, die unterhalb des Großhirns operieren und schneller arbeiten als der präfrontale Kortex (das Zentrum für rationales Denken).

Drei zentrale Mechanismen:

Der Thalamo-amygdaloide Pfad

In Stresssituationen wird der sensorische Input (z. B. ein plötzlicher Angriff) über den Thalamus direkt zur Amygdala geleitet. Diese bewertet die Situation emotional („Gefahr!") und aktiviert sofort das sympathische Nervensystem. Die Reaktion erfolgt – oft noch bevor der Reiz bewusst verarbeitet wird. Dieses Prinzip wird im P.R.I.M.E. Response genutzt, um Reflexe in zielführende Handlungen zu überführen.

Spiegelneuronen und Bewegungslernen

Unser Gehirn speichert Bewegungsmuster durch Wiederholung. Spiegelneuronen sorgen dafür, dass wir Bewegungen anderer erkennen, imitieren und abspeichern können. Je häufiger eine Handlung geübt wird, desto tiefer wird sie ins prozedurale Gedächtnis eingebrannt – bis sie zur automatisierten Reaktion wird.

Neuroplastizität und Stress-Resilienz

Regelmäßiges Training senso-motorischer Abläufe führt zu dauerhaften strukturellen Veränderungen im Gehirn. Besonders in Kombination mit Stresssituationen (wie sie in Szenariotrainings im P.R.I.M.E. Response vorkommen) wird die Anpassungsfähigkeit der neuronalen Verschaltungen gefördert. So entsteht Resilienz nicht nur emotional, sondern auch körperlich und neurologisch.

Senso-motorik als Fundament im P.R.I.M.E. Response System

Das P.R.I.M.E. Response System versteht Selbstschutz als ein System bewusster, strukturierter und situativ angepasster Reaktionen. Dabei spielen folgende Prinzipien eine zentrale Rolle:

Prinzipien statt Techniken

Statt Hunderte Einzeltechniken zu trainieren, werden im P.R.I.M.E. Response grundlegende Bewegungsprinzipien geschult: biomechanisch sinnvolle Schutzhaltungen, zielgerichtete Angriffe, Gleichgewicht und Körperschwerpunktkontrolle. Diese Prinzipien sind in allen Situationen abrufbar – sie werden so tief in das senso-motorische Repertoire integriert, dass sie im Ernstfall automatisch ausgeführt werden.

Resilienz durch Wiederholung unter Druck

Senso-motorisches Handeln kann nicht theoretisch gelernt werden. Es braucht Wiederholung – unter realistischen Bedingungen. Deshalb beinhaltet P.R.I.M.E. Response regelmäßig Szenarientrainings, bei denen Handlung unter Stress geübt wird. Dabei entstehen nicht nur körperliche Reaktionsmuster, sondern auch mentale Klarheit („Mindset unter Druck").

Der Intention folgen

Ein zentrales Element des P.R.I.M.E. Response ist die Fokussierung auf Intention: Jede Handlung muss mit einer klaren inneren Ausrichtung verbunden sein. Dadurch werden senso-motorische Reaktionen nicht blind, sondern zielgerichtet. Intuition wird zur Strategie, nicht zum Zufall.

Der Körper denkt mit – und manchmal schneller

In der Praxis zeigt sich immer wieder: Der Körper reagiert schneller als der Kopf. Dies ist kein Defizit – im Gegenteil. Es ist eine evolutionär entwickelte Überlebensstrategie. Die größte Herausforderung in der Selbstschutzpraxis ist nicht, neue Bewegungen zu erlernen – sondern hinderliche mentale Barrieren abzubauen: Zweifel, Zögern, falsche Höflichkeit oder Angst vor sozialer Sanktion.

Hier setzt das P.R.I.M.E. Response gezielt an:

Entscheidung statt Blockade

Durch gezielte Drill-Übungen wird die Entscheidung „Ich handle jetzt!" zur Gewohnheit. Die Verknüpfung von Gefahr → Handlung ist das Ziel – nicht Gefahr → Erstarren → Nachdenken → Handlung.

Entschlossene Bewegung statt reaktiver Passivität

Senso-motorisches Training bedeutet, die Bewegungsmuster mit einer klaren Entscheidungskraft zu koppeln. Wer gelernt hat, sich mit Intention zu bewegen, entwickelt ein Handlungsrepertoire, das weit über rein technische Fähigkeiten hinausgeht.

Das Vertrauen in den Körper

Viele Menschen haben verlernt, ihrem Körper zu vertrauen. Sie sind kopfgesteuert, zweifeln, kontrollieren – und verlieren dadurch wertvolle Reaktionszeit. P.R.I.M.E. Response baut das Vertrauen wieder auf: durch gezielte Erfolgserlebnisse im Training, durch Wiederholung, durch achtsames Spüren des Körpers im Flow der Bewegung.

Die Rolle der Distanzen im senso-motorischen Handeln

Ein zentraler Aspekt des P.R.I.M.E. Response ist das Arbeiten mit unterschiedlichen **Distanzzonen**, denen jeweils bestimmte senso-motorische Reaktionen zugeordnet sind:

Die mittlere Distanz – ca. eine Armlänge

Hier kommen „schneidende Fauststöße" mit liegender Faust zum Einsatz. Die Bewegung erfolgt auf einer runden Bahn, vergleichbar dem Box-Cross – schnell, direkt und biomechanisch effizient.

Die Nahdistanz – unter einer Armlänge

Der gestoßene Fauststoß mit stehender Faust wird hier eingesetzt. Die vertikale Ausrichtung der Faust und der nach unten zeigende Ellenbogen gewährleisten maximale Stabilität und Zielgenauigkeit im kurzen Kontaktbereich.

Die Ultra-Nahdistanz – Körperkontaktzone

Der Haken – der kräftigste Nahkampffauststoß – wird hier zur Hauptwaffe. Die senso-motorische Anforderung ist besonders hoch: Nähe, Druck, Körpereinsatz, Balance. Diese Bewegungen müssen durch wiederholtes Training in Muskelgedächtnis und Nervensystem übergehen, sonst verpufft die Kraft oder führt zu Eigenverletzung.
Die klare Zuordnung von Distanz zu Technik erzeugt Orientierung – selbst in chaotischen Situationen. Durch die senso-motorische Automatisierung dieser Zonen entsteht ein inneres „Reaktionsradar", das blitzschnell das passende Mittel aktiviert.

Trainingsmethoden zur Förderung senso-motorischer Kompetenz

Im P.R.I.M.E. Response kommen verschiedene Methoden zum Einsatz, um senso-motorisches Handeln gezielt zu entwickeln:

Isolierte Reiz-Reaktions-Drills

Ein einfacher Reiz (z.B. akustisches Signal, plötzliche Berührung, visuelle Veränderung) löst eine sofortige, eintrainierte Bewegung aus. Die Wiederholung schärft die neuronalen Bahnen – das Denken wird ausgeschaltet, der Körper übernimmt.

Szenarien mit adaptivem Widerstand

Realitätsnahe Settings mit rollenspielbasiertem Widerstand aktivieren die Verbindung von Wahrnehmung, Entscheidung und Handlung unter Druck. Die Komplexität der Situation zwingt zur Automatisierung von Handlungsmustern.

Slow Flow vs. Power Burst

Langsame Bewegungsabfolgen (Slow Flow) verfeinern die Körperwahrnehmung, verbessern Gleichgewicht und Achtsamkeit. Im Kontrast stehen explosive Kurzsprints („Power Bursts"), die maximale Handlungskraft aktivieren. Der Wechsel schult die Übergänge – ein Schlüssel im Ernstfall.

Atemgesteuerte Bewegungsdrills

Die Verbindung von Atmung und Bewegung stärkt die somatische Intelligenz. In Paniksituationen neigt der Atem dazu, zu flach oder unkontrolliert zu werden – durch Training mit bewusstem Atemmuster wird die Reaktionsfähigkeit auch unter Adrenalin erhalten.

Die Schattenseite: Wenn senso-motorisches Handeln nicht funktioniert

Nicht jedes senso-motorische Muster ist hilfreich. Viele Menschen haben durch Angst, Stress oder schlechte Erfahrungen ungünstige Automatismen verinnerlicht: Rückzug, Erstarren, defensive Gestik ohne Schutzwirkung.
Im P.R.I.M.E. Response wird daher stets zuerst dekonstruiert, dann neu aufgebaut:

Entlernen falscher Muster

Bevor neue Reaktionen gelernt werden können, müssen alte Muster entkoppelt werden. Dies geschieht durch gezielte Konfrontation mit typischen Stresssituationen, in denen neue Reaktionswege erprobt werden.

Kognitive Klarheit als Unterstützer

Obwohl senso-motorisches Handeln vorwiegend unbewusst geschieht, ist das begleitende mentale „Rahmenprogramm" entscheidend. Wer weiß, warum er wie reagiert, kann seine senso-motorischen Reaktionen leichter anpassen.

Integration ins Alltagsbewusstsein

Nur wer regelmäßig außerhalb der Trainingshalle übt, kann senso-motorisches Handeln stabilisieren. Mikroübungen, Alltagsbeobachtung („Was sehe ich? Wie reagiere ich?") und regelmäßiges Mentales Training sind notwendig.

Der Körper ist Dein Partner – nicht Dein Werkzeug

Senso-motorisches Handeln ist kein „Zuckerl" im Training – es ist die unsichtbare Basis jedes erfolgreichen Selbstschutzes. Im P.R.I.M.E. Response System wird es nicht zufällig trainiert, sondern systematisch entwickelt. Durch die Kombination von biomechanischer Klarheit, neurobiologischer Erkenntnis, gezielter Reizsetzung und mentaler Intention entsteht ein Reaktionssystem, das im Ernstfall zuverlässig funktioniert.

Wer P.R.I.M.E. Response trainiert, lernt nicht nur Techniken. Er bildet ein senso-motorisches Repertoire aus, das ihn schützt, bevor er denkt – aber nicht ohne Bewusstsein. Denn genau darin liegt die Kraft: in der bewussten Entscheidung zur automatisierten Handlung.

FIGHT MODE – WAS IN DIR GESCHIEHT

Der menschliche Körper ist für das Überleben gemacht – und in einer bedrohlichen Situation läuft ein beeindruckendes biologisches, hormonelles und psychologisches Programm ab. Ob es sich um einen echten Angriff oder eine subjektiv wahrgenommene Bedrohung handelt, spielt dabei für die körperlichen Reaktionen kaum eine Rolle. Entscheidend ist: Das Gehirn stuft die Situation als Gefahr ein – und stellt den gesamten Organismus in den Modus „Kampf oder Flucht".

Neurobiologie des Überlebens: Kampf oder Flucht

In der Sekunde, in der unser Gehirn eine Bedrohung registriert – sei es durch Körpersprache, eine Provokation oder plötzliche Nähe – aktiviert das limbische System die Stressreaktion. Dieses entwicklungsgeschichtlich sehr alte Areal (Reptiliengehirn) reagiert blitzschnell. Die Amygdala, als emotionale

Alarmanlage, spielt dabei eine zentrale Rolle: Sie beurteilt sensorische Reize und löst bei Gefahr eine sofortige Alarmreaktion aus.

Diese führt zu einer Aktivierung des sympathischen Nervensystems, wodurch es zu folgenden körperlichen Reaktionen kommt:

- Beschleunigung der Herzfrequenz (Bereitstellung von Blut und Sauerstoff für Muskulatur)
- Erhöhung des Blutdrucks (Verbesserung der Durchblutung)
- Erweiterung der Bronchien (Steigerung der Sauerstoffaufnahme)
- Weitstellung der Pupillen (bessere visuelle Fokussierung)
- Hemmung nicht überlebensnotwendiger Funktionen wie Verdauung und Sexualtrieb
- Anspannung der Muskulatur (Vorbereitung auf körperliche Handlung)

Diese Veränderungen ermöglichen es dem Körper, in Sekundenbruchteilen mit maximaler Energie auf die Bedrohung zu reagieren – entweder durch Angriff (Fight) oder Flucht (Flight). Manchmal tritt jedoch auch die dritte, gefährlichste Reaktionsform auf: Erstarrung (Freeze).

Hormonelle Reaktionen: Adrenalin, Noradrenalin und Endorphine

Die Botenstoffe, die diese Reaktionen hervorrufen, sind hauptsächlich Adrenalin und Noradrenalin. Diese Neurotransmitter werden innerhalb von Sekunden in großen Mengen ausgeschüttet – insbesondere durch das Nebennierenmark. Adrenalin steigert kurzfristig die Energiebereitstellung durch:

- Mobilisierung von Glukose und freien Fettsäuren
- Verstärkung der Herzleistung
- Hemmung der Insulinfreisetzung (um Glukose im Blut zu halten)

Noradrenalin verstärkt die Wachsamkeit, erhöht den Blutdruck und sorgt für fokussierte Aufmerksamkeit. Der Körper befindet sich im Ausnahmezustand – bereit, zu handeln.

Gleichzeitig schüttet der Hypothalamus über die Hypophyse Endorphine aus. Diese körpereigenen Opiate hemmen das Schmerzempfinden und ermöglichen es, trotz Verletzungen kampffähig zu bleiben. Manche Menschen berichten im Nachhinein, dass sie während eines Kampfes keine Schmerzen gespürt haben – selbst bei massiven Verletzungen. Das ist neurobiologisch nachvollziehbar.

Die Kehrseite: Einschränkungen durch den Stresszustand

So effizient diese Stressreaktion auch ist – sie bringt erhebliche Risiken mit sich. Die Adrenalinflut wirkt wie ein Verstärker für Energie, aber auch für emotionale Impulse. Wer nicht trainiert ist, diese Energie zu lenken, wird schnell überwältigt von:

- **Tunnelblick:** Einschränkung des Gesichtsfeldes. Periphere Reize (z. B. zweite Angreifer) werden nicht mehr wahrgenommen.
- **Feinmotorikverlust:** Komplexe Bewegungen (z. B. präzise Griffe, Bedienung kleiner Gegenstände) gelingen kaum noch.
- **Zittern:** Muskelvibrationen durch überschießende Aktivierung.
- **Veränderte Zeitwahrnehmung:** Szenen wirken wie in Zeitlupe oder extrem beschleunigt.
- **Blackouts:** Plötzlicher Zugriff auf Informationen (Techniken, Entscheidungen) ist blockiert.

Diese Phänomene sind keine Schwäche – sie sind Teil eines archaischen Notfallprogramms. Dennoch: Wer sie nicht erkennt und im Vorfeld trainiert, verliert in der Konfrontation wertvolle Sekunden.

Angst als biologisches Frühwarnsystem

Angst ist keine Schwäche – sondern ein hochfunktionales Frühwarnsystem. Sie bündelt unsere Aufmerksamkeit, aktiviert Schutzreflexe und macht uns handlungsbereit. Doch Angst muss gelernt und trainiert werden – sonst schlägt sie um in Panik.

Die häufigsten Angst- (Stress-)reaktionen im Kampfkontext:
- Trockener Mund, Verdickungsgefühl der Zunge
- Bebende, versagende Stimme
- Starkes Schwitzen (besonders Stirn und Handflächen)
- Übelkeit oder plötzlicher Drang zur Toilette
- Brustschmerzen durch Muskelanspannung und beschleunigte Atmung

- Sehstörungen (Tunnelblick, verschwommene Sicht)
- Lähmungserscheinungen (Angststarre / Freeze)

Diese Symptome können durch Training nicht vollständig ausgeschaltet – wohl aber kontrolliert werden. Genau hier setzt das State Management im P.R.I.M.E. Response System an (siehe Kapitel „State Control").

Die Angststarre: Wenn der Körper blockiert

Die sogenannte Freeze-Reaktion tritt auf, wenn das System mit den Informationen überfordert ist – und weder Kampf noch Flucht als Optionen wahrgenommen werden. Der Körper verharrt bewegungslos, der Geist scheint abgeschaltet. Aus evolutionärer Sicht war dies in manchen Situationen sinnvoll – etwa, um von Raubtieren nicht entdeckt zu werden. Im heutigen Selbstschutz ist diese Reaktion jedoch lebensgefährlich.

Trainierte Personen können durch gezieltes Stress Inoculation-Training (z. B. Szenarien unter Druck, Sparring mit Überraschungsmomenten) die Wahrscheinlichkeit für Freeze deutlich senken. Ziel ist nicht das Auslöschen der Angst, sondern die Vertrautheit mit ihr – und die Fähigkeit, in ihr handlungsfähig zu bleiben.

Der mentale Kreislauf: Gedanken, Emotionen und Körperreaktionen

Zwischen Wahrnehmung und körperlicher Reaktion liegt das mentale Erleben. Ein Reiz (z. B. aggressive Körpersprache) wird aufgenommen, im limbischen System bewertet und mit Erfahrungen verknüpft. Daraus entsteht eine Emotion (z. B. Angst), die wiederum körperliche Reaktionen auslöst. Wer diesen Kreislauf versteht, kann lernen, ihn zu beeinflussen.

Durch Atemtechniken, Selbstinstruktion (Self-Talk) und gezielte Anker lassen sich Stressreaktionen mildern und Reaktionsfähigkeit steigern. Das ist ein zentrales Prinzip in der Vorbereitung auf den Ernstfall – körperlich wie mental.

Gefahr durch Stressreaktion: Wenn Biologie zum Risiko wird

Ohne State Control wird aus der Überlebensreaktion ein Risiko:

- **Juristisch:** Wer panisch handelt, schlägt oft zu heftig oder zu spät. Das kann zu Notwehrüberschreitung führen.
- **Taktisch:** Wer zögert oder einfriert, verliert Zeit und Raum. Ein geübter Angreifer nutzt das gnadenlos aus.
- **Körperlich:** Wer seine Energie nicht fokussieren kann, riskiert Selbstverletzungen, Erschöpfung oder ineffektive Techniken.

Es reicht nicht aus, Techniken zu trainieren – es braucht die Fähigkeit, sie unter Stress abrufbar zu halten. Das bedeutet: Simulationen, Stressdrills, Szenarien, Reflextraining. Nur so wird der Körper zur verlässlichen Waffe – geführt vom klaren Geist.

Wissen ist die halbe Kontrolle

Das Verständnis der inneren Abläufe in Kampf- oder Bedrohungssituationen ist kein akademisches Wissen – es ist überlebenswichtig. Nur wer begreift, was in ihm geschieht, kann bewusst gegensteuern. Genau deshalb ist das Kapitel „State Control" im P.R.I.M.E. Response System kein Add-on, sondern ein zentrales Fundament.

Der Kampf beginnt nicht mit der ersten Bewegung – sondern mit der inneren Entscheidung, präsent, klar und handlungsfähig zu bleiben. Der Körper wird zur Waffe – aber nur, wenn der Geist sie führt.

Im nächsten Kapitel geht es um die psychologische Dimension dieses inneren Kampfes – um die unsichtbare Kraft, die entscheidet, ob Du Opfer oder Gestalter der Situation wirst.

DIE UNSICHTBARE KRAFT IM KAMPF – Psychologie, Präsenz und Präzision

Ein effektiver Selbstschutz beginnt nicht mit dem ersten Schlag – sondern mit dem inneren Zustand, der ihm vorausgeht. Bevor ein Körper handelt, entscheidet der Geist. Bevor eine Technik wirkt, muss Klarheit herrschen. Und bevor eine Konfrontation eskaliert, ist es oft die mentale und taktische Haltung, die über Ausgang und Überleben bestimmt.

In den nächsten drei Kapiteln geht es um genau diese unsichtbare Ebene der Selbstverteidigung – jene Dimension, in der Entscheidungen im Bruchteil einer Sekunde fallen und in der mentale Stärke über physische Kraft triumphiert.

„Flow of Force" beschreibt die innere Dynamik eines Kampfes: Wie Du bedrohliche Situationen frühzeitig erkennst, klug vermeidest oder deeskalierst – und wie Du im entscheidenden Moment entschlossen handelst. Dieses Modell strukturiert die psychologische Seite der Selbstverteidigung in klaren, aufeinander aufbauenden Stufen.

„State Control" widmet sich der Fähigkeit, unter Stress präsent, handlungsfähig und klar zu bleiben. In extremen Situationen entscheidet Dein innerer Zustand – Dein „State" – darüber, ob Du einfrierst oder funktionierst. Dieses Kapitel zeigt Dir, wie Du Deinen State gezielt abrufen, stabilisieren und kontrollieren kannst – im Ernstfall ein Überlebensvorteil.

„The 3 Phases of a Confrontation" schließlich geben Dir eine strategische Orientierung für jede Form realer Bedrohung: von den ersten Warnsignalen über die akute Gewaltphase bis hin zur rechtlichen und emotionalen Nachbereitung. Wer diese drei Phasen versteht, kann sich nicht nur besser verteidigen – sondern auch juristisch und psychologisch stabiler aus einer Konfrontation hervorgehen.

Diese drei Aspekte bilden das taktisch-mentale Rückgrat des P.R.I.M.E. Response Systems. Sie geben Dir nicht nur Werkzeuge an die Hand, sondern auch Haltung und Orientierung – für jene Momente, in denen Klarheit über Kontrolle entscheidet.

Flow of Force – Mentale Stärke als erste Verteidigungslinie im P.R.I.M.E. Response

In einem echten Selbstschutzszenario entscheidet oft nicht die Technik über den Ausgang, sondern der Kopf. Die mentale Haltung, die Wahrnehmungsfähigkeit und die Fähigkeit, in einem Moment größter Anspannung klare Entscheidungen zu treffen, machen den Unterschied zwischen Ohnmacht und wirksamem Handeln. Genau hier setzt das Konzept „Flow of Force" im P.R.I.M.E. Response System an. Es beschreibt nicht nur eine Abfolge innerer Prozesse, sondern eine psychologisch fundierte Dynamik – eine Kraftlinie, die sich von der Wahrnehmung bis zur entschlossenen Handlung erstreckt.

Der Flow of Force ist keine Pyramide im klassischen Sinne, sondern eine kontinuierliche Bewegung durch vier essenzielle Phasen: Awareness, Avoidance, De-Escalation und Assertive Action. Jede Phase hat ihren eigenen Fokus und ihre eigene Energie, doch alle fließen ineinander. Diese Struktur folgt dem Grundsatz: Wer mental klar und taktisch vorbereitet ist, braucht körperlich weniger zu kämpfen.

Phase 1: Awareness – Wachsamkeit als Grundlage

Bewusstsein ist der Ursprung jeder Handlung. Ohne innere Präsenz bleibt jede Strategie ein leeres Konzept. Awareness bedeutet in diesem Kontext mehr als bloßes „Achten auf die Umgebung". Es meint ein geschärftes, nicht-paranoides Wahrnehmen, das zwischen Relevanz und Hintergrundrauschen unterscheiden kann.

Die Grundlage dieser Phase ist die Fähigkeit, Muster zu erkennen – sowohl in der Umwelt als auch im Verhalten potenzieller Aggressoren. Das bekannte „Color Code"-Modell von Jeff Cooper bietet hier eine wertvolle Orientierung. Es unterscheidet vier Bewusstseinszustände:
- Weiß: Unachtsamkeit – häufig im Alltag, etwa beim Scrollen am Smartphone.
- Gelb: Entspannte Wachsamkeit – idealer Alltagsmodus.
- Orange: Konkrete Aufmerksamkeit – etwas oder jemand fällt aus dem Rahmen.
- Rot: Alarmbereitschaft – Handlung ist unmittelbar erforderlich.

Im P.R.I.M.E. Kontext ist Ziel nicht, permanent „rot" zu sein, sondern souverän zwischen Gelb und Orange zu wechseln. Wer Pre-Fight Cues wie fixierende Blicke, veränderte Körperhaltung oder unnatürliches Atmen erkennt, hat den entscheidenden Informationsvorsprung.

Awareness bedeutet auch, das eigene Innenleben zu beobachten: Wie reagiere ich unter Stress? Wann verengt sich mein Fokus? Welche Signale übersehe ich regelmäßig? Wer das Außen klar sehen will, muss auch das Innen verstehen. Die Schulung dieses Bewusstseins beginnt lange vor der Konfrontation.

Phase 2: Avoidance – Konfliktvermeidung als Strategie der Klugen

Vermeidung ist kein Zeichen von Schwäche, sondern ein Beweis taktischer Klugheit. In der Welt des Selbstschutzes bedeutet Avoidance nicht Flucht aus Angst, sondern proaktive Entscheidung: Ich lasse mich nicht in eine Situation ziehen, in der ich kämpfen muss.
Hier beginnt das Distanzmanagement: Wer Abstand hält, schützt sich. Besonders die sogenannte „gefährliche Zone" – etwa ein Meter um den eigenen Körper – ist kritisch. Dringt jemand ungefragt in diese Zone ein, ist das immer ein Grund zur gesteigerten Aufmerksamkeit.

Vermeidung beinhaltet auch die Wahl des eigenen Ortes. Eine dunkle Unterführung, ein leerer Park, eine Gruppe auffällig agierender Jugendlicher – es sind nicht die Orte selbst, die gefährlich sind, sondern die Kontexte. Wer bewusst entscheidet, wo er sich aufhält, vermeidet viele Eskalationen, bevor sie überhaupt entstehen.

Zur Vermeidung gehört außerdem die Fähigkeit, Körpersprache einzusetzen: Eine aufrechte Haltung, klarer Blickkontakt und ruhige Bewegungen senden deutliche Signale. Der Körper sagt: Ich bin kein leichtes Opfer. P.R.I.M.E. Response lehrt, dass dieser stille Dialog oft die erste Verteidigungslinie ist – lange bevor Worte oder Taten folgen.

Phase 3: De-Escalation – Der klärende Moment

Nicht jeder Konflikt ist zu vermeiden – aber viele sind zu beruhigen. De-Eskalation beginnt mit der Entscheidung, nicht die emotionale Dynamik des Gegenübers zu übernehmen. Der andere wird laut – du bleibst leise. Der andere droht – du schaffst Raum.

Zentrale Werkzeuge sind verbale Strategien in Verbindung mit nonverbalen Signalen. Der Satz „Ich will keinen Ärger" wirkt nur, wenn er mit ruhigem Ton, offenen Händen und einem deeskalierenden Gesichtsausdruck begleitet wird. Ein zentrales Konzept ist hier die sogenannte „Fence-Position" – eine scheinbar neutrale Haltung mit erhobenen Händen, die gleichzeitig schützt, beruhigt und vorbereitet. Sie erlaubt blitzschnellen Wechsel zur Verteidigung, wirkt aber nicht aggressiv.

Ein weiterer Aspekt ist das taktische Nachgeben: Wer in einer Raubsituation seine Geldbörse herausgibt, ohne die Situation aus dem Blick zu verlieren, handelt nicht unterwürfig, sondern intelligent. P.R.I.M.E. Response erkennt an: Nicht jeder Sieg sieht heroisch aus – manche Siege bedeuten, gesund nach Hause zu kommen.
In der Deeskalation können auch Elemente von Täuschung taktisch eingesetzt werden. Das gespielte Einverständnis oder das Vortäuschen von Hilflosigkeit kann Zeit verschaffen oder den Gegner in falscher Sicherheit wiegen. Moralisch heikel? Vielleicht. Doch in der Selbstverteidigung gilt: Überleben ist das Ziel – nicht Ehrenkodex-Romantik.

Phase 4: Assertive Action – Wenn Handeln unausweichlich ist

Kommt es zum physischen Angriff, ist zögern tödlich. Die vierte Stufe im Flow of Force fordert entschlossenes Handeln. Dabei geht es nicht um Aggression, sondern um Klarheit. Der Moment des Übergangs von Deeskalation zur Handlung muss bewusst gewählt und kompromisslos umgesetzt werden.

Das P.R.I.M.E. Prinzip des „Pre-Emptive Strike" – der präventive Gegenschlag – basiert auf dem Wissen, dass der Erste, der trifft, oft die Situation dominiert. Dabei gilt: Zielzonen wie Augen, Kehle oder Knie stehen im Fokus, nicht der sportliche Schlagabtausch. Ziel ist nie der Sieg – sondern der Exit.

Entschlossenes Handeln bedeutet auch: kein Innehalten nach dem ersten Treffer. Viele Angriffe scheitern, weil der Verteidiger nach dem ersten erfolgreichen Schlag zögert. P.R.I.M.E. Response lehrt: Handle mit 100 % Entschluss – und verschwinde nach drei Sekunden aus der Gefahrenzone.

Hier wird deutlich, wie wichtig das richtige Mindset ist. Wer kämpft, um „es zu zeigen", verliert. Wer kämpft, um zu entkommen, hat eine klare Richtung. Der Flow of Force kulminiert in dieser letzten Phase – und endet im bewussten Rückzug. Kein unnötiges Festhalten, kein Weiterkämpfen aus Stolz.

Warum der Flow of Force mehr als ein Modell ist

Der Flow of Force ist nicht starr. In der Realität kann es sein, dass eine Situation plötzlich mit einem Angriff beginnt – dann beginnt die Verteidigung bei Phase vier. Oder jemand versucht zunächst, dich einzukreisen – dann kann Awareness nahtlos in Deeskalation übergehen.

Wichtig ist: Je mehr Zeit du in den ersten drei Phasen verbringst, desto seltener brauchst du die vierte. Und je klarer dein Denken, desto effektiver wirst du handeln. Studien zeigen, dass Menschen unter Stress zu Tunnelsehen, motorischer Erstarrung und kognitiven Aussetzern neigen. Der Flow of Force wirkt wie ein mentales Trainingsprogramm gegen genau diese Effekte.

Er integriert psychologische Erkenntnisse, taktisches Verhalten und ethische Klarheit zu einem Gesamtkonzept. Und er erinnert daran: Selbstschutz beginnt nicht mit dem Schlag, sondern mit dem Blick – und mit der inneren Haltung.

Fazit: Mentale Klarheit schafft körperliche Sicherheit

Im P.R.I.M.E. Response System ist der Flow of Force die unsichtbare Struktur hinter jeder physischen Technik. Er stellt sicher, dass du nicht nur trainierst, *was* du tust – sondern *warum* du es tust. Er fordert Wachheit, Besonnenheit und Handlungsbereitschaft – und bietet damit eine Antwort auf eine Welt, die zunehmend unberechenbar geworden ist.

Der wahre Selbstschutz beginnt nicht mit dem ersten Schlag, sondern mit dem ersten Gedanken. Wer die Kraft des Flow of Force versteht und verinnerlicht, wird nicht nur effektiver – sondern auch freier. Denn Klarheit schafft Sicherheit. Und Sicherheit beginnt im Inneren.

State Control – Die unsichtbare Macht hinter jeder Technik

In gewaltsamen Konfliktsituationen, in denen Sekunden über Sicherheit oder Verletzung entscheiden, zeigt sich schnell, dass Technik allein nicht ausreicht. Was nützt die ausgefeilteste Schlagkombination, wenn der eigene Geist in Panik erstarrt oder die Hände zittern? Genau hier setzt das Konzept des „State Control" im P.R.I.M.E. Response System an. Es beschreibt nicht einfach nur einen psychologischen Zustand, sondern den ganzheitlichen inneren Modus, in dem ein Mensch sich befindet, wenn er mit Bedrohung konfrontiert ist.

State umfasst die Gesamtheit unserer physiologischen, emotionalen und kognitiven Verfassung. Im Klartext: Es geht darum, wie dein Körper reagiert, welche Emotionen dich überfluten und ob du überhaupt noch klar denken kannst. Wer in der Lage ist, seinen State bewusst zu aktivieren und zu regulieren, hat nicht nur die besseren Chancen, eine Bedrohung zu überstehen, sondern kann auch juristisch tragbarer und ethisch bewusster handeln.

Der State als Schlüsselfaktor für Handlungskompetenz

In einer Selbstschutzsituation stellt sich nicht zuerst die Frage: „Was kann ich tun?", sondern vielmehr: „Bin ich überhaupt in der Lage zu handeln?" Viele Menschen, auch trainierte, erleben in realen Gewaltsituationen einen sogenannten Freeze-Response. Ihr Körper erstarrt, das Denken kollabiert. Diese Blockade ist keine Schwäche, sondern eine evolutionär tief verankerte Reaktion auf Lebensgefahr.

Der „State Control" beschreibt in diesem Kontext drei ineinanderwirkende Ebenen:
- **Körperliche Ebene**: Herzschlag, Muskelspannung, Atemfrequenz, hormonelle Reaktionen.
- **Emotionale Ebene**: Angst, Wut, Überraschung, Ekel.
- **Kognitive Ebene**: Wahrnehmung, Entscheidungsfindung, taktische Klarheit.

Im idealen Fall sind diese Ebenen synchronisiert – der Körper ist bereit, die Emotionen fokussieren und das Denken bleibt handlungsorientiert.

State Access: Den richtigen Zustand abrufen

Je nach Phase eines Konflikts benötigt der Körper einen anderen inneren Zustand.

- **Vor der Eskalation** (Awareness-Phase): Ein Zustand ruhiger Wachsamkeit, vergleichbar mit „Condition Yellow" nach Jeff Cooper. Die Atmung ist gleichmäßig, der Fokus liegt auf Umweltbeobachtung ohne Anspannung.
- **Bei drohender Eskalation** (Avoidance/De-Escalation): Erhöhte Alarmbereitschaft („Condition Orange"). Puls steigt leicht, Atmung wird tiefer, Bewegungen sind bewusst.
- **Im Kampf selbst** (Assertive Action): Entschlossenheit und Aggression („Condition Red"). Jetzt geht es um Handlung, nicht um Analyse.

Techniken zum State Access:

- **Atemkontrolle**: Eine bewusste Bauchatmung senkt die Herzfrequenz und erhöht die Selbstkontrolle.
- **Self-Talk**: Sätze wie „Ich bleibe ruhig" oder „Ich schaffe das" dienen als mentale Trigger für Ressourcen.
- **Ankertechniken**: Bestimmte Gesten, etwa das Ballen der Faust, verknüpft mit einem Trainingsreiz, können den „Kampfmodus" aktivieren.

State Access ist keine spontane Glückssache, sondern das Ergebnis von Training und Konditionierung.

State Management: Kontrolle während der Eskalation

Noch wichtiger als der Zugang zum richtigen Zustand ist die Fähigkeit, diesen auch unter Druck zu halten. Denn Bedrohung erzeugt physiologische Spitzenwerte, insbesondere durch Adrenalinausschüttung. Diese wiederum haben konkrete Nebenwirkungen:

- **Tunnelblick**: Das Sehfeld verengt sich auf das Bedrohliche, wichtige Informationen gehen verloren.
- **Feinmotorikverlust**: Schließmechanismen, Griffe oder Waffentechniken scheitern.

- **Zeitwahrnehmung**: Sekunden erscheinen als Minuten, Entscheidungen werden verlangsamt.

Techniken des State Managements:
- **Combat Breathing**: Die 4-4-4-4-Methode (4 Sekunden einatmen, 4 halten, 4 ausatmen, 4 halten) stabilisiert das Nervensystem.
- **Fokuslenkung**: Die bewusste Entscheidung, sich nicht auf Schmerzen oder eigene Angst, sondern auf Lösungen zu konzentrieren.
- **Emotionsregulation**: Wer gelernt hat, Wut zu dosieren oder Angst umzuwandeln, behält die Kontrolle.
- **Biofeedback**: Techniken wie das Entspannen der Schultern können als Anker genutzt werden, um Spannungszustände zu reduzieren.

Warum State Management überlebenswichtig ist

Ein guter State entscheidet über:
- **Handlungsfähigkeit**: Wer im Freeze bleibt, verliert.
- **Präzision**: Nur mit klarer Wahrnehmung funktionieren Techniken.
- **Verhältnismäßigkeit**: Wer emotional entgleist, riskiert Überreaktionen mit juristischen Folgen.
- **Nachbearbeitung**: Wer seine Gefühle unter Kontrolle hatte, kann auch im Nachgang besser reflektieren und verarbeiten.

State Management ist nicht nur für den Moment der Gewalt entscheidend, sondern auch für den Umgang mit dem, was danach kommt: Polizei, Zeugen, innere Verarbeitung.

Training: Wie State Access und Management geschult werden können

Die Theorie ist wertlos ohne Praxis. Darum ist State Training ein fester Bestandteil des P.R.I.M.E. Response.
- **Stress-Inokulation**: Simulierte Bedrohungsszenarien, laute Geräusche, plötzliche Angriffe – der Körper lernt, Stress als normal zu empfinden.

- **Atemübungen unter Belastung**: Nach einem Sprint Feinmotorik-Aufgaben lösen (z. B. Schlüssel ins Schloss stecken).
- **Visualisierung**: Bedrohungssituationen im Kopf durchspielen, Reaktionsmuster einüben.
- **Biofeedback-Drills**: Puls beobachten, Spannungszustände lokalisieren, Lösungsimpulse setzen.

Der wahre Kampf beginnt im Inneren

Der Körper folgt dem Geist. Wer seine inneren Zustände nicht kennt und kontrollieren kann, wird unter realem Druck nicht bestehen – egal wie viel Technik er trainiert hat. Deshalb ist das State-Konzept im P.R.I.M.E. Response kein Beiwerk, sondern ein zentrales Fundament. Es verbindet mentale Stärke, emotionale Intelligenz und körperliche Kontrolle zu einer Einheit.

Nur wer innerlich bereit ist, kann äußerlich wirksam sein. Und diese Bereitschaft beginnt mit einem klaren, bewusst gewählten State. Der Rest ist Training, Reflexion und die Bereitschaft, im entscheidenden Moment bei sich zu bleiben – nicht bei der Angst.

3 Phases of a Confrontation

In der realen Selbstverteidigung – also jenseits von Matten, Regeln und Symmetrie – entscheidet nicht die Technik allein über Sicherheit und Überleben. Entscheidend ist das Verständnis für den Ablauf einer Konfrontation. Die Konfrontation beginnt nicht mit dem ersten Schlag. Sie beginnt viel früher – mit einem Blick, einem Schritt, einem Gefühl in der Magengrube. Und sie endet nicht mit dem letzten Treffer, sondern mit dem juristischen und emotionalen Nachspiel.

Das Modell der „3 Phases of a Confrontation" hilft, die Dynamik einer Bedrohung zu strukturieren: Es gliedert den Verlauf einer körperlichen Auseinandersetzung in drei aufeinanderfolgende, aber oft auch fließend ineinander übergehende Phasen: Pre-Conflict (die Bedrohung entsteht), Conflict (der physische Angriff) und Post-Conflict (die Folgen nach dem Kampf). Dieses Modell verbindet taktische, psychologische und juristische

Aspekte zu einem praxisnahen Werkzeug – insbesondere für zivile Selbstschutzsituationen.

1. Phase: Pre-Conflict – Die Bedrohung entsteht

Viele körperliche Auseinandersetzungen lassen sich bereits in dieser ersten Phase verhindern – wenn man gelernt hat, Zeichen zu lesen, sich innerlich vorzubereiten und deeskalierend zu handeln.

In der Pre-Conflict-Phase zeigen potenzielle Angreifer bestimmte Vorboten der Gewalt, sogenannte „Pre-Fight Cues".

Dazu zählen:
- Aggressive Körpersprache (aufgeblasene Brust, fixierender Blick, drohende Bewegungen)
- Provokative Sprache („Was glotzt du so?")
- Überschreiten der persönlichen Distanzzone
- Hände verstecken (Hinweis auf Waffenbesitz)
- Ablenkungsversuche durch Dritte

Diese Phase ist hochsensibel: Während dein präfrontaler Cortex noch analysiert, ob es wirklich gefährlich ist, schlägt das limbische System bereits Alarm. Adrenalin flutet den Körper, Atmung und Puls steigen. Wer diese Signale ignoriert, gerät schnell in eine Stress-Spirale, aus der später nur noch Gewalt bleibt.

Die richtige Reaktion in dieser Phase umfasst mehrere Ebenen:
- **Awareness**: Umgebung bewusst wahrnehmen. Wer? Was? Wo? Gibt es Fluchtwege? Wer könnte helfen?
- **Avoidance**: Wenn möglich, vermeide die Situation. Gehe einem Streit aus dem Weg, wechsle die Straßenseite, betrete einen Laden.
- **Deeskalation**: Verbal und nonverbal. Eine offene Handhaltung (Fence-Position), beschwichtigende Sprache (z. B. „Ich hab kein Problem mit dir") und ruhiger Blickkontakt können potenzielle Gewalt dämpfen.

- **Vorbereitung**: Mental auf einen Angriff einstellen. Ein innerer Handlungsplan („Wenn er jetzt zuschlägt, gehe ich nach links und kontere mit X") schafft Sicherheit und verkürzt Reaktionszeiten.

Das Ziel dieser Phase ist klar: den Kampf verhindern, bevor er beginnt – durch Präsenz, Klarheit, Deeskalation und Entschlossenheit. Doch nicht immer gelingt das. Dann beginnt Phase zwei.

2. Phase: Conflict – Der physische Angriff

Der Moment der Gewalt ist schnell, roh, chaotisch. Wer jetzt nicht vorbereitet ist – physisch wie mental – verliert nicht selten die Kontrolle.

Was passiert in dieser Phase?
- Der Angreifer schlägt zu, greift, stößt, zieht eine Waffe.
- Dein Körper befindet sich im akuten Stresszustand: Tunnelblick, Zeitverzerrung, Verlust der Feinmotorik.
- Die mentale Verarbeitung hinkt dem Geschehen hinterher – deshalb braucht es vorher trainierte Automatismen.

Was kannst du tun?
- **State Management**: Jetzt entscheidet sich, ob du funktionierst. Kontrollierte Atmung (z. B. 4-4-4-4-Atmung), fokussierter Blick, gezielter Fokus auf Handlung statt Emotion.
- **Pre-Emptive Strike**: Wenn du erkennst, dass der Angriff unausweichlich ist, handelt P.R.I.M.E. Response nach dem Prinzip „Attack the attacker". Ein gezielter, erster Schlag – entschlossen und überraschend – kann die gesamte Dynamik zu deinen Gunsten verändern.
- **Target Selection**: In einem Ernstfall zielen deine Techniken nicht auf sportliche Wirkung, sondern auf vitale Punkte. Augen, Kehle, Knie – Ziele, die den Angreifer sofort kampfunfähig machen.
- **Escape Mindset**: Kämpfe nicht, um zu siegen. Kämpfe, um zu entkommen. Ein Kampf, den du vermeidest, ist ein gewonnener Kampf. Ein Kampf, aus dem du entkommst, ist ein überlebter Kampf.

Die zweite Phase ist die kürzeste – aber auch die gefährlichste. Jeder Fehler zählt. Deshalb ist gutes Training entscheidend: Stress-Szenarien, Szenentraining, mentale Rehearsals. Denn in diesem Moment zeigt sich, was wirklich verfügbar ist – nicht, was du auf dem Seminar gelernt hast.

3. Phase: Post-Conflict – Nach dem Kampf

Viele Menschen glauben, mit dem letzten Schlag sei die Gefahr vorbei. Doch in Wirklichkeit beginnt jetzt die Phase, die über deinen weiteren Weg entscheidet – juristisch, psychisch und sozial.

Was passiert?
- Der Angreifer liegt am Boden, flieht oder ist bewegungsunfähig.
- Dein Körper fällt aus dem Alarmzustand – Adrenalincrash: Zittern, Weinen, Erschöpfung.
- Die Umgebung reagiert: Zeugen, Passanten, Kameras, Polizei.

Was ist zu tun?
- **Sicherheitsüberprüfung**: Ist der Angreifer wirklich kampfunfähig? Gibt es Komplizen? Gibt es eine „Secondary Attack"?
- **Flucht oder Hilfe holen**: Entferne dich aus der Gefahrenzone, informiere die Polizei oder rufe Hilfe.
- **Rechtliche Absicherung**: Keine Schuldgeständnisse. Die wichtigste Aussage: „Ich hatte Angst um mein Leben." Suche Zeugen, sichere Kameraaufnahmen. Notwehr ist erlaubt, aber du musst sie glaubhaft machen.
- **Emotionale Nachsorge**: Auch wenn du körperlich unverletzt bist – die Seele braucht Unterstützung. Sprich mit vertrauten Personen, nutze professionelle Hilfe. Viele Menschen erleben nach einem Vorfall Schlafstörungen, Scham, Schuld oder Aggressionen. All das ist normal – aber nicht trivial.

Diese Phase ist oft die unterschätzteste – aber für dein Leben mitunter die folgenreichste. Wer sich auf die Nachwirkungen vorbereitet, ist nicht nur ein besserer Kämpfer – sondern ein bewussterer Mensch.

Warum dieses Modell so wichtig ist Die „3 Phases of a Confrontation" helfen dir, nicht nur zu kämpfen – sondern richtig zu handeln.

- **Taktisch**: Du erkennst, wo du dich befindest, und triffst Entscheidungen mit klarem Ziel.
- **Juristisch**: Wer früh deeskaliert, dokumentiert und verantwortungsbewusst handelt, hat deutlich bessere Chancen vor Gericht.
- **Psychologisch**: Struktur schafft Orientierung. Du bist kein Spielball der Gewalt, sondern ein Akteur deiner Selbstsicherung.

Die wahre Stärke in der Selbstverteidigung liegt nicht in der Gewalt – sondern im Verständnis für deren Struktur. Wer die drei Phasen kennt und beherrscht, ist vorbereitet. Nicht auf den perfekten Kampf – sondern auf die unperfekte Realität. Und das macht den Unterschied zwischen Überleben und Unterliegen.

WARUM OFFENSIVE STRATEGIEN ETHISCH VERTRETBAR SIND – WENN SIE KLAR GEFÜHRT WERDEN

In einem Umfeld zunehmender Brutalität, wachsender Unberechenbarkeit und einer alarmierenden Zunahme urbaner Gewalt, stellt sich nicht nur die taktische, sondern auch die moralisch-philosophische Frage: Dürfen wir Gewalt mit Gewalt begegnen, wenn sie sich erst ankündigt? Dürfen wir handeln, bevor wir getroffen werden? Und wenn ja: Unter welchen Bedingungen bleibt solch ein Vorgehen ethisch verantwortbar?

Das Prinzip des entschlossenen, offensiven Handelns ist integraler Bestandteil des P.R.I.M.E. Response Systems. Doch es ist kein Freibrief für Aggression. Es ist ein ethisch reflektiertes Konzept, das auf der Überzeugung basiert: Nur wer rechtzeitig handelt, kann Gewalt beenden, bevor sie eskaliert. Dieses Kapitel beleuchtet, warum offensive Strategien legitim sein können – und welche Voraussetzungen sie erfüllen müssen, um moralisch tragfähig zu bleiben.

Der ethische Kern: Klarheit, nicht Aggression

Das Grundproblem vieler Debatten über Selbstschutz ist die Gleichsetzung von Offensive mit Übergriff. Doch dieser Kurzschluss greift zu kurz. Eine offensive Handlung im Kontext von Selbstschutz ist nicht Ausdruck von Dominanz oder Gewaltlust, sondern das Ergebnis einer inneren Klarheit: Ich erkenne eine unmittelbare Bedrohung und handle, um sie zu beenden. Nicht aus Hass. Nicht aus Wut. Sondern aus Verantwortung für mich selbst oder für andere.

Die Voraussetzung dafür ist Bewusstheit. Wer klar führt, führt aus einer Haltung der Wachheit, nicht der Willkür. Diese Form des Handelns unterscheidet sich grundlegend von reaktiver Gewalt. Sie ist zielgerichtet, zweckgebunden und in ihrer Intensität auf das erforderliche Maß beschränkt. Philosophisch betrachtet handelt es sich um einen Ausdruck praktischer Vernunft: ein Handeln im Sinne des Notwendigen.

Verantwortung statt Vermeidungslogik

Einer der größten ethischen Irrtümer im öffentlichen Diskurs ist die Idee, dass Gewaltvermeidung stets die moralisch überlegene Option sei. Diese Haltung unterstellt, dass sich jede Situation deeskalieren lasse – was empirisch wie erfahrungsgestützt widerlegt ist. Wer in einer klaren Bedrohungslage nicht handelt, riskiert nicht nur die eigene Unversehrtheit, sondern überlässt die Initiative dem Gewalttäter.

Die moralische Verantwortung liegt nicht nur in der Absicht, sondern in der Wirkung des Handelns. Wer durch rechtzeitiges Eingreifen einen Übergriff verhindert, verhindert potenzielles Leid – und handelt damit auch im Sinne dritter Personen, die betroffen sein könnten. Der Gedanke, durch Passivität ethischer zu handeln, ist nur dann haltbar, wenn man das Risiko für andere ausschließen kann. In realen Situationen ist dies selten gegeben.

Der Unterschied zwischen Gewalt und Kraft

Im P.R.I.M.E. Response ist der Begriff der „Kraft" zentral. Kraft meint: Klarheit, Entschluss, Handlungskompetenz. Gewalt dagegen ist oft impulsiv, emotional enthemmt, zerstörerisch. Offensive Strategien können kraftvoll sein, ohne gewaltsam zu sein. Ein gezielter Schlag zur Beendigung einer Bedrohung ist keine Eskalation, sondern ein Akt kontrollierter Handlung.

Diese Unterscheidung ist auch rechtlich relevant: Die Notwehr kennt keine Pflicht zur Flucht, solange die Handlung geeignet und erforderlich ist. Wer kraftvoll agiert, ohne über das Ziel hinauszuschießen, bleibt im Rahmen des Gesetzes. Wer dagegen zuwartet, bis er überrannt wird, verspielt nicht nur seinen Schutz, sondern auch seine Souveränität.

Innere Haltung als ethischer Prüfstein

Die moralische Qualität einer Handlung entscheidet sich nicht nur am Ergebnis, sondern an der inneren Haltung, aus der sie hervorgeht. Wer offensiv handelt, weil er Angst hat, muss seine Motivation reflektieren. Wer handelt, um zu zerstören, verlässt den Raum der Verteidigung. Wer jedoch aus Klarheit, Verantwortung und Schutzbewusstsein agiert, trifft eine moralisch tragfähige Entscheidung.

Deshalb ist die innere Vorbereitung im P.R.I.M.E. Response essenziell. Mentaltraining, Szenarienarbeit und Wertearbeit sind keine Beiwerke, sondern das ethische Fundament jeder Handlung. Sie schärfen den Unterschied zwischen Notwendigkeit und Überreaktion. Sie helfen, in der Hitze des Gefechts menschlich zu bleiben.

Offensive Strategien als Schutz Unbeteiligter

In vielen realen Situationen geht es nicht nur um den Schutz der eigenen Person. Wer couragiert eingreift, etwa in Übergriffe im öffentlichen Raum, übernimmt Verantwortung für das Ganze. Studien zeigen, dass täterorientierte Intervention – also das gezielte Stoppen eines Angreifers – deutlich wirksamer ist als Rufe, Bitten oder Appelle.

Ein entschlossenes Handeln kann dabei auch nicht-physisch sein: Eine dominante Körpersprache, ein gezielter Auftritt, ein Abdrängen. Doch in manchen Fällen ist ein physisches Eingreifen unvermeidbar. Wer dann vorbereitet ist, hilft nicht nur sich, sondern der Gemeinschaft.

Ethische Klarheit in der Ausbildung

Ein System, das offensive Strategien lehrt, muss ethisch besonders sensibel sein. Es reicht nicht, Techniken zu vermitteln. Es braucht Werte. P.R.I.M.E. Response bildet deshalb nicht Kämpfer aus, sondern klare Menschen. Menschen, die Verantwortung übernehmen. Die wissen, dass Macht immer auch Maß braucht. Die verstehen, dass jedes Eingreifen Folgen hat – aber dass Nichthandeln Folgen hat, die oft schlimmer sind.

Deshalb ist jeder Aspekt des Trainings auch eine ethische Schulung:
- Die Frage: „Wann ist es legitim zu handeln?"
- Die Reflexion: „Was motiviert mich?"
- Die Klarheit: „Wie kann ich Schäden minimieren?"

Diese Fragen machen den Unterschied zwischen bloßer Reaktion und reifer Antwort. Sie verwandeln Handlungskraft in ethische Kraft.

Philosophische Fundierung: Zwischen Pflicht und Verantwortung

Ethik ist nie eindeutig. Doch sie kann Orientierung geben. In der kantischen Ethik ist der Mensch niemals Mittel, sondern immer Zweck. Wer einen Angriff entschlossen unterbindet, schützt genau dieses Prinzip. Wer einen Angreifer gewaltsam stoppt, um ein größeres Unrecht zu verhindern, handelt im Sinne einer übergeordneten Moral.

Aus utilitaristischer Sicht ist eine Handlung dann moralisch, wenn sie den größten Schaden vermeidet. Auch das spricht für offensive Strategien: Denn sie zielen auf Prävention, auf Schadensbegrenzung. Die Gewalt, die entsteht, wenn nicht gehandelt wird, ist oft ungleich größer.

Offensive Strategien brauchen Klarheit – dann sind sie ethisch tragfähig

Wer handelt, bevor er getroffen wird, steht nicht automatisch auf der falschen Seite. Wer präzise, kontrolliert und bewusst agiert, handelt im Dienst des Schutzes. Der Angriff ist in diesem Fall keine Provokation, sondern eine kluge, vorausschauende Entscheidung. Nicht aus Aggression – sondern aus Mut.

P.R.I.M.E. Response steht für genau diese Haltung. Es lehrt offensive Strategien, aber keine Angriffslust. Es schult in Entschlusskraft, aber nicht in Gewaltverherrlichung. Wer aus Klarheit handelt, handelt nicht gegen die Ethik – sondern in ihrem Namen. Und genau darin liegt die wahre Stärke: in der Verbindung von Schutz und Bewusstsein. Von Aktion und Verantwortung. Von Körper und Haltung.

Angriff mit Verantwortung: Die legitime Offensive im zivilen Selbstschutz

In der zivilen Selbstschutzpraxis stellt sich nicht mehr die Frage, ob Gewalt droht, sondern wann und in welcher Form. Die Realität moderner Gewalt zeigt: Wer rein reaktiv bleibt, setzt sich einem unkalkulierbaren Risiko aus. In einem Umfeld, in dem Angriffe plötzlich, brutal und ohne Vorwarnung erfolgen, braucht es keine martialische Geisteshaltung, sondern einen klaren Kompass. Ein ethisch fundiertes, rechtlich gedecktes und taktisch durchdachtes Handeln ist gefragt – genau hier setzt das Konzept der klar geführten Offensive im Rahmen von P.R.I.M.E. Response an.

Die Notwendigkeit des Paradigmenwechsels

Klassische Selbstverteidigungskonzepte basieren auf der Idee der Reaktion: Man wartet den ersten Schlag ab, blockt, kontert und bringt sich in Sicherheit. Doch diese Vorstellung stammt aus einer Zeit, in der Auseinandersetzungen oft ritualisiert waren, Konflikte einen erkennbaren Aufbau hatten und die Hemmschwelle zur Gewalt höher lag. Die Gegenwart sieht anders aus: Messerangriffe ohne Vorwarnung, gezielte Gruppenübergriffe, ideologisch oder nihilistisch motivierte Gewalt—in solchen Situationen sind Sekunden entscheidend. Der erste Treffer kann der letzte sein.

Deshalb verfolgt P.R.I.M.E. Response einen paradigmatischen Wandel: Nicht die Reaktion steht im Zentrum, sondern die bewusst initiierte Handlung in einer antizipierten Bedrohungslage. Dies erfordert keine Aggression, sondern Urteilsfähigkeit, Selbstverantwortung und die Fähigkeit, auch unter Stress klar zu bleiben.

Taktische Überlegenheit durch proaktives Handeln

Der taktische Vorteil einer klar geführten Offensive liegt auf der Hand: Wer handelt, statt zu zögern, durchbricht die Gewaltspirale des Gegners, bevor sie sich entfalten kann. In einer Bedrohungssituation bedeutet dies:

- Die Initiative zurückzugewinnen
- Den gegnerischen Aktionsradius sofort zu begrenzen
- Die Kontrolle über Raum, Rhythmus und Dynamik zu übernehmen

Ein gezielter Angriff mit klarer Intention – etwa ein Vorstoß in die Angriffsstruktur des Gegners – bringt ihn aus dem Konzept. Er verliert seine Handlungssicherheit, seine Bedrohung wird neutralisiert. Wichtig ist dabei: Der Angriff dient nicht dem Sieg, sondern der Verhinderung von Leid. Es geht nicht um Überlegenheit, sondern um die Wiederherstellung von Sicherheit.

Die ethische Dimension: Klarheit statt Grauzonen

Oft wird behauptet, offensive Strategien seien moralisch bedenklich. Doch diese Sichtweise greift zu kurz. Moralisch fragwürdig ist nicht die entschlossene Handlung in einer Gefahrensituation, sondern das passive Zögern, das einen Übergriff erst ermöglicht. Wer den Bruch mit der Gewalt verhindern kann, ihn aber aus Unsicherheit nicht tut, verlässt den Boden moralischer Verantwortung.

Die ethische Grundlage klar geführter Offensive liegt im Prinzip der Verhütung größeren Übels. In der angewandten Ethik spricht man hier vom „geringeren Übelschutz": Wenn das kleinere Übels – der eigene Entschluss zu handeln – das größere Übels – die Verletzung oder Tötung durch den Angreifer – verhindert, ist es nicht nur erlaubt, sondern geboten. Die Intention hinter dem Handeln ist entscheidend: Ist sie schützend, verantwortungsvoll und verhältnismäßig, wird aus dem Angriff eine ethisch vertretbare Verteidigung.

Juristische Klarheit: Was das Gesetz erlaubt

Das deutsche Strafrecht kennt mit § 32 StGB einen der klarsten und weitreichendsten Notwehrparagraphen in Europa. Notwehr ist die Verteidigung, die erforderlich ist, um einen gegenwärtigen, rechtswidrigen Angriff von sich oder einem anderen abzuwenden. Entscheidend ist hier:

„Gegenwärtig" bedeutet nicht erst dann, wenn der erste Schlag fällt, sondern sobald die konkrete Gefahr unmittelbar bevorsteht. Das kann der Moment sein, in dem der Angreifer das Messer zieht, die Distanz verkürzt oder die Fäuste ballt.

Gerichte erkennen in solchen Situationen das Recht zur sogenannten Notwehrfrühinitiative an. Dies bedeutet, dass ein Erstschlag rechtlich gedeckt sein kann, wenn er das einzige Mittel ist, um einen sicher erwartbaren Angriff abzuwehren. Die Voraussetzung: Es muss objektiv nachvollziehbar sein, dass die Gefahr konkret war und keine andere Möglichkeit der Abwendung bestand.

Auch die Verhältnismäßigkeit spielt eine Rolle. Sie bezieht sich jedoch nicht auf ein mildestes Mittel, sondern auf die Erforderlichkeit der gewählten Handlung. Ein gezielter Schlag, der die Eskalation verhindert, ist zulässig – auch wenn er für den Gegner unangenehme Konsequenzen hat. Die Rechtsprechung sagt klar: „Dem Angegriffenen steht ein effektives Abwehrrecht zu, nicht ein riskanter Verhaltenskodex."

Psychologische Stabilität durch Handlungsfähigkeit

Neben den juristischen und ethischen Aspekten ist der psychologische Nutzen einer klar geführten Offensive nicht zu unterschätzen. Studien zeigen, dass Menschen, die in Bedrohungslagen aktiv handeln können, seltener Traumafolgestörungen entwickeln. Die erlebte Selbstwirksamkeit schützt vor Gefühlen von Ohnmacht, Kontrollverlust und posttraumatischer Belastung.

Ein passives Erleiden von Gewalt dagegen – auch wenn man „unschuldig" bleibt – führt häufig zu langfristigen psychischen Schäden. Wer sich dagegen entschließt, zu handeln, erfährt sich als Akteur seines eigenen Lebens. Diese Haltung ist nicht nur schützend, sondern tiefgreifend heilsam.

Das Prinzip der Klarheit

Im P.R.I.M.E. Response System steht das Prinzip der Klarheit im Zentrum. Klarheit bedeutet:
- Die Lage realistisch einschätzen
- Die eigenen Möglichkeiten kennen

- Die Entscheidung treffen, wann gehandelt werden muss
- Verantwortung übernehmen für das, was man tut

Diese Klarheit unterscheidet entschlossene Offensive von blinder Aggression. Der Unterschied liegt nicht in der Technik, sondern in der Haltung. Wer klar geführt handelt, wirkt der Gewalt entgegen – nicht, indem er sie verstärkt, sondern indem er sie verhindert.

Verantwortung statt Vergeltung

Ein Missverständnis gilt es auszuräumen: Offensive bedeutet nicht Vergeltung. Es geht nicht um Strafe, sondern um Schutz. Nicht um Wut, sondern um Weitsicht. Der Angriff im Sinne von P.R.I.M.E. Response ist keine Reaktion auf eine Beleidigung oder Provokation, sondern eine gezielte Aktion zur Verhinderung eines größeren Überschreitens der Gewaltgrenze.

Diese Haltung verlangt ein hohes Maß an innerer Stabilität. Deshalb gehört zur Ausbildung im Selbstschutz nicht nur das Erlernen von Techniken, sondern vor allem die Schulung von Urteilsvermögen, Emotionsregulation und Ethik. Wer handelt, muss sich seiner Verantwortung bewusst sein.

Offensive als Ausdruck reifer Selbstführung

Eine klar geführte Offensive ist kein Zeichen von Schwäche oder moralischem Abstieg. Sie ist ein Ausdruck reifer Selbstführung. In einer Welt, die immer komplexer, schneller und riskanter wird, braucht es Menschen, die bereit sind, in kritischen Momenten Verantwortung zu übernehmen.

P.R.I.M.E. Response ist kein Freifahrtschein für Gewalt. Es ist eine Einladung zur Klarheit, zur Entscheidungskraft und zum Schutz des Lebens – des eigenen wie auch des anderer. Offensive Strategien sind dann ethisch vertretbar, wenn sie nicht aus Hass, sondern aus Verantwortung entstehen. Und sie sind notwendig, wenn Reaktion nicht mehr ausreicht.

Denn manchmal ist der erste Schritt kein Angriff – sondern eine Antwort. Eine klare, durchdachte, verantwortungsvolle Antwort auf eine Welt, die nicht länger vorhersehbar ist. Und diese Antwort braucht Haltung, Prinzipien und Mut.

SELBSTVERTEIDIGUNG IN DER REALITÄT – Szenarien, Grenzen, Ethik und Nachwirkungen

Selbstverteidigung beginnt nicht mit dem ersten Schlag. Sie beginnt in dem Moment, in dem ein Mensch erkennt, dass die Realität keine stilisierte Trainingshalle ist. Sie beginnt dort, wo keine Matte den Aufprall abfedert, kein Gong das Ende markiert und keine Schiedsrichterregel den Ablauf strukturiert. Echte Gewalt ist chaotisch, roh und unberechenbar. Dieses Kapitel richtet den Blick auf die komplexe Wirklichkeit der Selbstverteidigung – jenseits von Techniken und Idealbildern – und beleuchtet Szenarien, rechtliche wie ethische Grenzen sowie die psychologischen und sozialen Nachwirkungen eines Gewalteinsatzes.

Die Realität kennt keine Regeln

In der Auseinandersetzung mit realer Gewalt stößt jeder Idealismus früher oder später an eine Grenze. Anders als im Training entscheidet der Aggressor den Zeitpunkt, die Distanz, die Intensität – und häufig auch die Waffenlage. Selbstverteidigung in der Realität bedeutet daher, mit Unvollkommenheit zu leben: Vielleicht siehst du den Angriff nicht kommen. Vielleicht hast du keinen Raum zur Distanzvergrößerung. Vielleicht bist du allein und dein Gegner nicht. Vielleicht hast du keine Zeit, dich innerlich vorzubereiten. Und vielleicht greift der andere nicht nur mit Fäusten an, sondern mit einem Messer, einem Schraubenzieher oder der bloßen Absicht, dein Leben zu zerstören.

Diese Szenarien sind keine Ausnahmen. Sie sind typische Realitäten. Studien zu Gewaltkriminalität zeigen, dass Übergriffe häufig plötzlich, in geringer Distanz und unter Alkohol- oder Drogeneinfluss stattfinden. Auch das soziale Umfeld des Opfers ist selten ein neutraler Raum – Zuschauer, Passanten oder Begleitpersonen des Angreifers können zusätzliche Eskalation bedeuten oder schlicht wegsehen. Selbstverteidigung muss sich also in einem Terrain behaupten, das durch Unsicherheit, Tempo und Überforderung geprägt ist.

Typische Szenarien im Alltag

Reale Bedrohungssituationen lassen sich oft in vier Hauptszenarien gliedern:

1. **Die aufgeladene Konfrontation:** Zwei Personen geraten verbal aneinander – im Straßenverkehr, an der Supermarktkasse, in der U-Bahn. Körpersprache, Stimme und Nähe eskalieren. Diese Situation ist ein Paradebeispiel für präventive Selbstverteidigung: Wer hier deeskaliert, kann einen Kampf verhindern, ohne dass es je zu einem Schlag kommt.

2. **Der überraschende Angriff:** Eine Person wird ohne Vorwarnung geschlagen, gestoßen oder gewürgt – oft aus dem Nichts. Hier zählt keine perfekte Technik, sondern die Fähigkeit, reflexartig zu reagieren, Balance zu halten, zu decken und zurückzusetzen.

3. **Die Bedrohung mit Waffe:** Ein Angreifer fordert Geld, Handy oder „nur" Respekt – unter dem Einsatz eines Messers oder einer Schusswaffe. In solchen Fällen steht Überleben über Stolz. Technische Gegenwehr ist hier hochriskant – Situationsbewusstsein und Distanz sind entscheidender als Mut.

4. **Die sexuelle Gewalt oder heimliche Annäherung:** Meist aus dem Bekanntenkreis, oftmals subtil beginnend – mit Grenzüberschreitungen, Manipulation oder Zwang. Auch das ist Selbstverteidigung: Grenzen benennen, klare Kommunikation und im Ernstfall auch körperliche Abwehr.

Jedes dieser Szenarien verlangt nicht nur andere Techniken, sondern eine unterschiedliche innere Haltung – und ein tiefes Verständnis für sich selbst: Was bin ich bereit zu tun? Wo ist meine persönliche Grenze? Und wo beginnt der Punkt, an dem ich aktiv werden muss?

Juristische und ethische Grenzen

In Deutschland gilt das Notwehrrecht (§32 StGB), das dir erlaubt, dich mit angemessenen Mitteln gegen einen rechtswidrigen Angriff zu verteidigen. Das klingt zunächst einfach – ist es aber nicht. Denn „angemessen" bedeutet nicht automatisch „alles, was dich rettet". Wer einen Angreifer, der bereits am Boden liegt, weiterhin schlägt, kann sich schnell in den Bereich der sogenannten Notwehrüberschreitung begeben. Auch das Ziehen eines

Messers oder das Verwenden von Alltagsgegenständen als Waffen wird unter Umständen rechtlich hinterfragt, wenn die Verhältnismäßigkeit nicht klar erkennbar ist.

Darüber hinaus stellt sich die ethische Frage: Wie weit darf ich gehen, um mich zu schützen? Darf ich einem Täter gezielt ins Gesicht schlagen, obwohl ich wüsste, dass ein Schlag ins Bein reichen würde? Darf ich jemanden mit voller Wucht stoßen, der mir „nur" droht? Selbstverteidigung ist ein moralisches Minenfeld – nicht nur vor Gericht, sondern auch in der eigenen Psyche.

Wer sich verteidigt, muss sich fragen: Verteidige ich mein Leben – oder reagiere ich aus gekränktem Stolz? Reagiere ich, um mich zu befreien – oder um zu strafen? Inmitten der Gewalt bleibt Ethik oft auf der Strecke. Und doch ist sie das, was uns vom Täter unterscheidet.

Die emotionale Nachwirkung: Wenn der Körper still wird, beginnt der Kopf zu sprechen

Selbst wenn man sich erfolgreich verteidigt hat – körperlich unverletzt und juristisch im Recht –, bleibt die Erfahrung einer gewalttätigen Auseinandersetzung nicht ohne Spuren. Nach dem Adrenalinstoß folgt oft ein inneres Vakuum. Der sogenannte „Adrenalin-Crash" äußert sich durch Zittern, Erschöpfung, emotionale Entladung oder plötzliche Traurigkeit. Auch Schuldgefühle sind nicht selten, insbesondere wenn der Angreifer verletzt wurde – selbst wenn man im Recht war.

Der Umgang mit Gewalt erzeugt oft Ambivalenz: Stolz, es geschafft zu haben, trifft auf Scham, überhaupt in dieser Lage gewesen zu sein. Angst vor möglichen Racheaktionen, Schlafstörungen, wiederkehrende Bilder des Geschehens – all das sind mögliche Folgen, selbst bei einem „guten Ausgang". Die psychologische Forschung spricht hier von posttraumatischen Belastungsreaktionen, die sogar Wochen nach dem Vorfall auftreten können.

Deshalb ist es essenziell, die Nachbereitung nicht zu vernachlässigen. Gespräche mit Vertrauenspersonen, Supervision im beruflichen Kontext oder auch therapeutische Begleitung helfen, Erlebtes zu verarbeiten, innere Klarheit zu finden und den Blick wieder nach vorne zu richten.

Selbstschutz als Haltung, nicht als Technik

Wer Selbstverteidigung trainiert, sollte sich von Anfang an bewusst machen: Es geht nicht um Heldentum. Es geht nicht darum, andere zu beeindrucken, den Angreifer zu dominieren oder als Sieger vom Platz zu gehen. Es geht um Selbstschutz – nicht nur des Körpers, sondern auch der eigenen Werte, Würde und seelischen Integrität.

Das bedeutet auch, Situationen zu meiden, in denen Gewalt wahrscheinlich wird. Es bedeutet, das eigene Ego zu zügeln und lieber auszusteigen als zu eskalieren. Es bedeutet, Hilfe zu holen, wenn man allein nicht weiterkommt. Und es bedeutet, sich auch nach einem Vorfall selbst Mitgefühl entgegenzubringen – statt sich für Ängste oder Tränen zu schämen.

Das Paradox der Selbstverteidigung

Der wahre Selbstverteidiger ist nicht der, der am härtesten zuschlägt, sondern der, der gelernt hat, mit Gewalt umzugehen – im Inneren wie im Außen. Er kennt seine Fähigkeiten, aber auch seine Grenzen. Er weiß, dass jedes Einschreiten Folgen hat. Und er ist sich der Tatsache bewusst, dass er zwar vorbereitet sein kann – aber nie vollständig geschützt.

Die reale Selbstverteidigung ist keine saubere Sache. Sie ist roh, unberechenbar, manchmal hässlich. Sie ist aber auch notwendig – in einer Welt, in der Gewalt eine Realität bleibt, der wir nicht ausweichen können. Umso wichtiger ist es, ihr mit Haltung zu begegnen: Klar, geerdet, reflektiert – und bereit, in letzter Konsequenz das zu tun, was notwendig ist, um unversehrt nach Hause zu kommen.

Denn genau das ist der Kern: **Du hast das Recht, dich zu schützen. Aber du hast auch die Verantwortung, dabei Mensch zu bleiben.**

Wenn du dich vorbereitest, bereite dich also nicht nur körperlich vor – sondern auch emotional, juristisch und ethisch. Nur so wirst du in einer realen

Bedrohungssituation nicht nur überleben, sondern dir auch im Spiegel noch begegnen können – mit offenem Blick und ruhigem Herzen.

PHILOSOPHIE & ETHIK IM KAMPF

Gewalt ist nie nur körperlich. Sie ist immer auch ein Ausdruck innerer Haltungen, Entscheidungen und Werte. Wer kämpft – ob zum Schutz, aus Notwehr oder in einem professionellen Kontext – begegnet nicht nur dem Gegner, sondern sich selbst. Hinter jedem Schlag steht eine Intention, hinter jeder Verteidigung ein Menschenbild. Genau hier setzt die Auseinandersetzung mit Philosophie und Ethik im Kampf an.

Dieses Kapitel lädt dazu ein, die tieferliegenden Dimensionen von Kampfkunst und Selbstschutz zu beleuchten. Es geht nicht allein um Technik, sondern um Haltung: Wie treffe ich Entscheidungen unter Druck? Was bedeutet Ehre, wenn niemand zusieht? Wie kann ich entschlossen handeln, ohne meine Menschlichkeit zu verlieren?

Die folgenden Abschnitte führen in zwei philosophische Strömungen ein, die über Jahrhunderte ethische Orientierung im Kontext von Kampf und Krise gegeben haben: das japanische Bushidō, der Weg des Kriegers, und die chinesisch geprägte Shaolin-Philosophie, in der körperliche Disziplin, Achtsamkeit und Mitgefühl eine untrennbare Einheit bilden. Beide Systeme wurzeln in spirituellen Traditionen – und beide bergen Prinzipien, die im 21. Jahrhundert aktueller denn je sind.

Gerade in einer Zeit, in der Gewalt medial überhöht, moralisch verwässert und politisch instrumentalisiert wird, braucht es Klarheit über die eigenen Grundhaltungen. Ethik im Kampf bedeutet nicht Schwäche. Sie bedeutet Selbstführung, bewusste Entscheidung und das Streben nach Integrität – selbst in Extremsituationen.

Dieses Kapitel lädt dazu ein, diese innere Dimension zu erkunden. Es ist eine Einladung, Kampf nicht nur als körperliches Geschehen zu verstehen, sondern als bewussten Weg: der Auseinandersetzung, der Klarheit und der Verantwortung.

Der innere Kompass des Kriegers

In einer Welt, die zunehmend von Unsicherheit, Konflikten und einem beschleunigten Lebensrhythmus geprägt ist, wirkt der Gedanke an traditionelle Kriegerphilosophien auf den ersten Blick wie ein Relikt vergangener Zeiten. Doch genau das Gegenteil ist der Fall: Gerade weil unsere Gesellschaft oft den inneren Halt verliert, bieten die Prinzipien des Bushidō und der Shaolin-Philosophie eine tiefgehende Orientierung. Sie laden dazu ein, sich den Fragen zu stellen, die auch heute nichts an Bedeutung verloren haben: Was bedeutet Mut? Wann ist Handeln gerechtfertigt? Wie bleibt man integer unter Druck? Und wie kann man in einer krisenhaften Welt ein ethisches Leben führen?

Dieses Kapitel verknüpft die jahrhundertealten Lehren aus Japan und China mit den Herausforderungen des 21. Jahrhunderts. Es zeigt auf, wie sich die Haltung des Kriegers mit einem modernen, friedensorientierten Leben verbinden lässt – nicht als Widerspruch, sondern als Weg bewusster Selbstführung.

Bushidō – Der Weg des Kriegers: Tugenden, Klarheit und Pflicht

Bushidō (wörtlich: „Weg des Kriegers") ist ein ethischer Kodex, der die Samurai über Jahrhunderte hinweg prägte. Er verbindet konfuzianische, buddhistische und shintōistische Elemente und fokussiert sich auf eine klare Lebenshaltung, die auch im Angesicht von Tod und Gefahr Bestand hat. Die sieben Tugenden des Bushidō gelten als Herzstück dieses Kodex:

1. **Gi – Rechtschaffenheit**: Handle gerecht, auch wenn es unbequem ist. Gerechtigkeit bedeutet, das Richtige zu tun, auch ohne Zeugen.
2. **Yū – Mut**: Mut ist kein blinder Wagemut, sondern der bewusste Entschluss, für das Richtige einzustehen.
3. **Jin – Wohlwollen**: Ein Krieger handelt nicht aus Hass, sondern aus Mitgefühl. Er nutzt seine Stärke zum Schutz, nicht zur Unterdrückung.
4. **Rei – Höflichkeit**: Respekt ist keine Formalität, sondern Ausdruck innerer Disziplin und Achtung vor dem Gegenüber.
5. **Makoto – Aufrichtigkeit**: Worte und Taten sind eins. Wer verspricht, handelt.

6. **Meiyo – Ehre**: Ehre ist nicht das Urteil der Anderen, sondern die Stimme des eigenen Gewissens.
7. **Chūgi – Loyalität**: Treue zu den eigenen Werten, zu Weggefährten, zu einem höheren Ziel.

Bushidō im modernen Kontext

Bushidō – der „Weg des Kriegers" – ist ein Begriff, der schnell Assoziationen an Schwertkampf, strenge Disziplin und historische Ehre auslöst. Doch wer Bushidō auf äußere Rituale oder vergangene Schlachten reduziert, verkennt sein eigentliches Wesen. Im Kern ist Bushidō keine martialische Ideologie, sondern eine innere Haltung, ein ethischer Pfad, der den Menschen dazu befähigt, selbst in chaotischen Zeiten integer, klar und handlungsfähig zu bleiben. Genau aus diesem Grund gewinnt Bushidō heute – im Zeitalter der Unsicherheit, moralischen Beliebigkeit und überreizten Informationsflut – an neuer Bedeutung. Im P.R.I.M.E. Response System bildet Bushidō die ethische Wurzel und liefert einen verlässlichen inneren Kompass für Selbstschutz, Selbstführung und Selbstverantwortung.

Die Tugenden des Bushidō – Zeitlose Prinzipien für moderne Herausforderungen

Die sieben klassischen Tugenden des Bushidō – *Rechtschaffenheit (Gi), Mut (Yū), Güte (Jin), Respekt (Rei), Aufrichtigkeit (Makoto), Ehre (Meiyo)* und *Loyalität (Chūgi)* – wirken auf den ersten Blick wie Relikte aus einer anderen Zeit. Doch ihre Bedeutung ist heute aktueller denn je.

In einer Welt, in der Werte beliebig werden und Orientierung oft von Trends statt von Haltung bestimmt ist, schaffen diese Tugenden Klarheit. Sie fordern den Menschen heraus, Verantwortung zu übernehmen – nicht nur für sein Handeln im Außen, sondern für seinen inneren Zustand. Ein moderner „Krieger" im Sinne von P.R.I.M.E. Response ist kein Kämpfer im klassischen Sinne, sondern ein Mensch, der gelernt hat, seine Energie, seine Impulse und seine Fähigkeiten so zu lenken, dass sie anderen nicht schaden, sondern schützen – auch sich selbst.

Bushidō ist kein Aufruf zur Unterwerfung, sondern zur Entfaltung. Es geht nicht um blinden Gehorsam, sondern um bewusstes, ethisch reflektiertes Handeln – auch und gerade unter Druck.

Stabilität in der Krise – Warum Bushidō mentale Resilienz fördert

Krisen – ob in Form körperlicher Bedrohung, seelischer Erschütterung oder gesellschaftlicher Unsicherheit – offenbaren den wahren Charakter eines Menschen. Wer im Stress seine Werte verliert, wer in der Wut seine Mitte aufgibt oder in der Angst seine Verantwortung abgibt, handelt reaktiv – nicht bewusst. Bushidō zielt genau hier an: auf die Fähigkeit, selbst im Ausnahmezustand in Verbindung mit den eigenen Prinzipien zu bleiben.
Diese Haltung schützt vor moralischer Desorientierung in Eskalationen. Sie bietet einen Rahmen, in dem Verteidigung, Klarheit und Notwehr nicht zur Selbstrechtfertigung verkommen, sondern auf ethisch tragfähigen Entscheidungen beruhen. Das bedeutet nicht, dass der Weg des Bushidō pazifistisch oder passiv ist – ganz im Gegenteil: Wenn es notwendig ist zu handeln, fordert Bushidō entschlossenes, schnelles und eindeutiges Handeln. Aber es unterscheidet zwischen Angriff und Schutz. Zwischen Impuls und Verantwortung. Zwischen Gewalt aus Angst – und Handlung aus Klarheit.

Bushidō im P.R.I.M.E. Response – Die innere Ethik hinter Technik und Taktik

P.R.I.M.E. Response steht für Prinzipien, Resilienz, Intention, Mindset und Einsatz. Diese fünf Komponenten sind keine leeren Hüllen, sondern Ausdruck einer inneren Disziplin, wie sie auch im Bushidō verankert ist. Ohne Ethik ist jede Technik gefährlich. Ohne Klarheit ist jede Reaktion riskant. Ohne Haltung wird jedes System instabil. Bushidō liefert die Basis für all das – als innerer Maßstab.

Die Anwendung im System ist konkret: Wer im Modus *Attack the Attacker* handelt, braucht mehr als nur Mut – er braucht ein Bewusstsein für Angemessenheit. Wer im *Flow of Force* handelt, muss spüren, wo seine Kraft beginnt – und wo sie aufhören muss. Wer mit der Maxime *Expect no help* trainiert, entwickelt Selbstverantwortung – aber ohne Egoismus. All diese Prinzipien sind tief im Geist des Bushidō verankert: Klar handeln. Still werden, bevor man explodiert. Wissen, was zu tun ist – und was besser unterlassen wird.

Bushidō ist also kein historisches Beiwerk im P.R.I.M.E. Response System, sondern das ethische Rückgrat, das dafür sorgt, dass Stärke nicht in Gewalt, sondern in Präsenz und Klarheit mündet.

Vom äußeren zum inneren Kampf – Die wahre Prüfung des Bushidō

Der größte Kampf des modernen Menschen ist nicht mehr der mit dem Schwert. Es ist der Kampf gegen die eigene Zerstreuung, gegen emotionale Impulsivität, gegen Egoismus, Angst und Orientierungslosigkeit. Bushidō gibt hier ein klares Gegenbild: Es fordert Konzentration, Selbstzucht, emotionale Kontrolle und ein tiefes Gefühl für Verantwortung.

Diese Haltung beginnt im Kleinen: im achtsamen Umgang mit dem eigenen Wort, in der Art, wie man mit Kritik umgeht, in der Frage, ob man im Streit eskaliert oder deeskaliert. Bushidō lebt nicht nur im Training oder in Extremsituationen, sondern zeigt sich im Alltag – in Disziplin, Höflichkeit, Aufrichtigkeit und Mut zur Wahrheit.

Freiheit durch Form – Warum Struktur nicht Einschränkung, sondern Weg ist

In vielen modernen Diskursen wird Freiheit mit Beliebigkeit verwechselt. Regeln gelten als Einschränkung, Disziplin als veraltet, Ethik als Moralkeule. Bushidō bietet hier einen radikal anderen Ansatz: Wahre Freiheit entsteht nicht durch das Fehlen von Grenzen, sondern durch bewusst gewählte Form. Der Weg der Krieger beginnt dort, wo der Mensch Verantwortung für sein Denken, Fühlen und Handeln übernimmt – freiwillig, nicht weil es von außen verlangt wird.

Im P.R.I.M.E. Response bedeutet das: Niemand zwingt uns, den Weg des Bushidō zu gehen. Aber wer ihn wählt, entscheidet sich für eine Form, die Klarheit erzeugt, wenn andere ins Chaos fallen. Für eine Haltung, die Kraft nicht gegen andere, sondern für etwas einsetzt. Und für einen Kompass, der nicht von Meinungen, Moden oder Meinungsblasen abhängig ist – sondern aus der Tiefe kommt.

Bushidō als Weg in die innere Kraft

Bushidō ist kein Relikt, sondern ein Weg. Kein Dogma, sondern eine Einladung. Kein System der Gewalt, sondern eine Disziplin der Bewusstheit. Wer diesen Weg im 21. Jahrhundert geht, entscheidet sich nicht für Rückzug aus der Welt – sondern für eine bewusste Form der Teilhabe. Im P.R.I.M.E. Response bildet Bushidō das ethische Fundament, das aus Technik Haltung macht, aus Kampf Schutz und aus Selbstverteidigung bewusste Präsenz.

In einer Zeit, die mehr denn je nach Klarheit, Standfestigkeit und Verantwortung ruft, bietet Bushidō keine einfachen Antworten – aber eine tragfähige Haltung. Und vielleicht ist genau das heute der größte Dienst, den wir der Welt erweisen können: Nicht besser zu sein als andere. Sondern tiefer mit dem verbunden, was in uns Kraft, Ethik und Menschlichkeit vereint.

Shaolin-Philosophie: Der Weg zur Harmonie über Körper und Geist

Die Shaolin-Philosophie entstammt dem Chan-Buddhismus (Vorläufer des japanischen Zen) und verbindet meditative Praxis mit körperlicher Disziplin. Ziel ist nicht Dominanz, sondern Einklang: zwischen Innen und Außen, Geist und Körper, Bewegung und Ruhe. Die berühmten Shaolin-Mönche gelten seit Jahrhunderten als Symbol für diesen Weg.

Wichtige Prinzipien der Shaolin-Philosophie sind:
- **Wu Wei**: Das Nicht-Erzwingen. Wer im Fluss der Dinge handelt, statt gegen sie, handelt effektiver und gelassener.
- **Gong Fu (Kung Fu)**: Nicht nur Kampfkunst, sondern Übung über lange Zeit. Gong Fu steht für Disziplin, Hingabe und Meisterschaft.
- **Chan**: Die gelebte Achtsamkeit im Moment. Wer gegenwärtig ist, verliert sich nicht in Angst oder Aggression.
- **Mitgefühl (Ci Bei)**: Gewaltfreiheit im Herzen. Selbst wenn ein Kampf notwendig ist, bleibt das Ziel Schutz, nicht Rache.

Shaolin zu leben bedeutet, den Alltag als Übung zu begreifen. Jede Bewegung, jede Entscheidung, jeder Kontakt mit einem anderen Menschen ist eine Möglichkeit, Bewusstsein zu entwickeln. Im 21. Jahrhundert ist diese Haltung ein Gegengewicht zur Reizüberflutung, zur Zerstreuung und zum ständigen Reagieren.

Shaolin-Philosophie in der heutigen Zeit

Die Shaolin-Philosophie reicht weit über das Bild des kämpfenden Mönchs hinaus. Sie ist kein exotisches Ritual, kein folkloristisches Beiwerk und auch kein spiritueller Eskapismus. Vielmehr ist sie ein tief verwurzeltes Lebenskonzept, das sich aus Chan-Buddhismus, körperlicher Schulung und geistiger Disziplin speist. In einer Welt, die von Reizüberflutung, Unsicherheit und moralischer Orientierungslosigkeit geprägt ist, kann sie gerade deshalb ein kraftvoller Gegenpol sein. Im Kontext des P.R.I.M.E. Response Systems bildet die Shaolin-Philosophie ein zentrales Fundament – nicht als dogmatische Lehre, sondern als gelebte Praxis, die Kampf, Ethik und Bewusstheit miteinander vereint.

Der Weg nach innen – Die Quelle äußerer Kraft

Der wohl größte Irrtum über die Shaolin-Philosophie besteht in der Annahme, sie sei auf körperliche Stärke reduziert. Tatsächlich ist körperliches Training im Shaolin-Tempel immer nur ein Mittel zum Zweck – ein Tor zur geistigen Disziplin. Jeder Schlag, jede Haltung, jede Form dient letztlich einem Ziel: dem Erwachen der inneren Präsenz.

Diese innere Klarheit steht auch im Zentrum von P.R.I.M.E. Response. Wer in einer Bedrohungssituation handlungsfähig bleiben will, braucht nicht nur Technik. Er braucht Ruhe. Die Fähigkeit, mitten im Sturm nicht von Emotionen, Impulsen oder Angst mitgerissen zu werden, ist der wahre Ausdruck von Meisterschaft – im Shaolin ebenso wie in der Selbstverteidigung.

Shaolin trainiert genau das: das Zusammenspiel von Körper, Geist und Atem. Es schärft die Wahrnehmung, fördert Achtsamkeit und verankert die Erkenntnis, dass der eigentliche Gegner selten im Außen liegt – sondern im eigenen Denken, Reagieren und Urteilen.

Das Prinzip des Wu Wei – Handeln aus der Mitte

Ein zentrales Element der Shaolin-Philosophie ist das Konzept von Wu Wei – „Nicht-Handeln" im Sinne von Handeln ohne Widerstand. Es beschreibt kein passives Unterlassen, sondern ein Handeln im Einklang mit dem Moment. Wenn die innere Haltung stimmt, ist das Handeln klar. Wenn der Geist ruhig ist, ist die Bewegung fließend. In P.R.I.M.E. Response zeigt sich Wu Wei in der Fähigkeit, weder zu früh noch zu spät zu agieren – sondern im exakt richtigen Moment. Nicht aus Panik. Nicht aus Wut. Sondern aus Klarheit.

Dies ist keine esoterische Idee, sondern ein hochpraktischer Grundsatz: Wer lernt, im Fluss zu bleiben, verliert keine Energie an Widerstand. Er bleibt effizient, kontrolliert und wach. In bedrohlichen Situationen ist genau das entscheidend – denn der Unterschied zwischen Sieg und Niederlage, Schutz und Schaden entscheidet sich oft in Sekunden.

Disziplin als Form der Freiheit

Im modernen Verständnis wird Disziplin oft als Einschränkung erlebt. Doch in der Shaolin-Praxis ist sie der Weg zur Freiheit. Die täglich wiederholten Bewegungsformen, das meditative Sitzen, das bewusste Essen – sie alle führen nicht zur Einengung, sondern zur Klarheit. Der Geist wird ruhig, das Ego tritt zurück, das Reagieren weicht dem bewussten Agieren.

Auch P.R.I.M.E. Response setzt auf diese Form der Disziplin. Nur wer seine Tools verinnerlicht hat, kann in Stresssituationen intuitiv und effektiv handeln. Nur wer sein Mindset geschult hat, wird nicht durch Angst paralysiert. Disziplin bedeutet hier nicht Härte gegen sich selbst – sondern die Entscheidung, den eigenen Weg konsequent zu gehen, auch wenn der äußere Druck steigt.

Vom Ich zum Wir – Mitgefühl als Kern

Ein oft übersehener Aspekt der Shaolin-Philosophie ist das Mitgefühl. Der Chan-Buddhismus lehrt nicht das Streben nach persönlicher Überlegenheit, sondern das Erwachen im Dienst am Leben. Der Mönch, der kämpft, tut dies nicht, um zu siegen – sondern um zu schützen. Dieser ethische Rahmen unterscheidet wahre Kampfkünste von bloßer Gewalt.

Im P.R.I.M.E. Response bedeutet das: Wir trainieren, um Menschen zu schützen – nicht um zu dominieren. Wir entwickeln Stärke, um Verletzlichkeit zu begegnen – nicht, um andere zu unterwerfen. Wer die Shaolin-Haltung in sich trägt, fragt sich nicht: „Wie wirke ich stark?" – sondern: „Wie handle ich weise?"

Diese Ethik ist besonders im Selbstschutz relevant: Nicht jeder Angriff muss mit Gegengewalt beantwortet werden. Nicht jeder Konflikt verlangt Härte. Die innere Reife zeigt sich im Gespür für Verhältnismäßigkeit – und im Mut zur Deeskalation, wo sie möglich ist.

Die Kraft der Leere – Raum schaffen für Entscheidung

Im Chan-Buddhismus spielt die Leere eine zentrale Rolle – nicht als Abwesenheit, sondern als Raum für Klarheit. Gedanken dürfen kommen und gehen. Emotionen werden wahrgenommen, aber nicht festgehalten. Im Kampf – und im Leben – entsteht genau hier die Möglichkeit zur bewussten Entscheidung.

Das P.R.I.M.E. Prinzip *Mindset* greift diesen Gedanken auf. Es geht nicht darum, Gedanken zu unterdrücken oder Angst zu leugnen – sondern darum, einen inneren Raum zu schaffen, in dem wir nicht sofort reagieren müssen. So entsteht Präsenz. So entsteht Freiheit.

In der Shaolin-Praxis wird dieser Raum täglich trainiert – durch Meditation, durch das bewusste Gehen, durch das Schweigen. Es ist diese Leere zwischen Reiz und Reaktion, die die Qualität unseres Handelns bestimmt.

Shaolin heute – Eine Haltung der Gegenwart

Die Shaolin-Philosophie ist kein Rückblick, sondern eine Einladung, dem Lärm unserer Zeit mit Klarheit zu begegnen. Sie zeigt: Kampf ist nicht nur äußerlich, sondern auch innerlich. Stärke ist nicht gleich Härte. Und Selbstschutz beginnt mit der Selbstführung.

Im P.R.I.M.E. Response ist die Shaolin-Philosophie deshalb kein Zusatz, sondern ein Fundament. Sie erinnert uns daran, dass wir nicht nur lernen, zu schlagen – sondern zu spüren. Nicht nur zu reagieren – sondern zu reflektieren. Nicht nur zu überleben – sondern bewusst zu leben.

In einer Welt, die nach lauten Antworten sucht, lehrt Shaolin das stille Hören. In einer Zeit, die nach Aktion verlangt, lehrt es den Moment. Und in einer Gesellschaft, die oft nach außen schaut, lenkt es den Blick nach innen – dorthin, wo alle wahre Stärke beginnt.

Gemeinsame Werte – Zwei Wege, eine Haltung

Bushidō und Shaolin scheinen auf den ersten Blick unterschiedlich: Hier der kriegerische Kodex der Samurai, dort der meditative Weg der Shaolin. Doch beide Systeme verbinden sich in einer tiefen Gemeinsamkeit: dem Streben nach innerer Meisterschaft und ethischer Klarheit.

Beide Wege lehren:
- Verantwortung für das eigene Handeln.
- Den Vorrang innerer Haltung vor äußerem Erfolg.
- Den bewussten Umgang mit Macht.
- Die Verbindung von Mut und Mitgefühl.

In einer Zeit, in der viele Menschen nach Orientierung suchen, bieten Bushidō und Shaolin keine schnellen Antworten, sondern tiefe Fragen. Sie fordern zur Selbstprüfung auf: Was treibt mich an? Was bin ich bereit zu riskieren? Wo ziehe ich meine Grenze?

Ethik im Konflikt: Handeln mit Integrität in Krisensituationen

Ethik zeigt sich nicht in Ruhe, sondern in Spannung. Wie jemand handelt, wenn er unter Druck steht, offenbart seinen wahren Charakter. Genau hier wird die Relevanz kriegerischer Philosophie deutlich: Sie bietet Struktur für Situationen, in denen Intuition und Moral versagen könnten.

Im Kontext von Selbstschutz, Konflikten oder gesellschaftlichen Spannungen stellen sich grundlegende Fragen:
- Wann ist Gewalt gerechtfertigt?
- Wie viel Kraft darf ich einsetzen?

- Wo endet Loyalität und beginnt Verblendung?
- Was wiegt mehr: Schutz des Lebens oder Einhaltung von Regeln?

Sowohl Bushidō als auch Shaolin geben hier keine dogmatischen Antworten. Sie bieten vielmehr Prüfsteine: Wurde versucht zu deeskalieren? Diente die Handlung dem Schutz? War der Einsatz verhältnismäßig? Diese Fragen übertragen sich auch auf moderne Berufsfelder: Polizei, Militär, Security, Medizin, Coaching, Führung.
Ein Krieger im Sinne dieser Philosophie ist nicht der Starke, sondern der Verantwortungsbewusste. Der, der handeln kann – aber nicht muss. Der, der Konsequenzen bedenkt. Der, der in der Not nicht blind reagiert, sondern bewusst wählt.

Der Weg im 21. Jahrhundert: Vom Schwert zur Verantwortung

Im digitalen Zeitalter, in dem viele Konflikte nicht mehr körperlich, sondern psychologisch oder medial ausgefochten werden, verlagert sich der Kampf. Doch die inneren Dynamiken bleiben gleich: Angst, Reiz, Reaktion, Macht, Hilflosigkeit. Gerade deshalb braucht es heute mehr denn je ethisch geschulte, präsente und verantwortliche Menschen.

Bushidō und Shaolin sind keine musealen Konzepte. Sie leben in der Art, wie wir mit Herausforderungen umgehen, wie wir mit Kritik umgehen, wie wir Macht einsetzen oder mit Schwäche umgehen. Wer sich auf diese Philosophie einlässt, findet nicht nur Antworten auf die Frage, wie man sich im Überlebenskampf behauptet – sondern auch, wie man im Alltag menschlich bleibt.

Die Tugenden des Bushidō lassen sich in moderne Ethikkodizes übersetzen. Die Achtsamkeit und der Fokus der Shaolin üben eine direkte Wirkung auf unsere mentale Gesundheit und Klarheit aus. Und beide Philosophien helfen uns, inmitten von Chaos eine stabile innere Mitte zu bewahren.

Der Krieger als Mensch, der Mensch als Krieger

Die angewandte Kriegerphilosophie des 21. Jahrhunderts ist kein Aufruf zur Rüstung, sondern zur Bewusstheit. Sie ist der stille Gegenentwurf zu einer

Welt, die sich zu oft in Lautstärke und Oberfläche verliert. Sie ruft nicht zur Gewalt, sondern zur Klarheit. Nicht zur Konfrontation, sondern zur Verantwortung.

Ob im Kampf, in Krisen oder im ganz normalen Alltag: Die Frage bleibt stets dieselbe – handle ich aus Reaktion oder aus Haltung?
Wer mit Bushidō und Shaolin lebt, hat keine Garantie für einen einfachen Weg. Aber eine für einen aufrechten.
Und vielleicht ist genau das heute die größte Form des Widerstands: In einer orientierungslosen Welt nicht zu verrohen. Sondern Mensch zu bleiben.

GESUNDHEIT ALS BASIS DES KAMPFES

Kampfkunst beginnt nicht mit dem Schlag – sie beginnt mit dem Körper. Wer sich schützen will, muss zuerst für sich sorgen. Denn ohne physische Stabilität, innere Balance und geistige Präsenz wird selbst die effektivste Technik wirkungslos. In einer Zeit, in der Selbstschutz oft nur mit Härte und Abwehr assoziiert wird, erinnert uns der integrative Ansatz von P.R.I.M.E. Response an eine übersehene Wahrheit: Unsere Gesundheit ist nicht nur Voraussetzung für Kampf – sie ist ein Teil davon.

Ein geschwächter Körper reagiert verzögert. Ein erschöpfter Geist verliert den Fokus. Ein unregulierter Atem bringt Unruhe ins System. Genau hier setzt der Weg des bewussten Trainings an. Er sieht im Menschen nicht nur den Kämpfer, sondern den ganzen Organismus – verletzlich, regenerationsbedürftig und darauf angewiesen, im Gleichgewicht zu sein. Gesundheit wird dabei nicht als Zustand verstanden, sondern als Fähigkeit zur Anpassung, zur Regeneration und zum bewussten Umgang mit Belastung.

In den folgenden Kapiteln steht deshalb nicht die Konfrontation im Vordergrund, sondern die Rückverbindung mit sich selbst. Qi Gong und funktionale Körperarbeit stärken nicht nur das Immunsystem, die Muskulatur oder die Gelenke – sie kultivieren auch die innere Ruhe, Klarheit und Widerstandskraft, die im Ernstfall den Unterschied macht. Wer regelmäßig regeneriert, wird widerstandsfähig. Wer in der Tiefe atmet, bleibt auch in stürmischen Zeiten im Takt.

Der Kampf beginnt nicht erst im Kontakt mit dem Gegner. Er beginnt im täglichen Training mit sich selbst – achtsam, ehrlich, gesund.

Qi Gong

Qi Gong ist weit mehr als ein gesundheitliches Übungssystem oder ein Mittel zur Stressreduktion. Im Kontext von P.R.I.M.E. Response offenbart es sich als eine essenzielle Grundlage für Selbstschutz, Widerstandskraft und geistige Klarheit. Während viele Kampfkunstsysteme auf äußerlich sichtbare Techniken fokussieren, geht Qi Gong tiefer – es schafft die innere Voraussetzung, damit äußere Techniken überhaupt wirksam werden können. Denn ein Körper, der blockiert ist, kann keine fließenden Bewegungen ausführen. Ein Geist, der verhaftet ist, kann keine Klarheit entwickeln. Und ein Kämpfer ohne Atemkontrolle verliert den Zugang zur eigenen Kraft.

P.R.I.M.E. Response basiert auf der Idee, dass effektiver Selbstschutz nur entstehen kann, wenn die fünf Kernbereiche – Prinzipien, Resilienz, Intention, Mindset und Einsatz – miteinander im Einklang stehen. Qi Gong liefert hierfür die stille, aber kraftvolle Basis. Es stärkt nicht nur die strukturelle Integrität des Körpers, sondern auch die psychophysische Resilienz und die Fähigkeit, in extremen Situationen präsent zu bleiben.

In der Selbstverteidigung wird oft übersehen, dass es nicht nur um Techniken geht, sondern um die Fähigkeit, sich unter Druck zu regulieren. Genau hier zeigt Qi Gong seine überragende Wirksamkeit. Durch regelmäßiges Üben entwickelt der Übende nicht nur eine tiefere Körperwahrnehmung, sondern auch ein klares Gespür für innere Blockaden, emotionale Reaktionen und energetische Zustände. Dies ermöglicht im Ernstfall eine schnellere, gezieltere und gleichzeitig ökonomischere Reaktion.

Ein zentrales Konzept des Qi Gong, das im P.R.I.M.E. Response gezielt genutzt wird, ist die Verbindung von Yi (Wille), Shen (Geist) und Qi (Energie). Diese drei inneren Kräfte sind die Voraussetzung für eine harmonische und effektive Bewegung. Wenn der Wille fokussiert ist, der Geist ruhig bleibt und die Energie frei fließt, entsteht die Fähigkeit zur Handlung ohne Zögern – ein zentrales Ziel in jeder Selbstschutzsituation.

Das Stehen wie ein Baum (Jam Chong Qi Gung) zum Beispiel bildet im P.R.I.M.E. Training die Basis für Standfestigkeit, Zentrierung und strukturelle Resilienz. Es mag nach außen hin unscheinbar wirken, doch im Inneren entsteht ein hochdifferenziertes Training von Muskelketten, Bindegewebe und Nervensystem. Diese Form der Stillarbeit bildet die Grundlage für das Prinzip „Rooting" – die Fähigkeit, geerdet zu bleiben, auch wenn Druck von außen kommt.

Ein weiteres zentrales Element ist das Yi Jin Jing, das Qi Gong zur Transformation von Muskeln und Sehnen. Es unterstützt die biomechanischen Anforderungen des P.R.I.M.E. Response, indem es Flexibilität mit innerer Kraft verbindet. Gleichzeitig verbessert es die Gelenkgesundheit, erhöht die Körperelastizität und fördert die Fähigkeit, explosive Kraft aus der Körpermitte zu generieren – eine essenzielle Komponente im Nahkampf.

Die acht Brokate (Ba Duan Jin) fördern die Beweglichkeit der Wirbelsäule, die Öffnung der Energietore und die Harmonisierung der inneren Organe. Damit werden nicht nur Vitalität und Gesundheit gestärkt, sondern auch die emotionale Stabilität – ein oft unterschätzter Faktor in Selbstschutzszenarien, in denen Angst und Stress die Wahrnehmung verzerren.

Die Sitzmeditation (Cho Gung) dient im System nicht der Entspannung allein, sondern vor allem der mentalen Klärung und der Kultivierung eines Zustandes innerer Wachheit. In P.R.I.M.E. Response wird dies als Voraussetzung für State Control verstanden – also die bewusste Steuerung des eigenen inneren Zustands in bedrohlichen Situationen.

Darüber hinaus stärkt Qi Gong die Fähigkeit zur Regeneration nach körperlicher oder psychischer Belastung. Gerade in einem System, das auf Effektivität in Konfrontationen abzielt, ist die Fähigkeit zur aktiven Regeneration entscheidend. Wer sich nicht regenerieren kann, wird langfristig nicht leistungsfähig bleiben – weder körperlich noch mental.

Die Prinzipien von Yin und Yang, auf denen das Qi Gong basiert, spiegeln sich auch im Flow of Force von P.R.I.M.E. Response wider. Die ständige Balance aus Spannung und Entspannung, Aktion und Reaktion, Stabilität und Beweglichkeit wird nicht als Widerspruch verstanden, sondern als dynamisches Gleichgewicht, das fortwährend ausbalanciert werden muss. Qi

Gong schult genau diese feine Wahrnehmung und ermöglicht es, in der Bewegung den Punkt optimaler Effizienz zu finden – sowohl in der Abwehr als auch im Angriff.

Auch in Bezug auf das Mindset spielt Qi Gong eine tragende Rolle. Es fördert nicht nur Gelassenheit, sondern auch eine stille Entschlossenheit, die sich in Krisensituationen als Überlebensvorteil erweisen kann. Der Übende lernt, seinen Geist nicht von äußeren Umständen beherrschen zu lassen, sondern ihn zu führen – und genau das ist ein zentrales Element des P.R.I.M.E. Response: nicht nur reagieren, sondern agieren. Nicht nur überleben, sondern aus innerer Stärke handeln.

Im übertragenen Sinne wird durch das regelmäßige Qi Gong Training ein innerer Schild aufgebaut – subtil, aber kraftvoll. Er schützt nicht nur vor Krankheit, sondern auch vor emotionaler Zersetzung durch Stress, Angst oder Desorientierung. Qi Gong ist damit kein Add-on, sondern eine strategische Kernkompetenz innerhalb eines modernen Selbstschutzsystems.

P.R.I.M.E. Response sieht Qi Gong deshalb nicht als esoterischen Zusatz, sondern als praktisches Fundament. Es ist das Training zwischen den Techniken, die stille Arbeit, die die sichtbare Kraft überhaupt erst ermöglicht. Wer ernsthaft Selbstschutz betreibt, braucht Zugang zur eigenen Energie, zur inneren Mitte und zur Fähigkeit, auch unter Druck klar zu bleiben. Genau hier entfaltet Qi Gong seine volle Wirksamkeit – als Weg zur Selbstführung, zur inneren Stabilität und zur Souveränität im Außen.

In einer Welt, in der Gewalt oft impulsiv, irrational und zerstörerisch auftritt, stellt Qi Gong eine stille Gegenkraft dar: Es lehrt uns, in der Bewegung Ruhe zu finden, in der Konfrontation Klarheit zu bewahren und in der Härte des Lebens weich, aber nicht schwach zu sein. Im Sinne von P.R.I.M.E. Response ist Qi Gong deshalb mehr als ein Übungssystem – es ist eine Haltung.

Körperarbeit als Regeneration und Widerstandskraft

In der Welt von P.R.I.M.E. Response, die Kampfkunst, Selbstschutz und angewandte Philosophie vereint, ist der Körper mehr als nur ein Werkzeug zur

Verteidigung. Er ist Resonanzraum, Gefäß und Ausdrucksträger zugleich. Wenn wir von Selbstschutz sprechen, dann sprechen wir auch immer von der Notwendigkeit, diesen Körper zu schützen, zu pflegen und zu stärken. Dabei geht es nicht nur um muskuläre Kraft oder technische Fertigkeiten, sondern um eine ganzheitliche Körperintelligenz, die auf Achtsamkeit, Wahrnehmung und bewusster Regulation basiert. In diesem Kapitel beleuchten wir die Rolle von Körperarbeit als Mittel zur Regeneration und zur Entwicklung körperlicher wie psychischer Widerstandskraft.

Körper als Erfahrungsfeld

Der Körper ist unser erstes Zuhause, unser primäres Bezugssystem zur Welt. Er speichert Erfahrungen, Emotionen und Reaktionen. Traumatische Erlebnisse, Stress, Erschöpfung oder Angst zeigen sich oft zuerst im somatischen Ausdruck: Verspannungen, Schmerzen, Haltungsveränderungen, Atemmuster. Wer Selbstschutz trainiert, muss lernen, seinen Körper zu lesen wie ein aufgeschlagenes Buch. Die achtsame Körperarbeit macht diesen Zugang möglich.

Körperarbeit ist in diesem Sinne keine rein körperliche Disziplin, sondern eine Brüche zwischen Innen und Außen. Sie hilft, Spannungen zu lösen, Energie zu mobilisieren und das Nervensystem zu regulieren. Wer in einer Kampf- oder Konfliktsituation körperlich ansprechbar, aber innerlich ruhig bleiben möchte, braucht genau diese Form der inneren Schulung.

Regeneration beginnt im Nervensystem

Nach jeder physischen oder psychischen Belastung ist Regeneration notwendig. Im Kampfkunst-Kontext kann diese Belastung eine reale Auseinandersetzung, ein intensives Training oder auch ein emotional aufwühlendes Szenario sein. Entscheidend ist dabei das Zusammenspiel von sympathischem und parasympathischem Nervensystem. Der Sympathikus aktiviert den „Fight-or-Flight"-Modus, der Parasympathikus sorgt für Erholung, Verdauung und Heilung.

Körperarbeit wirkt gezielt auf diesen Regenerationsprozess. Über Atemarbeit, bewusste Bewegung, Dehnung, Vibration oder gezielte Selbstmassage wird das autonome Nervensystem in Richtung Parasympathikus stimuliert. Dies senkt den Cortisolspiegel, reduziert muskuläre Spannungen und verbessert den Schlaf – zentrale Elemente einer ganzheitlichen Erholung.

Widerstandskraft entsteht durch Bewusstheit

Widerstandskraft oder Resilienz ist keine starre Eigenschaft, sondern eine dynamische Kapazität, auf Herausforderungen adaptiv zu reagieren. In der körperzentrierten Praxis sprechen wir hier von somatischer Resilienz. Es geht darum, die eigene Mitte zu kennen und in der Lage zu sein, in sie zurückzukehren – auch nach Erschütterung.

Techniken wie Qi Gong, funktionale Körperarbeit, somatische Integration (z. B. Feldenkrais, Rolfing oder Alexander-Technik) und klassische Mobilisationsmethoden wie Animal Moves oder Mobility-Drills aus dem Kampfsport tragen dazu bei, diese Resilienz zu kultivieren. Durch wiederholtes Üben entstehen neue neuronale Verbindungen, die dem Körper helfen, in herausfordernden Situationen effizienter zu agieren.

Körperarbeit als somatisches Training im P.R.I.M.E. Response

Im System von P.R.I.M.E. Response dient die Körperarbeit drei zentralen Funktionen:

1. **Regeneration nach Stress oder Kampf**: Spezielle Atemtechniken, Ruhehaltungen und energetische Übungen helfen, nach intensiven Erlebnissen wieder ins Gleichgewicht zu kommen. Besonders das Üben in der Position des „Jam Chong" (Stehen wie ein Baum) oder das Arbeiten mit Mikrobewegungen im Stand sind kraftvolle Werkzeuge.
2. **Aufbau struktureller Resilienz**: Die Haltung des Körpers entscheidet darüber, wie gut er auf äußeren Druck reagieren kann. Die „3-Point Cover"-Struktur oder das bewusste Training von Grounding (Verwurzelung) sind hier elementare Übungsfelder.
3. **Verbindung von Geist und Bewegung**: Bewusste Körperarbeit stärkt die neuronale Vernetzung zwischen sensorischem Input und motorischem Output. Dies fördert nicht nur Koordination und Reaktion, sondern auch Selbstwahrnehmung und mentale Klarheit.

Diese drei Funktionen münden in einen Zustand, den man als „resiliente Wachheit" bezeichnen könnte: Der Körper ist entspannt, aber jederzeit handlungsbereit. Der Geist ist fokussiert, aber nicht verkrampft. Und das Nervensystem bleibt in der Lage, zwischen Aktivierung und Entspannung zu wechseln.

Verankerung im Alltag

Körperarbeit ist dann besonders wirksam, wenn sie nicht nur als Übung, sondern als Haltung gelebt wird. Eine kurze Atemsequenz vor dem Meeting, bewusstes Gehen in der Pause, eine Mobilisationssequenz nach dem Aufstehen oder die bewusste Wahrnehmung des Körpers während eines Gesprächs – all das sind Wege, die innere Verbindung zu festigen. Im P.R.I.M.E. Response Training wird daher empfohlen, mindestens zweimal täglich mit dem eigenen Körper in Resonanz zu gehen, auch wenn es nur für drei bis fünf Minuten ist.

Körperarbeit ist im P.R.I.M.E. Response kein Zusatz, sondern Kernbestandteil einer ganzheitlichen Selbstschutzpraxis. Wer körperlich geerdet ist, kann klarer denken, schneller reagieren und stärker handeln. Die Kombination aus Regeneration und Widerstandskraft führt zu einer verkörperten Souveränität, die nicht auf Dominanz, sondern auf innerer Ausrichtung basiert. In einer Welt, die von Reizüberflutung, Stress und Beschleunigung geprägt ist, wird diese Form der körperzentrierten Arbeit zur essenziellen Ressource für Kämpfer, Coaches und bewusste Menschen gleichermaßen.

DER WEG ENDET NICHT – ER BEGINNT

Es gibt keinen letzten Schlag, keinen endgültigen Stand, keine absolute Sicherheit. Jeder Weg, den wir mit Ernsthaftigkeit beschreiten, konfrontiert uns nicht nur mit dem Außen, sondern unweigerlich mit uns selbst. Das gilt für das Training im Dojo, auf der Matte, in der Natur – ebenso wie für die Wege, die wir im Inneren gehen. P.R.I.M.E. Response, als System des Selbstschutzes, ist mehr als eine Methode zur Abwehr von Angriffen. Es ist eine Schule der Haltung. Eine Einladung, dem Leben nicht auszuweichen – sondern ihm bewusst und klar zu begegnen.

Du hast auf den vorangegangenen Seiten nicht nur Techniken kennengelernt, sondern Prinzipien. Du hast gelesen von Resilienz, vom Geist der alten Krieger, von psychologischen Strategien, ethischen Grundsätzen und körperlicher Regeneration. Doch Wissen allein schützt nicht. Es ist die Verkörperung dieses Wissens – die innere Arbeit – die aus einem Konzept ein Werkzeug macht, das auch unter Druck trägt.

„Kämpfen" im Kontext von P.R.I.M.E. Response bedeutet nicht, aggressiv oder gewaltbereit zu sein. Es bedeutet, präsent zu sein. Hellwach. Es bedeutet, Grenzen zu setzen – für sich selbst und für andere. Und es bedeutet, den Mut aufzubringen, der Gewalt nicht mit moralischer Naivität, sondern mit verantwortungsvoller Entschlossenheit zu begegnen.

In einer Zeit, in der Polarisierung zunimmt, in der viele sich ohnmächtig fühlen und Unsicherheit sich durch Medien, Politik und Straßen zieht, braucht es Menschen, die Klarheit verkörpern. Menschen, die nicht dem Ruf nach Eskalation folgen, sondern der Stimme ihres Gewissens. Die sich schützen können, aber nicht darauf aus sind, zu verletzen. Die wissen, dass ein starker Mensch nicht derjenige ist, der austeilt – sondern der, der Halt gibt, ohne zu unterwerfen.

Diese Haltung lässt sich nicht an einem Wochenende lernen. Sie wächst. Mit jedem Training. Mit jeder reflektierten Entscheidung. Mit jeder Konfrontation, die du nicht gesucht, aber gemeistert hast. Der Weg des realistischen Selbstschutzes ist kein martialischer Weg – sondern ein menschlicher.

P.R.I.M.E. Response verbindet Prinzipien mit Praxis. Es zeigt dir, wie du in gefährlichen Situationen handeln kannst – und wie du davor, währenddessen und danach bei dir bleibst. Es ist ein Weg der Verantwortung, nicht der Rechthaberei. Ein Weg der Achtsamkeit, nicht der Angst. Und ein Weg der Klarheit – nicht der Kontrolle.
Vielleicht wirst du nie in eine Situation geraten, in der du einen Haken schlagen, einen „3-Point Cover" aufbauen oder ein Adrenalin-Management durchführen musst. Vielleicht wirst du nie in die Lage kommen, einem Angriff mit vollem Einsatz begegnen zu müssen. Aber du wirst in deinem Leben immer wieder Momente erleben, in denen dein Stand gefragt ist. Deine Haltung. Deine Fähigkeit, Ruhe im Sturm zu bewahren.

Genau dafür hast du trainiert. Und genau dafür ist dieser Weg gedacht. Er endet nicht mit dem letzten Kapitel, sondern beginnt mit deiner Entscheidung, ihn weiterzugehen – im Alltag, im Beruf, in deinen Beziehungen, im Umgang mit dir selbst.

Denn Selbstschutz bedeutet letztlich: Schutz des Selbst. Deines Kerns. Deiner Würde. Deiner Integrität.

Und so wünsche ich dir, dass du stark bist – aber nicht hart. Dass du mutig bist – aber nicht unbesonnen. Dass du klar bist – ohne starr zu werden. Und dass du, wo immer du bist, ein Leuchtturm wirst für andere. Nicht durch das, was du sagst. Sondern durch das, was du bist.
Bleib achtsam. Bleib wach. Bleib bei dir.
Der Weg geht weiter.

ÜBER MICH

Mein Name ist Werner Horn – und seit über vier Jahrzehnten gehe ich den Weg der Kampfkunst. Ich bin Meister des Fu Lung Pai Kung Fu, einer Stilrichtung, die nicht nur Techniken lehrt, sondern Geist und Haltung formt. Mein Weg begann mit traditionellem Training, führte mich über Ausbildungen in WingTsun und Latosa Escrima – und wurde früh begleitet von einer zentralen Frage: Was hilft wirklich, wenn es ernst wird?

Die Antwort auf diese Frage habe ich nicht aus Büchern gewonnen, sondern aus Erfahrungen. Manche davon waren hart. Sie haben mich gelehrt, dass der Unterschied zwischen Ästhetik und Effektivität oft ein schmaler Grat ist. Und dass viele der sogenannten traditionellen Konzepte eher romantische Vorstellungen bedienen als echte Gefahren meistern. Ich hatte nie das Bedürfnis, Traditionen blind zu bewahren. Was nicht trägt, darf hinterfragt werden. Und ja – ich habe dabei auch manche „Heilige Kuh" geschlachtet.

Aus diesem kritischen Blick, aus unermüdlichem Training und praxisnaher Forschung ist das entstanden, was ich heute lehre: **P.R.I.M.E. Response** – ein verhaltensbasiertes, realitätsnahes Selbstschutzsystem, das weit über Techniken hinausgeht. Es vereint körperliche Klarheit mit mentaler Stärke und emotionaler Stabilität.

In die Entwicklung eingeflossen sind nicht nur meine martialischen Erfahrungen, sondern auch meine Ausbildungen in Positiver Psychologie, NLP und Ikigai-Coaching. Psychologie, Neurowissenschaft, Philosophie und alte Kriegerethiken wie Bushidō oder Shaolin sind keine

Widersprüche für mich – sie sind Bausteine eines ganzheitlichen Verständnisses von Selbstschutz.

P.R.I.M.E. Response ist keine bloße Techniklehre. Es ist eine Schule der Haltung. Es lehrt dich nicht, wie du kämpfst – sondern wofür. Es erinnert dich daran, dass Selbstschutz mit Selbstkenntnis beginnt. Und dass echte Stärke nicht im Angriff liegt, sondern im bewussten Sein.

Wenn du diesen Weg gehen willst, brauchst du keine Vorerfahrung. Aber du brauchst Offenheit, Mut und die Bereitschaft, alte Muster zu hinterfragen. Ich lade dich ein, diesen Weg mit mir zu gehen – klar, kraftvoll und bewusst.

Kontakt

Für Anfragen zu Kursen, Workshops oder Kooperationen nutze bitte bevorzugt das Kontaktformular auf unserer Homepage oder sende uns eine E-Mail. Wir melden uns schnellstmöglich persönlich bei Dir zurück.

Werner Horn

Juvenellstraße 12

90408 Nürnberg

kontakt@Prime-Response.de

www.Prime-Response.de

Notizen